교 | 회 | 를 | 위 | 한

개혁신학 서론

김광열 저

소망플러스

교회를 위한
개혁신학서론

찍 은 날 2014년 2월 27일
펴 낸 날 2014년 3월 3일
지 은 이 김광열
펴 낸 이 장상태
펴 낸 곳 소망플러스
　　　　　서울시 서초구 서초동 1355-3 서초월드오피스텔 1605호
전　　화 02-6415-6800
팩　　스 02- 523-0640
이 메 일 is6800@naver.com
블 로 그 http:blog.naver.com/is6800

등　　록 2007년 4월 19일
신고번호 제2007-000076호

Copyright@소망플러스

ISBN 978-89-959549-5-9 (93230)

값은 표지에 있습니다.

서언 : 성도의 삶을 위한 신학

신학이란 무엇인가? 신학을 연구하는 이유는 무엇인가? 도대체 왜 신학을 연구해야 하는가? 이런 질문들은 신학을 연마하는 신학도나 목회자 후보생뿐 아니라, 교역자를 바라보는 일반 평신도들도 때때로 마음속으로 던져보는 물음이다. 이 물음에 간단히 답해 본다면, 신학(神學, theology)이란 하나님에 관한 학문인데, 하나님을 아는 지식이 신자의 삶에 매우 중요하기 때문에, 그리고 잘못된 오해들로 말미암아 성도들의 신앙생활에서 야기되는 문제들을 최소화하기 위해 연구하는 것이라고 설명할 수 있을 것이다. 그래서 신학의 목적은 신자의 바르고 또 성숙한 신앙생활을 도우려 함에 있다.

만일 신학이 신자의 삶과 동떨어진 채 학문의 상아탑 속에서 토의되는 추상적이고 사변적인 논의에서 머물고 만다면 그 근본적인 목적을 상실한 무용지물의 학문이 될 수도 있다. 단지 절대자에 관한 호기심에서 연구한다거나 자신의 종교적 호기심을 채우기 위해 연구하는 것, 혹은 신학적 논쟁 그 자체를 위해 연구하는 것은 신학함의 바른 자세를 놓치고 있는 것이다.

신학 안에는 여러 분야들, 즉 성경신학에서 시작하여 조직신학, 역사신학, 그리고 실천신학의 분야들이 포함되지만, 위에서 지적한 측면에서 볼 때 모든 신학은 결국 실천적 성격을 지녀야 한다고 말할 수 있다. 신학연구는 궁극적으로 성도의 삶과 교회생활, 그리고 복음사역과 관련되는 모든 영역 속에서 어떻게 하나님의 뜻을 바로 이해하고 또 성경적으로 순종하는 삶을 살 것인지, 즉 신자의 삶에 대한 실천적인 질문에 답을 주기 위해 진행되어야 한다는 말이다.[1]

그러므로 이러한 신학의 근본적인 목적이 간과되고 바른 목적을 향해서 나아가는 연구가 되지 못할 때, 신학은 신자들과 교회로부터 외면당하게 될 것이다. 그러한 신학은 더 이상 하나님의 말씀의 동력을 성도들에게 공급해주지 못할 뿐 아니라 단지 신학 전문가들의 학술적인 놀잇감으로 전락되었다고 평가받게 될 것이다. 이러한 신학의 근본적인 목적 상실은 정통신학 속에서 더욱 그 정도가 더 심각해질 가능성이 있다. 정통신학은 세속적 신학이나 자유주의 신학의 인본주의적인 관점들로부터 성경적 진리를 지켜야 할 사명의 중요성을 인식하고 있는데, 그 부분을 강조하다 보면 정작 그 신학연구의 열매들을 듣고 적용해야 할 신자들과 그들이 발 딛고 살아가는 이 세상을 고려하지 못한 채, 단지 신학 그 자체를 위한 추상적이고 사변적인 학문에 머물게 될 위험성을 지니게 되기 때문이다.

물론 신학이 하나님 말씀의 영원성의 관점을 놓치고 인본주의적 학문으로 전락해서는 안 될 것이다. 그러나 신학은 하나님의 살아있는 말씀의 동력을 신학화하여 이 땅 위에서 살아가는 신자들의 삶과 생각과 가치관을 흔들어 깨우고 복음적 삶으로 변화시킬 수 있는 "생명력 있는 신학"이 되어야 그 본분을 제대로 수행한다고 말할 수 있다. 한마디로 *신학이란 성도의 삶을 위한 학문이요, 신자의 신앙생활과 교회생활, 그리고 그들이 속한 사회 속에서의 삶을 위한 학문이 되어야 한다*는 말이다.

---

1) 물론, 여기에서 지적한 내용들이 신학을 연구하는 이유의 전부라고 할 수는 없다. 신학연구의 필요성에 대한 다른 논의들은 제1부의 첫 장에서 좀 더 자세하게 제시될 것이다.

본서는 바로 이러한 "신학의 실천적 사명"이라는 명제에 대한 고민 속에서 집필되었다. 더욱이 오늘날 한국교회가 보여주고 있는 비윤리적이고 미성숙한 모습들 때문에 사회로부터 심각한 비판의 대상이 되고 있는 사실을 우리는 더 이상 간과할 수 없다. 이 땅에 주님의 복음의 씨앗이 뿌려진 지 120여 년이 흘렀으나 교회에 대한 비판의 소리는 날로 늘어만 간다. 물론 안티 기독교 세력들이 침소봉대하려는 경향도 없진 않지만, 한국선교 초기에 복음의 능력으로 사회를 선도하던 기독교의 모습은 더 이상 보이지 않는 것 같다.

이렇게 한국교회는 무너져 버리고 말 것인가? 물론 정직하고 신실한 주의 종들과 교회들이 아직도 이 땅 위에 그루터기처럼 남아있는 것은 사실이나, 그럼에도 이러한 큰 세속화의 흐름 속에서 혹시 한국교회가 중세의 암흑기로 되돌아가는 것은 아닐까 하는 우려를 금할 수 없다.[2]

이러한 문제의 발단을 어디에서 찾을 수 있는가? 물론 우리 주님의 복음은 능력의 복음이고, 지난 2,000여 년의 기독교회 역사 속에서 그 복음이 닿는 곳마다 회복과 부흥의 역사가 일어났다. 그렇다면 그리스도인 한 사람이 복음의 가르침을 제대로 배우고 순종하지 못하는 개인적 신앙의 차원에서도 그 문제의 원인을 지적해 볼 수 있다. 그러나 그렇게 고귀한 복음의 능력을 성도들이 살아내도록 도와야 할 신학의 역할에 대한 평가도 함께 고민해야 할 주제이며, 따라서 이것이 오늘날 신학자와 신학도들이 씨름해야 할 과제라고 본다.

필자와 같이 미국 웨스트민스터 신학교(Westminster Theological

---

2) 박영돈, 『일그러진 한국 교회의 얼굴』(IVP, 2013) 59쪽. 저자는 하나님의 영광이 한국교회에서 서서히 떠나가고 있다는 위기의식을 떨쳐버릴 수 없다고 지적하면서, 그것은 한국교회가 성공주의에 휩싸인 결과로 우상숭배의 소굴이 되어버렸기 때문이라고 평가한다.

Seminary)에서 박사과정을 수학했던 한 조직신학자는 최근에 출판한 그의 저서에서 자신이 신앙생활을 시작하던 초기에 가졌던 고민을 토로한 바 있다. 처음 예수님을 믿고 보수적인 정통개혁주의 교회에서 신앙생활을 시작하였을 때 품게 된 의문점에서부터 책의 논점을 이끌어내고 있다. 그는 자신의 저서 서두에서 "바른 교리를 믿고 있다고 주장하는 정통보수주의자들이 자신이 믿는 교리대로 살고 있나 항상 자신을 두려운 마음으로 돌아보지 않고 있으며 오히려 자신의 부족하고 더러운 삶을 바른 교리를 믿고 있다는 자부심의 보자기로 덮어 씌워서 감추려 하고 있는 것이 아닌가?"라는 물음을 던지고 있다.[3]

즉, 그는 정통신학이 바른 신앙생활로 이어지지 못하는 문제를 지적하는데, 이는 이른바 '죽은 정통'(dead orthodoxy)의 문제를 제기하고 있는 것이다. 죽은 정통의 문제는 오늘날 신정통주의와 오순절교회가 현대교회 속에서 얼마나 영향력을 미치고 있는가에 대한 평가를 통해 반증된다고 지적했다. 바른 교리를 가졌다고 자부하는 정통주의자들이 자신들의 삶 속에서 자신들이 주장하는 교리대로 살지 못하고 있으므로, 과거의 많은 정통주의 신학자들이 신정통주의 신학으로 빠져들어 갔고 또많은 정통주의 신자들이 오순절파 교회로 옮겨갔을 것으로 평가한다.[4]

물론 여기에서 일차적으로 극복해야 할 우리의 과제는 성경이 가르치는 정통교리대로 살기 위해 우리 자신이 얼마나 생명을 바쳐서 피와 눈

---

3) 조대준, 『크리스천의 성화: 영혼 속에 새겨진 신의 성품』(서울: 쿰란출판사, 2004) 20-24쪽.

4) 정통주의를 '죽은 사자'나 '얼어붙은 폭포수'에 비유했던 Emil Brunner의 지적과 함께, 신정통주의가 옳은 신학은 아니지만 현대교회에 많은 영향력을 미치고 있는 것은 "현대인들이 죽은 사자 대신 살아있는 개를 택하려 하기 때문"이라고 말한 R. Lovelace의 말을 인용한다(위의 책, 33쪽). 물론 여기에서 저자는 '죽은 정통'을 문제 삼고 있는 것이지, 그가 회복시키려는 '성경적' 바른 정통까지 내팽개치려는 것이 아님을 인식할 필요가 있다.

물을 흘리며 희생하고 있는가에 관한 문제일 것이다. 즉, 신자들은 각자 순종의 삶을 통해 좀 더 적극적으로 신실한 성도의 모습을 회복해야 한다. 그러나 문제의 해결을 위해 고민해야 할 또 다른 영역은, 그들에게 제시되어 온 신학 역시 좀 더 "실천지향적인" 신학으로 방향전환이 되어야 한다는 점이다. 그리스도인들의 신앙생활, 교회생활, 그리고 더 나아가 사회생활 속에서 빛과 소금의 삶을 살아낼 수 있도록 성경의 동력을 이끌어내고, 그것으로부터 영적인 도움을 제공할 수 있는 신학을 세워가야 한다는 말이다.

사실 개혁신학은 신자의 삶에 대한 강조를 그 특징 중 하나로 삼는 실천지향적인 성향을 지녀왔다. 개혁신학에 대한 일반적인 오해 중 하나는 실천적 삶에 대한 강조가 약하다는 지적이다. 그러나 개혁신학자들의 글 속에서 우리는 신학과 실천을 연결시키고, 교리와 삶을 연결시키려는 연구 작업들에 대한 증거들을 확인할 수 있다. 특히 칼빈의 경우도 하나님의 주권을 강조하고 예정교리를 주장함으로써 인간의 책임이나 신자의 삶을 바로 세워주지 못하는 신학이라는 오해를 일으키기도 했다. 그러나 칼빈의 대표적인 저서인 『기독교 강요』의 제목만 보더라도 그가 신자의 경건한 삶을 위해 노력한 신학자임을 알 수 있다. 『기독교 강요』의 초판 제목인 *Concerning the Whole Sum of Piety*을 통해, 이 책이 단지 지적 호기심에서 기록된 것이 아니라 신자의 경건한 신앙생활을 위한 목적으로 쓰였음을 알 수 있다.5)

칼빈은 하나님의 주권을 강조하는 신학사상을 개신교회의 주요 신학

---

5) 그 외에 대표적인 개혁주의 청교도 신학자 John Owen도 신자의 삶을 위한 신학자였다. 개혁신학자로서 그의 생애의 목표 역시 신자들의 거룩한 삶을 증진시키는 것이었기 때문이다. Sinclair B. Ferguson, *John Owen on the Christian Life*(Edinburgh: The Banner of Truth Trust, 1987) xiii.

적 흐름으로 제시한 신학자였을 뿐 아니라, 더 나아가 자신이 강조한 하나님의 주권적 통치의 신학을 그가 살던 제네바 시에 적용하여 실천하려 했다는 점에서 그의 위대성이 평가되어야 한다. 당시에 제네바 시가 안고 있던 사회적 문제들을 함께 고민하면서, 칼빈은 성경적·신학적·도덕적 기준을 제시하고 적용하면서 그 문제들을 극복하려고 노력했다.

그는 프랑스에서 밀려들어 왔던 당시의 난민, 고아와 과부에 대한 사회적 문제를 대처함에 있어, 제네바 시 정부의 차원과 교회 차원에서의 할 일들을 성경의 관점에서 제시하고 법령들을 제정하면서 교회와 사회를 이끌었던 실천적 신학자였다.[6] 사실 신학이란 신학자들의 호기심을 채우기 위한 학문으로만 머물러서는 안 된다. 그것은 궁극적으로 교회를 위한 학문이어야 하며, 또한 성도들의 신앙생활의 방향을 실제적으로 제시해주며 이끌어줄 수 있는 학문이어야 한다. 더욱이 신자들이 교회에서의 신앙생활뿐 아니라 자신이 속한 사회 속에서도 어떻게 하나님의 영광을 위해 살 수 있으며, 이웃을 섬기는 삶을 살 수 있는지에 대한 답변을 줄 수 있는 학문이어야 한다. 그러한 실천적 성격이 결여된 신학은 아무리 논리적이고 화려한 수사로 꾸며질지라도 공허한 메아리로 남게 될 뿐이다.

---

6) 1536년 칼빈이 제네바 시에 목회자로 부임하였을 때, 제네바 도시는 가난과 혼돈의 소용돌이 속에 있었고, 특히 1540년대 중반부터 몰려들어 온 프랑스 난민들 때문에 급격히 어려운 경제 상황을 맞게 되었다. 칼빈은 그러한 사회적 상황에 대해 먼저 교회의 법규를 제정하여 집사의 직무를 성경적으로 정립하고, 중세 카톨릭의 관점과는 달리 가난한 자를 돌아보는 임무를 주요 임무로 규정하였다. 그리고 가난과 질병의 문제를 해결하기 위한 시립병원으로써 종합구호원 사역을 지도하면서, 환자들을 돌볼 뿐 아니라 어려운 이들을 위해 일자리와 거처까지 제공하도록 했다. 그 외에도 프랑스 난민 보호소(Bourse Francaise)를 통해 프랑스에서 피난 온 망명자들을 돌보는 일을 수행하도록 했다. 결국 칼빈은 교회와 국가가 협력하여 하나님의 사랑을 실천하는 삶으로 나아가도록 이끌어주는 역할을 수행했다고 볼 수 있다. 참고. 김광열, 『총체적 복음: 한국 교회, 이웃과 함께 거듭나라』(부흥과개혁사, 2010) 237-244쪽.

기독교 철학자인 니콜라스 월터스토프(Nicholas Wolterstorff)도 기독교 학문이 실천지향적인 방향으로 나아가야 할 것을 강조했다.[7] 그는 로테르담이 불타고 있는 상황에서도 산스크리트어의 동사형을 연구하고 있는 학자들의 모습을 언급하면서, 사회가 형편없는 지경까지 곤두박질을 치건 말건 연구실에 틀어박혀 '교양'이나 논하기를 좋아하는 학자들의 문제를 지적한 바 있다.[8]

본서는, 신학이란 하나님의 영원하신 말씀에 기초해야 하지만 동시에 그 말씀의 동력을 전달받아 변화된 삶으로 나아가야 하는 신자들에게 생활의 현장에서 그들이 살아내야 하는 적용과 실천을 위한 원리와 대안 그리고 방향성을 제시하고자 하는 사명감 속에서 집필되었다. 물론 출판된 내용을 볼 때 여러 가지 면에서 보완되어야 할 부분들이 있음을 부인하기 어렵다. 그러나 오늘의 한국교회와 사회의 아픈 현실 속에서 우리가 소중히 여기는 성경적 개혁신학 방향성을 제시하고, 그 토대 위에서 성경의 동력을 제공해주어야 한다는 사명감을 가지고 나름대로 시도해본 글들을 중심으로 정리하여 보았다.

본서의 내용은 크게 두 가지로 구성되는데, 제1부는 신학연구를 개혁신학의 관점으로 시작하려는 이들에게 도움을 주기 위한 기본적인 논의를 담고 있다. 제2부는 그러한 개혁신학의 기본적인 원리들을 가지고 교회와 사회 속에서 어떻게 살아내야 하는가와 같은 적용과 실천에 관한

---

7) Wolterstorff, Nicholas. *Until Justice and Peace Embrace*(Eerdmans Pub. Co., 1983). 『정의와 평화가 입맞출 때까지』(IVP, 2007) 315쪽 이하.

8) Wolterstorff, Nicholas. 『정의와 평화가 입맞출 때까지』 333쪽. Wolterstorff는 신칼빈주의의 한계에 대해서도 지적한다. 기독교 신념이 '실재를 보는 방식'에까지 영향을 미친다는 것을 밝힌 점은 인정되지만, 그것이 사회참여 방식에도 중요한 함축성을 띄고 있음은 간과했다는 것이다. 신칼빈주의는 순종적인 이론화 작업의 본질에 대한 성찰에서 머물 것이 아니라, 이론화 작업과 순종적 행동의 상관성을 제시해줄 수 있어야 했다고 말한다.

내용을 담고 있다.

제1부에서는 먼저 우리가 왜 신학을 연구해야 하는지, 그리고 신학을 연구하는 자세는 어떠해야 하는지와 같은 신학연구를 위한 서론적인 논의들이 주어질 것이다. 이어서 '주님이 이 땅 위에 복음을 전해주신 이후로 전개된 2,000여 년의 개신교회 역사 속에서 개혁신학의 위치는 어디인가?'라는 개혁신학의 자리매김을 위한 논의를, 그리고 개혁신학이 복음주의와의 관계 속에서 나아가야 할 방향성과 과제에 대해 정리했다. 다음에는, 개혁신학의 원리들이 무엇인지에 관해 몇 가지 주제들로 나누어 정리했으며, 뒷부분에서는 신학을 어떠한 순서로 연구할 것인지에 관한 내용과 신학에는 어떠한 다양한 분야들(Loci)이 있는지에 대해 설명하여 신학연구의 큰 그림을 그려볼 수 있도록 했다.

제2부는 앞에서 언급한 바와 같이 제1부에서 제시한 성경적 개혁신학의 내용들을 신자의 삶과 교회생활 및 사회 속에서 어떻게 적용하고 살아낼 것인지에 대한 논의들로 구성된다. 무너져 가는 한국교회의 회복을 위한 대안은 무엇인가에 관한 논의로 시작하여, 교회의 부흥을 위한 신학은 개혁신학의 관점에서 어떻게 세워갈 것인가, 그리고 21세기 한국교회는 왜 성숙과 섬김을 지향하는 교회로 거듭나야 하는가에 대해 설명한다.

결국 본서는 개혁신학이 한국교회 회복을 위해 제시할 수 있는 대안이 무엇인가에 관하여 나름대로 고민하고 정리한 책이다. 그 외에도 개혁신학이 신자 개인의 신앙생활과 삶에 어떤 의미를 지니는지 그리고 한국 사회와 세상 속에서 제시될 수 있는 대안들은 무엇인지에 대해서는 별도로 출판할 계획이다.

본서가 의도하고 있는바 전통적인 신학의 주제들을 오늘날 신자의 삶의 현장 속에서 적용하고 실천할 수 있도록 돕는 실천지향적 신학의 모습으로 재생산하는 작업이 한 권의 책으로 완성될 수는 없다. 이제 성경 계시를 통해 주어진 영원하신 하나님의 말씀을 신학자들의 상아탑 속에만 머물게 하지 말고, 오늘을 살아가는 신자들의 구체적인 삶의 현장에서 그들의 삶과 교회와 사회의 변화와 회복을 가져오는 신학으로 거듭나게 하는 작업은 계속되어야 한다. 본서는 이러한 개혁신학의 시대적·실천적 사명을 이루기 위해 노력해야 할 많은 작업 중 하나의 작은 출발에 불과하다. 따라서 앞으로 여러 독자들의 아낌없는 비판과 격려, 그리고 여러 동료 신학자들의 건설적인 토론을 기대해본다.

목 차 C·O·N·T·E·N·T·S

제1부

개혁신학으로 신학함이란?

제1부는 신학을 개혁신학의 관점에서 처음 시작하려는 이에게 필요한 기본적인 주제들을 안내해주는 내용들을 담고 있다. 물론 여기에서는 기존의 조직신학 서론의 구성 방식을 그대로 따르기보다, 신학이라는 학문의 입구에 들어서려 하는 이들이 그 새로운 학문의 영역에 잘 다가서서 소화해낼 수 있도록 기본적인 내용부터 차근차근 소개해고자 한다.

사실 신학이란 진실한 신자들에게는 "거룩한 기대감"을 가지고 다가서게 되는 학문임에 틀림없다. 신자에게 있어 신학연구란―전문적인 신학자건 일반 평신도건 상관없이―자신의 실존과 관계없이 단지 어떤 고전 학문이나 철학적 논리의 세계를 탐구하는 작업이 아니라, 오늘날 자신이 살아가고 있는 신앙의 영역들 안에서 경험하게 되는 진리의 의미를 깨우치며 또 하나님의 계시의 빛 아래서 그것들을 확인하고 정리할 수 있도록 도와주는 작업이기 때문이다. 그렇게 함으로써, 신학의 내용들을 연구하는 가운데 자신이 오늘날 살아가고 있는 신앙의 내용들을 더욱 의미 있게 적용할 수 있으며 또한 더욱 체계적이고 풍성하게 만들어갈 수 있는 것이다.

그렇다면 신학연구를 시작하려는 사람은 먼저 그 학문이 왜 필요한지, 어떤 유익이 있는지 좀 더 명확히 정리해두는 것이 필요하다. 신학연구의 유익이 무엇인지 알고 그것들을 기대하면서 신학을 공부한다면, 그 학문에 더욱 효과적이고 의미 있게 접근할 수 있을 것이기 때문이다. 따라서 제1장은 신학연구가 왜 필요한지 그리고 그 학문연구에 임하는 우리의 자세는 어떠해야 하는지와 같은 기본적인 주제에 대해 설명한다.

또한 신학의 내용들을 본격적으로 연구하기 전에 선결되어야 할 내용 중 또 다른 하나는 '지난 2,000여 년의 기독교회(Christianity) 역사 속에서 과연 우리는 어디에 서 있는가?'라는 자기 정체성의 문제를 확인하는 것이다. 특히 '개신교회(Protestantism)의 다양한 교파들 속에서 본서가 지향하고 있는 "개혁신학(Reformed theology)"의 위치는 어디인가?'에 대한 이해가 필요하기 때문이다. 그러므로 제3장에서 "개혁신학의 원리들"이라는 간단하지 않은 주제에 뛰어들기 전에, 우리는 제2장에서 먼저 개신교 안에 있는 복음주의라는 좀 더 폭넓은 범주 속에서 '개혁신학이 위치하는 자리가 과연 어디인지'를 먼저 정리해보려 한다.

이어서 제3장에서 논의할 주제는 '개혁신학의 원리들은 무엇인가?'라는 주제, 즉 개혁신학의 정체성에 관한 것이다. 전통적으로 설명되어 온 "칼빈주의 5대 교리"가 개혁신학의 원리에 대한 충분한 설명이 될 수 있는가? 아니면 좀 더 근본적인 주제들로 설명되어야 하는가? 이에 대한 물음에 답하려 한다. 그런데 이러한 개혁신학의 원리들에 대한 설명들 속에서 확인되는 한 가지 중요한 사실은, 개혁신학의 핵심원리는 역시 하나님의 계시말씀인 "성경의 전포괄적 권위와 그 적용"이라는 것이다. 따라서 제4장에서는 계시관과 성경관에 대한 개혁신학의 관점들을 정리하였다. 성경말씀이란 어떤 성격의 말씀인지, 성경영감, 속성들, 그리고 특히 성경무오교리에 대한 현대의 도전들에 대한 개혁신학의 응전들에 대해 정리했다.

제5장에서는 신학하는 순서에 대한 기본적인 안내도를 제시하려 했다. 신학연구의 과정을 큰 그림으로 그려볼 때, 그 출발이 본문연구를 중심으로 하는 주경신학에서부터 시작하는 것이라고 한다면, 그다음 중간 단계는 다양한 주경적 연구들을 성경신학으로 세워나간 후, 그것들을 종합하여 체계적으로 설명하는 조직신학의 연구들이며, 끝으로 신학의 최종

적인 마무리는 역시 성경의 다양한 주제들이 제시하는 신학의 내용들을 신자와 교회의 삶에 적용하여 열매 맺기 위한 원리와 방법을 논의하는 실천신학의 작업이라고 할 수 있다. 이와 같은 주경신학(성경신학)→조직신학→실천신학이라는 큰 틀 속에서 신학연구자가 세부적으로 밟아가야 할 구체적인 연구단계들을 정리해보았다. 우리가 신앙의 어떤 한 주제에 대해 더욱 깊이 연구하기를 원할 때, 혹은 그동안 미흡하게 취급되었던 주제에 대해 성경의 가르침을 연구하려 할 때 밟아가야 할 신학적 연구단계의 밑그림을 알아두는 것이 필요하기 때문이다. 앞으로 일생동안 신학연구에 임하고자 하는 이에게는 한 번쯤 살펴보면 유익한 내용이 되리라고 사료된다.

그리고 이러한 신학의 연구과정 속에서 조직신학 외에도 우리가 접하게 되는 주경신학, 역사신학, 실천신학 등 다양한 연구의 영역들에 대해서도 기본적인 이해를 정리해 둘 필요가 있다. 따라서 제6장에서는 그 다양한 신학의 영역들(Loci)이 어떠한 성격들을 지니는지에 대해 살펴보되, 특히 조직신학 논의와 연관된 분야들을 중심으로 설명하였다.

제 1 장 신학연구의 필요성과 자세[9]

앞서 지적한 바와 같이 신학의 세부적인 내용들을 연구하기 전에 우리가 정리해 둘 필요가 있는 부분은 그 학문이 왜 필요한지, 어떤 유익들이 있는지에 관한 주제다. 우리는 조직신학 혹은 성경의 교리와 같은 학문을 처음 접할 때 이런 질문들이 생겨날 것이다. 왜 우리는 신학이라는 어려운 학문을 하기 위해 아까운 시간과 노력을 투자해야 하는가? 그냥 성경을 규칙적으로 읽고, 교회에 참석하여 진심으로 예배를 드리며, 기도에 전념하면 되는 것 아닌가? 무엇 때문에 골치 아픈 교리들을 가지고 씨름하고 논쟁하면서 시간을 허비해야 한단 말인가?

우리가 이 부분에 대해 명확한 답변들을 가질 수 있다면, 이후에 주어질 신학연구의 시간들은 기쁨의 시간이 될 것이다. 신학연구를 통해 얻는 유익들을 분명히 깨닫고 이해할 때, 우리는 신학연구의 유익들을 기

---

9) 본 장의 내용들은 필자의 저서, 『장로교 기본교리』(총회교육부, 2002)에 나온 논의들을 중심으로 설명하고 있다(제1장 참고).

대하면서 신학의 학문을 더욱 의미 있게 접근할 수 있는 동기를 부여받는다. 따라서 본 장에서는 '신학연구가 왜 필요한가?'에 대해 먼저 살펴볼 것이다. 그리고 후반부에서는 '어떠한 자세로 신학이라는 학문연구에 임할 것인가?'에 대한 주제로 넘어가려 한다. 신학이란 일반학문과는 다른 성격의 학문이므로, 그것을 연구하는 자세도 그 학문의 성격에 맞는 방식으로 이뤄질 때 풍성한 유익들을 얻을 수 있기 때문이다.

1. 신학연구의 필요성

(1) 성경말씀의 교리연구와 신학연구를 통해서 신자 자신의 신앙 성숙을 이룰 수 있다.

조직신학 혹은 성경의 교리연구를 통해 얻을 수 있는 유익 중 하나는, 자신의 신앙을 공고하게 해주며 더욱 성숙한 신앙으로 나아가도록 도와준다는 점이다. 개신교회의 기초를 새롭게 회복시켜주었던 종교개혁자들의 구호 중 하나는 "오직 믿음(Sola Fide)"이었다. 중세 카톨릭의 예전주의적이고 공로주의적인 구원관에 대해서, 개혁자들은 하나님의 자녀들이 오직 믿음으로 주 앞에 나아갈 수 있다는 성경적 진리를 밝혀주었다. 그리고 그들은 교회의 권위가 아니라 말씀의 권위에 기초하여 "믿음"만이 구원의 유일한 근거가 됨을 확인시켜주었다.

그런데 중요한 것은 그 "믿음"에는 믿음의 내용이 포함된다는 점이다.10) 믿음이란 그냥 무의미한 자기 확신의 문제가 아니라, 그가 믿는

---

10) 믿음의 3요소에는 지적인 요소로서 믿음의 내용, 그 내용에 대한 주관적 확신, 그리고 그 믿고 확신한 바대로 살아가는 실천적인 측면이 포함된다. 김광열, 『그리스도 안에 있는 구원과 성화』(총신대학교출판부, 2004) 62-64쪽.

내용이 있어야 하는데, 그 *믿음의 내용을 바르게 세워주는 것이 성경의 교리이며, 신학의 역할인 것이다.*

"오직 믿음"이라는 종교개혁자들의 외침은 소중한 가르침이지만, 그 믿음에 대한 강조를 오해하여 잘못 접근하면, 맹신(Blind Faith)에 이를 수 있다. 그것은 믿음의 내용적 측면을 소홀히 하거나 무시할 때 야기되는 현상이다. 성경의 가르침과 구원의 메시지에 대한 성경 내용을 바르게 이해하지 않고 그냥 믿음만을 외치게 될 때 발생될 수 있는 현상인 것이다. 그러므로 믿음이 중요한 것은 사실이지만, 성경에 기초한 믿음의 내용을 바로 세워나가는 일도 놓치지 말아야 한다. 우리는 열심을 내어 신앙생활을 한다고 하지만, 때로 우리의 잘못된 편견이나 생각을 고집하며 열심을 가질 수도 있다. 또한 성경에 관한 희미한 개념들만 가지고 성경적 가르침들을 왜곡하거나, 성경의 어느 한 구절에만 집착하여 믿음의 내용을 그릇되게 생각한 채 신앙생활을 할 수도 있다. 성경에 대한 이와 같은 왜곡된 이해들은 결국 신앙의 올바른 성숙을 저해하는 요인이 되고 만다.

다시 말하면, 성경의 가르침과 교리에 대한 바른 이해를 가지게 될 때, 하나님의 자녀들은 더욱 효과적으로 신앙의 성숙을 이룰 수 있는 것이다. 하나님에 대해 더 깊이 알아가고 그분의 사랑과 섭리와 속성들에 대한 바른 지식들이 주어지게 될 때, 그리고 그분이 다스리시는 인간의 역사와 교회에 대한 성경적인 바른 가르침들을 깨달음으로써, 신자들은 하나님을 더욱 깊이 신뢰할 수 있으며 그로 인해 그분을 더욱 온전히 섬기고 그분만을 높이는 삶을 살 수 있다.

이렇게 볼 때, 조직신학의 학문들은 신자의 믿음과 신앙생활을 더욱 성숙하게 해주는 중요한 수단이 된다. 만일 그와 같은 결과들이 발생되지 않는다면, 거기에는 신학하는 자의 자세에 어떤 문제가 있다고 봐야 한다. 그러한 점에서 우리는 다음 항목에서 살펴보게 될 "신학연구의 자세"에 대해서도 진지하게 들여다볼 필요가 있다.

특히 여기에서 우리는 종교개혁자들의 또 다른 구호 중 하나가 "오직 성경(Sola Scriptura)"이었다는 점에 주목할 필요가 있다. 구원관과 관련하여 개혁자들이 강조한 "오직 믿음"의 원리가 종교개혁의 내용적 원인이었다면, "오직 성경"은 그러한 성경적인 구원의 진리 회복을 가능하게 해주었던 종교개혁의 형식적 원인이었다.11) 사실, 중세시대가 암흑기일 수밖에 없었고, 중세신학이 공로주의적이고 율법주의적인 구원관의 오류에 빠질 수밖에 없었던 보다 근원적인 원인은, 성경의 권위보다 교회의 권위 그리고 교황의 권위를 더 높였다는 점에서 찾아진다. 성경의 내용이 평신도에게는 직접적으로 접근하기 어려운 상황이었고 오직 성직자에 의해서만 해석될 수 있었는데, 이처럼 성경이 일부 사제계층만의 전유물처럼 여겨졌기에 문제가 발생되었다고 볼 수 있다. 일반 평신도에게는 하나님의 말씀을 직접 읽고 은혜 받으며 성경의 교리들을 이해하는 일의 중요성이 간과되고 말았던 것이다. 신부가 라틴어로 읽어주고, 해석해주는 내용으로만 자신들의 신앙을 세워나갔던 중세 평신도들의 신앙은 결국 암흑시대의 맹신으로 이어졌고, 종교개혁자들로 하여금 다시 "성경으로 돌아가자"는 구호를 외칠 수밖에 없도록 만들었던 것이다.

종교개혁자들은, 중세의 암흑시대를 깨우치기 위한 돌파구는 평신도들

---

11) R. C. Sproul, 『개혁주의 은혜론』(기독교문서선교회, 1999) 45쪽. 종교개혁의 핵심주제는 구원론의 문제였다. 그러나 "오직 믿음"이라는 구원론의 주제가 외쳐질 수 있는 형식을 제공한 것이 성경의 권위에 관한 주제였던 것이다. 개혁자들이 오직 믿음의 원리를 외칠 수밖에 없었던 것은 그것이 하나님의 말씀인 성경에서 주어지고 있기 때문이었다.

이 더 이상 교회의 제도적 신앙이나 사제들의 성경해석에만 의존하는 신앙에 머물지 않고 각자가 직접 하나님의 말씀을 읽고 성령님의 인도하심을 통해 깨닫고 성경의 가르침과 교리들을 확신하는 가운데 주어지는 "개인적인 신앙(personal faith)"을 회복함으로써 주어질 것이라고 보았다. 그래서 마르틴 루터와 같은 종교개혁자는 독일 평민들이 읽을 수 없었던 원어성경을 평민들의 손에 들려주기 위해 평민들의 언어인 독일어로 번역했다. 하나님의 말씀을 직접 읽고 깨닫는 가운데, 신자는 그 성경의 가르침 속에서 발견되는 복음의 진리에 대한 개인적인 믿음(personal faith)과 확신을 가지고 참된 구원과 신앙생활에 이르게 될 것이기 때문이다.

이처럼 종교개혁의 중요한 공헌 중 하나는 신자의 구원과 신앙생활에서 하나님 말씀의 중요성을 회복하는 "성경말씀의 대중화"였다고 말할 수 있다. 오늘날 한국교회의 성도들이 말씀을 읽고 깊이 연구하는 것을 소홀히 할 때, 개혁자들이 회복시켰던 개신교회의 중요한 전통이 사라지게 되며 어쩌면 중세와 같은 암흑시대를 또다시 맞을 수도 있을 것이다.

성경의 교리연구는 신자 개인차원에서의 신앙성숙을 위해 중요할 뿐아니라, 하나님의 교회를 건강하게 세워준다는 점에서도 중요하다. 그러한 점에서 성경교리연구는 더욱이 신학 전공자뿐 아니라 일반 성도에게도 반드시 요청되는 신앙훈련의 과정이라 말할 수 있다.

(2) 하나님의 말씀의 가르침들을 종합적으로 또 체계적으로 이해할 수 있게 하며, 그 결과 균형 잡힌 신앙생활을 영위할 수 있도록 돕는다.

복잡한 현대사회를 살아가는 그리스도인들에게는 복음에 대한 단순한 신앙이 강조되곤 한다. 복음의 진리를 복잡한 접근보다 단순한 믿음으로 받아들이라는 말이다. 그러나 동시에 간과해서는 안 되는 부분이 있다. 단순한 믿음으로 복음의 세계로 들어온 신자는 그 믿음 안에 담긴 풍성한 의미와 축복을 종합적이고도 체계적으로 이해해야 할 필요가 있다는 점이다. 우리 주변에도 예수님을 영접한 후 여러 해 동안 신앙생활을 해 와서 여러 가지 복음의 가르침들을 당연히 알고 있으리라 생각되는 이들이 있다. 그러나 실상 이들 중에는 영적으로 어린아이같이 미약한 정도로 복음을 이해하고 있는 경우가 많다.

신앙인들이 빠지기 쉬운 태도 중 하나는 '성경으로만' 만족하려는 태도다. 이는 일차적으로 종교개혁자들이 외쳤던 "오직 성경"의 구호와 일치하는 듯 보이며, 또 하나님의 자녀란 원리적으로 모든 세속적인 방식을 배제하며 하나님께서 주신 말씀만을 의지하며 살아가야 한다는 점에서 바람직한 태도로 생각될 수 있다. 더 나아가 성경이란 하나님의 자녀가 구원받는 일에 있어 필요한 모든 계시를 충분히 담고 있다는 성경의 충족성의 관점이나, 구원의 메시지가 성경을 읽는 모든 이에게 차별 없이 명료하게 제시된다는 성경의 명료성의 관점에서, 우리가 성경말씀만을 읽고 묵상하는 것으로 만족해도 된다고 생각하기 쉽다.

그러나 성경의 명료성이란 구원의 메시지가 전달됨에 있어 누구에게나 명료하게 주어진다는 뜻이지, 성경의 모든 내용이 그냥 한 번 읽는 것으로 다 이해되고 그 깊은 의미까지 다 파악하게 된다는 말은 아니다. 베드로는 성경 안에는 쉽게 이해되지 않는 부분들도 있음을 알려 준다: "또 그 모든 편지에도 이런 일에 관하여 말하였으되 그중에 알기 어려운 것이 더러 있으니 무식한 자들과 굳세지 못한 자들이 다른 성경과

같이 그것도 억지로 풀다가 스스로 멸망에 이르느니라."(벧후 3:16)

믿음 안에 담긴 풍성한 의미와 축복을 체계적이고 종합적으로 이해하기 위해 필요한 도구가 바로 교리연구 혹은 조직신학인 것이다. 단순한 믿음으로 복음을 받아들이는 것과 "근본주의적인 성서주의(Biblicism)"의 오류에 떨어지는 것은 구별해야 한다. 후자는 성경에 대한 문자주의적 접근방식으로써, 성경말씀에 대한 문자적 해석만을 고집하며 단순히 성경만을 읽으면 다 될 수 있다는 생각을 갖는 태도다. 그러한 태도는 각각의 성경본문이 다양한 성격을 지닌 책들임을 간과하기 쉽다. 문자적으로 이해해야 하는 본문도 있지만 문학적으로 기록된 본문도 있어서, 때로는 과장법을 사용하거나 시적 표현으로 기록되어 있는 부분도 있음을 간과하는 것이다.

더 나아가 성경본문을 단순히 읽는 것만으로는 부족할 수 있다. 성경본문의 의미를 바르게 이해하기 위해서는 성경이 기록된 당시의 문화적 배경도 알아야 하고, 성경본문이 기록된 언어에 대한 이해도 있어야 바른 해석이 가능하다. 또한 구약계시의 가르침과 신약계시의 가르침도 종합적으로 정리해서 파악할 수 있어야 한다. 어느 한 구절만으로 하나님의 계시의 뜻을 해석하려 할 때, 성경이 말하는 하나님의 전체적인 뜻에 대한 균형 잡힌 이해에 이르지 못할 것이다.

그러므로 복음에 관한 성경적 진리들을 체계적으로 깊이 이해하는 것과 단순한 믿음으로 복음을 받아들이는 것은 또 다른 문제인 것이다. 그러므로 성경의 가르침에 온전히 인도받는 삶을 살기 위해서는, 성경에 있는 복음의 내용을 단순히 읽을 뿐 아니라 각각의 가르침들을 성경 계시 전체의 빛 아래서 균형 있게 해석하고 이해할 수 있어야 한다. 바로 여기서 성경교리의 연구나 조직신학의 필요성이 대두된다. 복음의 세계로의 진입은 복음에 대한 단순한 신앙으로 시작되지만, 그 복음의 세계 속에서 올바른, 그리고 풍성한 신앙생활을 영위하기 위해서는 복음의 내용에 대한 체계적인 이해, 그리고 거기에 담긴 함의들에 대한 종합적인 안목을 갖는 것이 필요한 것이다.

때때로 교회를 어지럽히는 일들은 교회 밖에 있는 이들에 의해서가 아니라, 교회 안에서 이러한 성경적인 균형과 체계적인 안목이 결여된 이들에 의해 발생된다는 점을 유의해야 한다.

(3) 성경에 대한 건전한 바른 지식이 없이는 성경적인 경건의 삶으로 나아갈 수도 없고, 또한─적극적으로 표현한다면─우리의 신앙지식은 우리의 신앙생활을 지배하기 때문이다.

단순한 신앙만을 강조하는 이들 중에는 교리공부란 별로 유익한 것이 아니라고 생각하거나, 혹은 신학연구가 실제적으로 신앙생활에 도움을 주지 않는다고 생각하는 경향이 있다. 이들 중 어떤 이들은 "우리 기독교인들은 초대교회 이후로 교회 안에서 너무나 많은 소모적인 논쟁을 벌이면서 쓸데없이 시간만 낭비해왔다"고 말하면서 빈정대기도 한다. 삼위일체 하나님의 교리에 대해서는 '하나님이 한 분이면 어떻고, 세분이면 어떤가?'라고 말하면서 '기독교 신앙의 핵심은 이론적인 교리에 있는 것이 아니라, 그 주장된 이론대로 얼마나 살아가는가 하는 실천적인 삶에 있다'고 주장한다.

물론 야고보서의 가르침과 같이 행함이 없는 믿음은 죽은 믿음에 불과하다. 예수님의 사랑으로 역사하지 못하는 믿음은 참으로 구원하는 믿음이 될 수 없는 것이 사실이다. 이러한 지적은 복음의 실천성에 취약한 정통 보수 신앙인들에게는 매우 필요한 지적이 아닐 수 없다.

그러나 이러한 주장이 부분적으로 진리를 지적해주기는 하지만, 우리는 또 다른 측면을 놓쳐서는 안 된다. 그것은 성경말씀에 대한 건전한 바른 지식을 가지고 있지 못하면, 그 신자는 아무리 열정적으로 헌신하는 행함을 추구했다 하더라도 결코 성경적인 경건의 신앙에 이르지 못한다는 점이다. 자신의 생각으로는 경건을 추구하고 헌신적인 희생의 행함을 추구했다고 하더라도, 그것이 성경의 가르침에 기초한 것이 아니라면 그것은 하나님과 상관없는 인간적인 "종교행위"로 끝날 수 있기 때문이다.

우리는 지난 2,000년의 기독교회 역사 속에서 나타났던 수많은 이단들이 그들의 열심이 부족해서가 아니라 오히려 그 열심이 성경적인 바른 가르침에 기초하지 못하여 이단의 오류에 빠졌음을 보게 된다. 결국 우리는 열심 있는 봉사와 헌신적인 삶도 중요하지만, 과연 그러한 열심과 헌신이 성경적인 가르침에 기초한 것인지를 교리 신학의 가르침을 통해 바르게 파악하는 것이 중요함을 깨닫는다.

구약성경의 사례를 든다면 웃사의 경우를 생각해볼 수 있다. 그는 하나님의 법궤가 흔들거리면서 땅바닥에 떨어지는 것을 염려하여 붙들었다. 그러나 결과는 하나님의 심판이었다. 왜 그렇게 되었는가? 나름대로 하나님을 위해 열심을 내었다고 하지만 하나님의 법도를 모르고 자기 마음대로 열심을 냈기 때문이다. 하나님은 이스라엘 백성에게 자신을 섬기는 법도를 주셨고, 그 법도 안에서 하나님은 법궤 취급을 전담하는 레위인을 별도로 지정해 놓으셨다. 하나님의 법궤는 아무나 취급해서는 안

되는 것이었다. 하나님을 사랑하고 섬기는 것도 그분이 지정하신 방식과 법도를 따라야 그분이 기뻐하시는 일이 된다.

신약에서는 다메섹 도상으로 향하던 사울의 경우를 생각해볼 수 있다. 사도 바울로 변화되기 전에 사울은 나름대로 종교적인 열심을 가지고 교회를 핍박하는 일에 앞장섰다(행 9장). 그러나 참으로 하나님이 원하시는 것이 무엇인지를 모르고 낸 열심은 오히려 하나님의 교회를 힘들게 하는 결과를 가져왔다. 하나님의 뜻을 올바로 이해하고 헌신해야 함을 말해주고 있는 것이다.

이 말을 적극적인 표현으로 다시 말한다면, *우리의 신앙지식은 우리의 신앙생활을 지배하는 핵심적인 요소가 된다*고 지적할 수 있다. 신자의 삶에 있어 그가 가진 신앙지식은 그의 신앙생활에 영향을 끼친다. 우리가 가지고 있는 하나님에 대한 이해는 우리의 신앙생활에 영향을 주게 되고, 심지어 신학내용에까지 영향을 끼칠 수 있다. 하나님의 공의로우심을 무시한 채 사랑의 하나님만을 생각하며 신앙생활을 할 경우, 방종한 신앙으로 떨어질 수 있다. 반대로 하나님의 사랑을 간과한 채 공의로우신 하나님만으로 이해하고 신앙생활을 할 경우, 두려움과 공포 속에서 하나님의 사랑과 은혜는 인정하지 못하는 신앙생활을 하게 될 가능성이 높다.

하나님에 대한 이해뿐 아니라 예수님에 대한 이해, 구원, 인간, 종말 등 성경의 여러 교리에 대한 이해는 신자의 신앙인격 형성 및 신앙태도에 지배적인 영향을 끼친다. 예를 들어, 예수님을 위대한 성인 중 하나이며 그저 인간이라고만 이해하고 신앙생활을 하는 경우와 예수님을 하나님의 아들 메시아라고 믿고 신앙생활을 하는 경우, 양자의 신앙생활은 전혀 다른 모습을 보여주게 될 것이 분명하다. 인간에 대한 이해 혹은 종말에 대한 이해, 그리고 구원이나 교회에 대한 이해 등에 대해서도 마찬가지의 결과를 예측할 수 있다.

이처럼 성경의 교리적 가르침에 대한 바른 이해가 신앙생활과 밀접한 관계 속에 있다는 사실은 예수님의 가르침 속에서도 확인할 수 있다. 예수님의 많은 설교와 가르침은 일상생활 속에서의 실제적인 교훈을 다루고 있다. 예를 들어, 산상수훈에서는 '신자들로서 하나님의 자녀들은 어떻게 행할 것인가?' '신앙인의 행동의 배후에 있는 동기들을 어떻게 이해해야 하는가?' 또한 기도, 구제, 금식과 같은 실제적인 신앙생활에 관한 많은 내용을 가르치셨다. 그런데 이러한 신앙생활에 대한 가르침은 하나님의 성품과 속성에 대한 이해에 기초하여 주어지고 있다.

우리가 드리는 기도는 우리의 기도를 들으시는 분이 우리의 아버지가 되신다는 사실에 대한 확신에서부터 시작된다는 점을 가르치신다. 즉, 하나님은 우리의 아버지로서 우리들이 요구하기 전부터 우리의 필요를 알고 계시다는 사실을 확신하고 기도해야 함을 말씀하신 것이다. 또한 금식이나 구제 등에 대한 교훈도 전지하신 하나님 혹은 무소부재하신 하나님에 대한 바른 이해에 기초하여 주어지는 교훈들임을 알 수 있다. 사람들 앞에서 보이려고 구제하거나 금식할 필요가 없는 것은 "은밀히 보시는 아버지"로서 무소부재하신 하나님에 대한 바른 이해에 기초하여 깨닫게 되는 진리인 것이다.

요한복음 13-17장에 주어지는 다락방 설교도, 주님이 이제 곧 처소를 예비하기 위하여 제자들을 멀리 떠나가신다는 실망스러운 말을 듣고 아주 심각한 슬픔과 고민스러운 마음에 사로잡혀 있는 제자들에게 용기를 주시는 예수님의 말씀이었다. 그런데 그 내용들이 단순히 감정적으로 위로하시는 격려의 말씀 정도가 아니라, 삼위일체 교리에 관한 말씀이었다는 사실(요 14:7, 9, 10, 15-17, 24)을 깨닫게 되는 것은 다소 놀라운 일이다. 그러나 주님이 앞으로 보내실 성령님과 그의 사역에 대해 제자들이 올바른 이해를 갖게 될 때, 그들을 짓누르고 있던 두려움을 이겨내는 큰 위로의 말씀이 될 것을 주님이 아셨기 때문이었다. 또한 예수님과 성부 하나님과의 밀접한 교제 그리고 그로 말미암아 주어지는 영광스러운 구속사역의 성취 등에 대한 바른 이해는 단순히 삼위일체 교리를 위해서만 주어진 것이 아니라 심각한 고민에 빠져서 괴로워하던 제자들을 위로하고 격려해주는 중요한 메시지가 될 수 있었던 것이다.

즉, 삼위일체 교리는 단순히 신학자들의 사변적인 논의로부터 만들어진 이론이 아니라 하나님의 자녀들의 실제적인 삶의 고민에 대해 위로의 메시지로 주어진 교훈에 기초하고 있음을 알 수 있다. 제자들이 그러한 주님의 가르침을 받지 못했다면, 사실상 주님을 올바르게 섬기며 순종하는 삶을 살아가기 어려웠을 것이다. 이렇게 볼 때, 올바른 성경교리 이해를 통해 하나님의 자녀들은 올바른 신앙생활로 나아갈 수 있는 기초를 제공받게 된다고 말할 수 있다.

(4) 주님께서 분부하신 대위임령의 내용들을 효과적으로 수행하기 위함이다.

그리스도인들이 주께 받은 명령 가운데 중요한 내용은 바로 주님의 대위임령(Great Commission)이다. 주님은 부활하신 후 승천하시기 전에 "그러므로 너희는 가서 *모든 민족을 제자로 삼아* 아버지와 아들과 성령의 이름으로 세례를 베풀고 *내가 너희에게 분부한 모든 것을 가르쳐* 지키게 하라. 볼지어다 내가 세상 끝날까지 너희와 항상 함께 있으리라"(마 28:19-20) 말씀하셨다. 그러므로 모든 그리스도인들은 "그리스도께서 명하신 모든 것들을 가르치라"는 주님의 명령에 순종하는 임무를 수행해야 한다.

그런데 주님이 명하신 모든 것들을 가르친다는 말은 단지 주님이 지상사역 중에 제자들에게 말씀하신 내용만이 아니라 그분이 부활, 승천하신 후에 사도들을 통해 가르치셨던 내용까지 포함하며, 더 나아가 신약성경 모든 서신의 내용들, 그리고 하나님의 말씀으로 주님이 받으셨던 구약성경의 모든 계시까지도 포함한다. 왜냐하면 주님이 승천하신 후에도 성령을 통해 주님의 가르침들이 신약저자들에게 주어졌고(행 1:1-2), 그것을 그들이 성경으로 기록했으며(요 14:26; 16:13), 구약성경도 성령의 감동으로 기록된 하나님의 계시말씀일 뿐 아니라 신약의 내용들도 전 구속역사의 흐름 속에서 구약계시의 적용으로써 주님의 가르치심을 담고 있는 것이라고 봐야 하기 때문이다.[12]

그런데 여기에서 우리는 주님이 승천하시기 전에 제자들에게 분부하신 대위임령의 내용 안에는 전도하는 사명뿐 아니라 "가르치는" 사명까지 포함되어 있음에 주목할 필요가 있다. 이 대위임령 안에 주어진 "주님이 분부하신 모든 것들을 가르치라"는 사명이란 구약을 포함한 모든 성경 안에서 주님이 우리에게 말씀하시는 모든 것을 가르치는 사명인 것이다. 여기서 우리는 바로 조직신학 내지는 성경교리 연구의 필요성을 지적해볼 수 있다. 모든 족속들로 하여금 성경 전체가 말하는 모든 것들

---

12) 이 부분에 대한 좀 더 구체적인 논의는 아래 제4장 계시와 성경을 취급하는 항목에서 제시하려 한다.

을 효과적으로 가르치기 위해서 우리는 성경의 핵심 주제들을 파악하고 그것들에 관해서 말하고 있는 성경의 모든 관련구절들을 요약하고 정리할 필요가 있는 것이다.

물론 이 작업은 혼자서 다 할 수 있는 것이 아니므로 이미 성경에 대해 깊이 있는 연구를 내놓은 이들의 저서와 연구들의 도움을 받아 다른 이들에게 적절한 구절들을 안내해줄 수 있으며, 또한 성경 전체가 말하고 있는 바들을 효과적으로 요약해서 가르칠 수 있을 것이다. 이와 같은 "주님이 분부하신 모든 것들을 가르치는" 임무를 수행함에 있어 우리는 교리연구나 조직신학의 도움이 필요함을 알 수 있다.

뿐만 아니라, 대위임령의 또 다른 주요 항목인 "전도의 사명"을 수행함에 있어서도 교리연구나 조직신학의 중요성은 지적될 수 있다. 모든 민족에게 나아가 그들을 그리스도의 제자로 삼기 위해 전도할 때에도 성경 복음의 메시지를 체계적으로 또 통일된 내용으로 증거함으로써 더욱 효과적으로 전도사역을 감당할 수 있다. 땅 끝까지 이르러 주의 증인이 되는 사역에 있어서, 증인들이 서로 상충되는 내용들을 가지고 나아가게 된다면 복음을 듣는 이들에게 혼란을 가져올 것이며 그만큼 복음 역사는 지연되고 말 것이다. 복음 전도자들이 이웃들에게 복음을 들고 나아갈 때 믿음에 대한 이해를 체계적으로 정리하여 하나의 통일되고 일관된 메시지로 전달할 수 있다면, 더욱 효과적으로 대위임령을 수행해 낼 수 있을 것이다.

(5) 성경교리에 대한 체계적인 연구나 조직신학 연구를 통해서, 우리는 오늘의 이단문제를 분별할 안목을 가질 수 있으며, 그 밖의 교리나

신앙생활에 관해 앞으로 제기될 수 있는 새로운 질문들에 대해서도 성경적인 답변을 제시할 수 있는 기본적인 안목을 세워서 대비할 수 있게 해준다.

지난 2,000여 년의 기독교회 역사 속에서 우리는 계속해서 반복적으로 나타나는 왜곡된 복음의 형태들, 즉 이단들을 만날 수 있다. "역사는 신학의 실험실과 같다"고 말한 어떤 이의 지적과 같이, 지난 교회 역사를 돌아볼 때 수많은 신학적인 오류들과 이단들의 오류가 있었으며, 그러한 신학적 실험들의 실패를 통해 오늘의 성경교리들이 세워지게 되었다. 그런데 오늘날 나타나는 이단들도 사실은 과거의 신학적 오류들과 같은 내용의 문제들을 그대로 지닌 채 단지 새로운 옷을 입고 나타나는 것일 뿐이다.

그러므로 우리가 새로 입은 옷 안에 담겨진 신학적인 오류들을 확인할 수 있는 성경적 안목을 확보한다면, 동일한 오류를 가지고 오늘 다시 등장하는 왜곡된 복음들의 유혹을 피해갈 수 있다. 예를 들면, 초대교회로부터 중세시대 그리고 최근에 이르기까지 끊임없이 반복적으로 등장하는 대표적인 이단은 시한부 종말론과 같은 신비주의 이단들이다. 그 이단은 1992년과 1998년 한국에서도 종교적으로나 사회적으로 큰 혼란을 가져왔던 적이 있는데 그들은 주님의 재림의 시기를 알 수 있다고 주장하면서 혼란을 일으켰다. 그런데 그러한 부류의 신비주의 이단들이 지니는 공통적인 신학적 오류는 "이중계시관"이다. 그들은 하나님께서 인간에게 그분의 뜻을 전달해주시는 통로인 계시가 두 가지의 경로를 통해 주어진다고 본다. 기록된 계시말씀으로서의 성경 외에도, 개인적으로 하나님과의 깊은 교제 속에서 주어지는 내적 음성의 계시를 강조하는 것이다. 문제는 후자의 계시를 성경 계시의 말씀보다 더 권위 있는 계시로 간주한다는 데 있다.

결국 시한부 종말론의 주장에서 드러나는 오류는 바로 그러한 왜곡된 계시관에서 기인된다. 성경에서 종말의 때는 아무도 모르고 아버지만 아신다고 가르칠지라도, 후자의 계시가 1992년 10월 28일을 말해주면 그 계시의 가르침이 옳다고 주장하는 것이다. 이와 같은 잘못된 계시관 때문에 발생하는 이단들은 초대교회에서나 중세시대에서나 거의 유사한 방식으로 하나님의 백성들을 신학적으로 또 신앙생활에까지도 혼란을 가져다주었다.

조직신학 연구를 통해 우리는 이처럼 과거의 신학적 오류들을 판단할 수 있는 기본적인 안목과 더불어, 앞으로 제기될 수 있는 교리들에 관한 어떤 새로운 질문들에도 답변할 수 있는 기본적인 안목을 가질 수 있다. 앞으로 기독교회의 역사가 계속되는 과정 속에서 우리는 현재 예상하지 못했던 새로운 신학적 문제들이 제기될 수 있음을 예측할 수 있다. 그러한 물음들에 대해 바르게 답변하기 위해 우리는 '그 주제에 대해 성경 전체가 가르치는 바는 무엇인가?'라는 물음을 던지게 될 것이고, 그때 성경핵심교리들에 대해 기본적인 안목을 더욱 철저하게 준비하고 있었다면 더 성숙한 답변을 할 수 있을 것이다.

더 나아가 성경교리의 논의들을 신자의 실제적인 삶의 영역들 속에 적용할 때에도 우리는 도움을 얻을 수 있다. 가정생활에 관한 성경의 가르침들, 자녀양육의 문제에 관한 지침들, 재정사용에 관한 성경적 원리들, 전도나 선교, 그리고 역사연구, 경제학, 정치학 등과 같은 일반 학문들의 영역에서까지도 성경교리나 조직신학은 하나님의 자녀들이 적용할 수 있는 기본적인 원리들을 제공해준다. 성경교리와 신학적인 가르침들을 잘 배우고 준비하고 있을 때 우리는 그 모든 분야들 속에서 좀 더 성숙한 판단과 결정을 내릴 수 있을 것이다.

2. 신학연구의 자세

우리는 이제까지 신학연구의 필요성에 대해 살펴보았다. 달리 표현한다면, 그 내용들은 결국 신학연구가 가져다주는 유익이 무엇인가에 대한 설명들이었다. 그런데 또다시 우리가 그 유익들을 제대로 얻기 위해서 생각해야 하는 중요한 주제는 성경의 가르침을 연구하는 바른 자세에 관한 것이다.

성경의 교리나 신학을 연구함에 있어 다른 학문을 접할 때와는 달리 기본적으로 갖추어야 할 자세들이 있다. 즉, 교리연구의 필요성을 인식하고 있다 하더라도 그것을 연구하는 자세가 바르지 못하면 소기의 목적을 달성하지 못할 수도 있다. 또 다른 측면에서 본다면, 신학연구의 방법이 어떠한가에 따라서 전혀 다른 연구결과가 주어질 수도 있는 것이다. 같은 주제를 다룬다 하더라도 어떠한 연구방법을 택하는가에 따라 적어도 어느 정도는 다른 결과가 주어지게 될 것이 분명하다.

따라서 올바른 연구자세를 갖추는 것이 중요한데, 신학연구의 작업에 있어 생각해야 하는 첫 번째 자세는 '성경을 최종적인 권위와 기준'으로 삼는 자세이다.

(1) 성경을 신학연구의 내용을 결정하는 최종적인 권위와 기준으로 삼는 자세

신학연구가 성경적으로 바르게 이루어지기 위해서는, 먼저 성경교리의 내용들을 성경적인 세계관 속에서 성경의 개념과 관점으로 이해하고 정리해야 한다. 물론 '당연한 말 아닌가?' 하고 되물을 수도 있겠다. 그러나 신학연구자가 빠지기 쉬운 자세 중 하나는, 자신이 지금까지 살아왔고 그래서 익숙해있는 세속적인 관점들과 개념들의 구조 속에서 성경의 교리들을 이해하고 평가하며 해석하려는 경향을 지닌다는 것이다.

그러나 우리가 교리연구나 신학연구를 함에 있어 그 내용들을 판단하는 최종적인 기준과 권위의 근거는 성경이어야 한다. 물론 자유주의 신학의 경우는 인간의 이성이 최고의 권위를 가지고 판단의 근거로서 성경내용이나 신학을 결정하게 되므로, 비교적 쉽게 그 문제점을 파악할 수 있다.[13] 그러나 복음주의 안에서도 때로는 신학내용 결정에 있어 성경을 최종적인 근거와 기준으로 삼지 않는 경우들이 있으므로 주의해야 한다.[14]

기독교의 교리내용이나 신학의 내용들을 정리하고 결정하기 위한 원자료(Original Source)는 하나님의 계시 말씀이다. 그 내용들을 구성하는 모든 개념에 대한 올바른 해석의 최종 참조점(final reference point)은 성경이어야 한다.[15]

---

13) 이러한 접근방식을 따르게 될 때, 결국 성경의 초자연적인 사건들이나 이적들에 대해 그것을 역사적 사실로 받아들여 해석하지 못하고 배제시키거나 혹은 신화와 같은 다른 해석의 범주로 바꾸어 이해하려는 입장을 취하게 된다.

14) 이러한 사례는 성경관, 특히 성경무오교리와 같은 논의들 속에서 발견되는데, 좀 더 구체적인 설명은 본서의 제4장 계시와 성경을 취급하는 항목에서 주어지게 될 것이다.

15) 여기에서 의미하는 관점은 미국의 개혁주의 변증학자 Cornelius Van Til에 의해서 전제주의 신학의 개념으로 잘 제시되었다. 김광열, "기독교 윤리의 기초"『총신대학교 교수

따라서 기독교가 말하는 신론이란 하나님의 계시 말씀인 성경이 하나님에 대해서 말씀하시는 내용들을 정리한 것이고, 인간론도 하나님의 계시 말씀의 내용을 따라서 정리된 인간에 대한 이해인 것이다. 또한 기독론, 구원론, 교회론, 종말론과 같은 다른 조직신학의 분야들도 마찬가지로 이해되고 설명되어야 한다. 예를 들어, 우리는 종말론의 교리내용들을 설명할 때 노스트라다무스의 예언집을 참고하지 않는다. 오직 성경말씀이 제시하는 종말에 대한 가르침들을 정리해서 그것들을 체계적으로 설명하려 한다. 왜냐하면 종말에 대해 가르치는 다른 모든 자료들은 결국 인간에 의해 제시되는 설명일 뿐이지만, 성경의 내용은 하나님의 계시로 주어진 신적 권위의 말씀이라고 보는 개혁주의 성경관이 바른 접근방식이기 때문이다. 이처럼 다른 모든 교리의 내용들도 성경의 계시 말씀으로부터 주어져야 하고, 신학의 내용들을 형성하는 개념들이나 기본 원리들도 성경에 의해 최종적으로 결정되어야 한다는 것이 개혁신학이 견지하는 교리연구나 신학연구에 있어서의 기본적인 자세이다.16)

만일 그러한 성경관이 거부된다면, 다른 모든 교리들이나 신학의 내용들도 흔들리게 될 것이 분명하다. 그러한 점에서 개혁주의신학 연구에서 가장 중요한 항목은 성경관이라고 할 수 있다. 성경의 교리들이 바로 세

논문집』 제13집(총신대학교, 1994) 47쪽 이하. 밴틸이 주장하는 전제주의(Presuppositionalism)란 성경을 전제하지 않고는 역사 속의 모든 사실들(facts), 모든 인간의 경험들에 대한 의미 있는 적법한 해석이 주어질 수 없다는 관점이다. 그러한 원리 아래서 그는 개혁주의 변증학의 새 지평을 열었다고 말할 수 있는데, 그것은 이전의 구 프린스턴 변증학자들의 따랐던 증험주의적인 변증학이 불신자의 세계관과 타협 속에서 알미니안적이라는 점을 지적하면서, 불신자와의 대화의 영역으로 간주되는 변증학의 분야에서도 성경적 세계관, 가치관 등을 따르는, 즉 모든 사물에 대한 성경의 설명이 진리임을 인정하는 입장을 취하는 것이 더 일관성 있는 개혁주의 변증학이라고 주장했던 것이다.

16) 이 부분에 대한 개혁신학의 관점은 본서 제3장에서 좀 더 자세히 상술할 것이다.

워지려면 가장 최우선적으로 성경을 교리연구의 최종적인 원리와 참조점으로 삼는 자세를 놓치지 않도록 해야 한다. 성경을 정확무오한 하나님의 계시말씀으로 받는 성경관의 기초 아래서 우리는 모든 사물과 인간 경험에 대한 참되고 권위 있는 진리진술은 성경에 의해서 판단될 수 있다는 전제주의적 관점을 이해할 수 있으며, 그러한 관점 아래서 우리는 성경의 교리나 신학의 내용들도 성경의 세계관과 개념들로 이해하고 해석함으로써 진정으로 하나님의 시각에서 바라보고 이해하며 정리할 수 있게 될 것이다.

(2) 논리적 사고 능력을 사용할 수 있는 자세

그러면 신학연구의 내용들을 이해하고 정리함에 있어 성경을 최종적인 권위와 기준으로 삼는다는 말은 인간의 논리적인 추론이나 이성적인 사고의 사용이 필요 없다는 말인가? 물론 그렇지 않다. 우리가 인간의 이성을 신학작업에 있어 최고의 권위와 판단의 기준으로 삼는다는 것과 신학내용을 세워감에 있어 이성적 논리를 하나의 도구로 사용한다는 것은 구별되어야 한다.

그렇다면 어떻게 그 두 개의 원리를 구별하고 또 서로 조화를 이룰 수 있겠는가? 우리는 먼저 어떠한 상황에서도 앞에서 제시한 신학연구의 제일 원리에 대한 원칙을 놓아서는 안 된다는 점을 기억해야 한다. 그러한 원칙 아래서―그 원칙에 위배되지 않는 범위 아래서―우리는 인간 이성의 논리적 사고와 추론의 사용을 이야기해볼 수 있다.

사실 신학의 내용들을 담고 있는 신학적 진술들은 그 진술들이 근거하고 있는 자료의 권위의 정도에 따라서 구분하여 이해하고 해석될 필요가 있다. 예를 들면, 성경의 구절들로부터 직접적으로 정리하여 내려진 신학적 진술들도 있고, 또 그 추론이 여러 가지로 내려질 수 있는 가능성들 중에서 하나의 진술이 채택되는 경우도 생각해볼 수 있다. 더 나아가 일반계시의 내용들도 신학작업에 보조적인 도움이 될 수 있다.[17]

그러나 중요한 것은 이 모든 자료는 부차적인 권위를 지닌다는 점이다. 가장 궁극적인 권위를 지닌 자료는 오직 하나님의 계시말씀인 성경으로부터 직접 정리된 가르침이다. 물론, 신학의 모든 내용이 반드시 성경 안에서 직접적으로 진술된 내용만을 가지고 세워지는 것은 아니며, 그 내용들로부터 추론된 논리적 결론들이 포함되는 것은 사실이지만 그 과정 속에서 내려진 논리적 추론의 부분들은 성경의 명백한 진술들의 빛 아래서 검토되어야 한다.

신약성경에 보면, 예수님도 그의 제자들도 성경의 어느 한 구절을 인용한 후에 그 구절들로부터 어떤 논리적 결론을 도출해내는 것을 볼 수 있다. 그것은 성경의 어떤 진술들로부터 이끌어낸 논리적 추론들도 하나의 중요한 방법이 될 수 있음을 말해 주는 것이다. 인간의 이성도 하나님이 주신 선물이고, 신학의 내용들을 세워감에 있어서 유익한 도구가 될 수 있다. 그러나 문제는 그 인간의 이성이 타락한 이성이기 때문에, 인간의 논리적 추론이 전개되는 과정 속에서 오류가 발생할 수 있음에 주목해야 한다는 점이다. 따라서 인간의 논리적 추론의 정당성은 정확무오한 하나님의 계시말씀의 가르침의 테두리 안에서만 인정된다.[18]

다시 말하면, 신학연구에 있어 우리는 성경의 명백한 가르침의 빛 아

---

17) M. Erickson, 『서론』 (기독교문서선교회, 1997) 123-125쪽.

18) Grudem, 『성경핵심교리』 (기독교문서선교회, 2004) 40-41쪽.

래서 성경의 구절들로부터 이끌어낸 어떠한 추론들을 사용할 수 있다. 즉, 성경의 계시의 인도 아래서 우리는 인간의 합리적인 논리사고의 능력을 사용하여 신학의 내용들을 세워갈 수 있다.

사실 신학의 내용들이나 교리들이 언제나 성경에 나오는 용어들로만 제한되어 표현되는 것은 아니다. 그 대표적인 사례로 우리는 삼위일체 교리를 생각해볼 수 있다. 구약에서의 계시로부터 우리는 성부 하나님의 존재가 명백히 드러나는 것을 알 수 있고, 신약시대가 시작되면서 성자 예수님의 존재를, 그리고 오순절 성령강림 사건 속에서 성령 하나님의 존재와 사역을 명백하게 깨닫게 된다. 그러한 계시들로부터 우리는 성경의 하나님은 세 분의 하나님들이시라는 추론을 하게 된다. 그러나 동시에 우리는 성경의 여러 구절들(신 6:4; 약 2:19)을 통해서 성경의 하나님은 한 분이심을 알게 된다. 그러므로 우리는 성경에 "삼위일체"라는 단어는 나오지 않지만 성경의 계시 내용을 종합하여 최종적으로 성경의 하나님은 오직 한 하나님이시지만 동시에 그 한 하나님은 삼위의 구별된 위격(성부, 성자, 성령)으로 존재하신다는 삼위일체교리를 추론하여 교리를 세우게 되는 것이다.

(3) 하나님 앞에서 겸허한 자세 그리고 사람 앞에서 겸손한 자세

신학연구에 임하는 데 요구되는 또 다른 중요한 자세는, 하나님 앞에서 우리 자신을 하나의 피조물로서 인식하고 성경의 계시말씀을 자신을 지으신 창조주 하나님의 말씀으로 겸허히 받아들이려는 자세이다. 이것은 위에서 첫 번째로 제시했던 자세에 대한 또 다른 표현이라고 할 수 있다. 즉 성경을 신학연구의 최종적인 기준과 권위로서 받아들이는 자세란, 다시 표현하면 성경적인 세계관과 가치관을 전제하고 신학의 내용들을 정리해야 한다는 것을 의미하기 때문이다.

신학의 내용들을 살피고 있는 사람은 바로 성경의 세계관 속에서 볼 때 하나의 피조물에 불과하다. 성경을 인간의 모든 경험과 사실을 의미 있게 해석하는 최종적인 참조점과 근거라고 말한다면, 그러한 신학연구의 자세를 가진 사람은 먼저 성경이 제시하는 인간관을 통해 자기 자신을 이해하고서 신학연구에 임하여야 한다.

그런데 성경이 가르치는 인간에 대한 가장 기본적인 내용은 그가 "피조물"이라는 사실이다. 사실 우리가 기독교의 여러 가르침을 접할 때 자주 부딪히는 이유 중 하나는 우리 자신을 피조물의 위치가 아니라 창조주 하나님과 동등한 위치에 놓고 신학의 내용들을 바라보고 평가하기 때문이다. 가장 쉬운 예로 선택교리를 생각해볼 수 있다. 하나님이 우주만물의 주권자이시며 창조주 되신 사실을 배제하고 그 교리를 접하게 될 때, 우리는 "왜 창세전부터 하나님은 누구는 택하시고, 누구는 택하지 않으셨나? 무슨 기준으로 혹은 무슨 권한으로 그렇게 하실 수 있는가?"라고 질문하기 쉽다. 그러나 그러한 반론을 제기하는 이가 견지하고 있는 잘못된 자세는 그것을 문제시하고 있는 바로 그 사람 자신의 위치를 모르고 있다는 사실에 기인한다. 선택교리에 대해 말해주는 로마서 9장의 설명과 같이, 우리 인간들은 토기장이의 손에 들려진 하나의 토기와 같은 피조물일 뿐이며 그분이 우리의 존재를 다른 모든 우주만물과 함께 한 손에 쥐고 계신 절대적 주권자이심을 기억할 때, 우리는 그 교리를 겸손히 수용하게 된다.

우리가 하나님과 동등한 또 다른 절대자라면 그분의 행정과 섭리에 대해 지적하고 평가할 수 있을지 모른다. 하지만, 그것은 성경이 말하고 있는 피조물로서의 인간의 위치를 망각하고 있는 것이다. 신학의 많은 내용들은 기본적으로 인간 연구자가 피조물인 자신의 모습을 깨닫고 절대자이신 창조주 하나님의 말씀 앞에 겸손히 나아올 것을 요구한다.

뿐만 아니라 신학연구자는 사람들 앞에서도 겸손한 자세를 견지할 수 있어야 한다. 성경의 교리들을 공부하고 조직신학의 깊은 내용들을 연구하게 될 때, 그 사람은 자신이 배운 신학의 진리들 때문에 다른 신자들 앞에서 교만해지는 결과를 가져올 수도 있다. 신학연구를 통해 성경의 많은 내용을 배우게 되면서 다른 성도들이나 믿음의 선배들 혹은 다른 교회지도자들조차도 잘 알지 못했던 내용들을 깨닫게 되었음을 알게 될 때, 자칫 잘못하면 그는 다른 이들을 무시하고 교만한 태도를 취할 수 있는 것이다. 그래서 신학의 지식을 다른 사람과의 논쟁에서 이기는 수단으로 오용하게 되거나, 그 지식들로 인해 다른 사역자들을 무시하는 태도를 가지게 될 수도 있다.

그러나 성경교리 연구자의 바른 자세는 더 배울수록 더 겸손과 사랑이 넘치는 사역자로 나아가는 것이다. 피조물 됨을 깨닫고 하나님 앞에서 겸허해질 뿐만 아니라, 다른 신앙인들이나 동료들 앞에서도 겸손과 사랑으로 나아가야 한다.[19] 야고보는 신학연구자에게 있어야 할 참된 지혜가 어떠해야 하는지 잘 설명해 주었다: "오직 위로부터 난 지혜는 첫째 성결하고 다음에 화평하고 관용하고 양순하며 긍휼과 선한 열매가 가득하고 편견과 거짓이 없나니 화평하게 하는 자들은 화평으로 심어 의의 열매를 거두느니라"(약 3:17-18).

---

19) Grudem 39-40쪽.

(4) 성령님의 인도를 구하는 자세

성경적 인간관이 말해주는 또 다른 인간의 실존은 죄인 된 모습이다. 아담 이후 모든 인간은 아담 때문에 죄인이기도 할 뿐 아니라, 자신의 모습을 보아도 죄인이다. 이 부분도 신학연구에 임하는 자가 깊이 인식해야 할 내용이다. 자신이 죄인인 사실을 망각하고 기독교의 교리들을 접하게 될 때 이해하기 어려운 문제들에 봉착하기 쉽기 때문이다.

오늘 나에게 닥쳐오는 많은 어려움과 환란의 문제들 앞에서 하나님의 사랑의 속성이나 섭리의 교리를 이해하는 일은 어려운 일이다. 그러나 사실 우리들은 하나님의 큰 심판과 형벌을 받아 마땅한 죄인들이며, 오히려 오늘까지 하나님의 일반은총 아래서 그 무서운 심판이 다 임하지 않고 있음에 감사해야 할 뿐이다. 죄인인 사실을 깨닫게 될 때, 하나님의 절대적 거룩과 공의 앞에서 오히려 오늘 우리의 삶 전부가 감사의 제목이 되는 것이다.

사실상 죄로 말미암아 어두워진 마음 상태로 하나님 말씀의 의미들을 접하게 될 때 성경의 교리의 내용들을 잘 깨닫지도, 정리하지도 못할 수 있다. 바로 여기에서 우리는 성령님의 도우심이 필요함을 깨닫게 된다. 시편기자의 말과 같이, 성령님께서 우리의 "눈을 열어서 주의 법의 기이한 것을 보게"(시 119:18) 해주셔야 성경말씀교리의 내용들을 바르게 정리할 수 있기 때문이다. 학문적 능력과 자질이 아무리 뛰어나다 하더라도 하나님 앞에서 지혜를 구하는 겸손한 자세를 잃어버린다면, 성경의 교리들에 대해서도 오해할 수 있으며 왜곡된 방향으로 정리하게 될 수도 있다.

조직신학이나 성경의 교리들은 성령님의 감동으로 기록된 성경구절들을 연구하여 세워지는 학문이므로, 그 기본 자료인 성경의 원 저자이신 성령님의 도우심을 구해야 한다. 성령님의 인도하심 속에서 연구할 때만 성경의 내용들을 바로 이해하고 신학연구를 바르게 세워갈 수 있다. 그러므로 이를 고려해볼 때, 우리에게 진정으로 필요한 것은 신학의 내용들을 채워줄 수 있는 더 풍부한 자료들이기보다는 "이미 우리에게 주어진 자료들을 바르게 바라볼 수 있는 통찰력인 것"이고, "그러한 통찰력은 성령님에 의해서만 주어지는 것"임을 기억하고 그분의 도우심을 간구하는 자세이다(고전 2:14; 엡 1:17-19).[20]

(5) 하나님과의 깊은 교제와 경배로 나아가는 자세

신지식(神知識)은 두 가지로 나누어볼 수 있다. 하나는 하나님의 존재와 사역 등에 대한 여러 가지의 내용을 알고 설명할 수 있을 만큼 많은 지적 정보를 소유하고 있는 지식(Knowledge about God)이고, 다른 하나는 하나님을 인격적으로 만나고 경험하는 지식(Knowledge of God)이다. 어떤 의미에서 전자는 하나님을 믿지 않고서도 소유할 수 있는 성격의 지식이지만, 후자는 개인적으로 그분을 영접하고 날마다 그분과의 인격적인 교제 속에서 살아가는 사람만이 소유할 수 있는 성격의 지식이다. 앞의 항목으로 설명하자면, 성령의 인도하심 속에서 세워지는 성격의 지식을 말하는 것이다.

참된 신학 연구자는 바로 후자의 지식을 추구하는 자세를 가져야 한다. 사실 우리 주변에는, 하나님에 관해 많은 이론들을 제시하며 신의 존재를 논하고 신의 사역들에 대해 일반적인 이론들을 토론할 수는 있

---

20) Grudem 39.

으나 그분과의 인격적인 만남과 참된 신앙고백이 없는 종교인들도 많이 있다.

그러나 참된 신지식을 소유한 자는 성경의 교리들을 많이 알게 되고 더 깊이 깨달을수록 하나님에 대한 경배와 사랑의 마음을 더욱 풍성하게 가져야 한다. 창세전부터 하나님께서 이처럼 죄 많고 쓸모없는 벌레만도 못한 죄인을 주목하시고 사랑하셔서 택정해 주셨다는 선택교리는 감격 없이는 설명할 수 없는 교리이다. 그리고 그 하나님의 선택이 무조건적이었다는 사실, 다른 이유가 있는 것이 아니라 오직 나를 사랑하셔서 택하셨다는 선택교리의 내용은 교리연구자의 마음 깊숙한 곳으로부터 감사와 찬송이 우러나오게 한다.

이 어찌 선택교리뿐이겠는가? 아들을 아끼지 아니하시고 십자가에 못 박으신 하나님의 사랑, 죽기까지 인류의 구원을 위해 아버지의 뜻에 순종하사 십자가까지 지고 가신 예수님의 구속의 교리, 그리고 성령님의 교회를 풍성하게 하시는 사역에 관한 교리 등, 우리는 수많은 성경의 교리들이 단지 우리의 머리만을 움직이는 지식이 아니라 우리의 심령을 움직이는 하나님의 사랑의 편지가 됨을 깨닫는다. 그러므로 신학연구자는 단순히 지적 호기심만을 만족시키기 위한 차원으로 성경에 접근하지 말고 인격적인 하나님, 나의 구세주 되신 예수님, 그리고 오늘도 나와 함께하셔서 위로하시고 확신하게 하며 권고해주시는 성령 하나님과의 더욱 풍성한 교제를 이루려는 마음자세를 가져야 한다. 즉, 하나님과의 깊은 교제와 만남이 이뤄지는 산지식의 세계를 열어가려는 자세로 신학연구에 임해야 할 것이다.[21]

---

21) 필자는 총신대학교에서 조직신학 과목을 강의할 때 학생들에게 과제물로 성구묵상발표를 하게 해왔다. 성경교리의 근거가 되는 성경구절을 미리 읽고 묵상한 후에 그와 관련된 교

그러므로 하나님의 계시의 말씀을 연구하는 신학연구자의 바른 자세는 로마서 11장에서 보여준 바울의 모습에서 찾아볼 수 있다. 바울은 로마서 11장에서 깊은 신학적 주제를 논한 후에 높으신 하나님께 경배와 찬양으로 나아간다: "깊도다 하나님의 지혜와 지식의 풍성함이여, 그의 판단은 헤아리지 못할 것이며 그의 길은 찾지 못할 것이로다. 누가 주의 마음을 알았느냐 누가 그의 모사가 되었느냐 누가 주께 먼저 드려서 갚으심을 받겠느냐 이는 만물이 주에게서 나오고 주로 말미암고 주에게로 돌아감이라 그에게 영광이 세세에 있을지어다 아멘"(롬 11:33-36).

리내용이 제시되는 수업시간에 발표를 함으로써, 학습되는 교리의 내용들이 단순히 지적인 차원의 학습으로 머물지 않고 영적인 감동과 교훈의 시간이 되도록 돕고 있다. 그것은 바로 하나님과의 깊은 교제와 경배의 자세를 가지고 교리연구에 임하도록 하기 위해서였다.

제 2 장   개신교회, 복음주의, 개혁주의

앞 장에서 우리는 신학연구가 왜 필요한지, 그리고 신학이라는 학문을 연구하는 자세는 어떠해야 하는지에 관해 생각해보았다. 이제 신학이라는 학문의 내용들을 직접적으로 접하기 전에, 본 장에서 먼저 정리하고 넘어가야 할 서론적 내용을 한 가지 더 살펴보려 한다.

그것은 지난 2,000여 년의 기독교회(Christianity) 역사 속에서 만나는 여러 종파들과 교단들 속에서 과연 개혁신학을 따르는 우리는 어디에 서 있는가에 관한 것이다. 기독교회는 크게 동방정교회(Greek Orthodoxy), 로마 카톨릭 교회(Roman Catholic Church), 그리고 개신교회(Protestantism)로 나누어볼 수 있다. 그리고 개신교회 안에도 다양한 교파가 있는데, 과연 본서가 견지하는 "개혁신학"의 위치는 어디인지 이해할 필요가 있다.

다음 장에서 '개혁신학(Reformed theology)의 원리가 무엇인가?'에 관한 내용적인 설명들로 들어가기 전에, 여기에서 먼저 개신교 안에 있는 복음주의라는 비교적 폭넓은 범주 속에서 '개혁신학이 위치하는 자리가 과연 어디인지'를 정리하는 것이 바른 순서일 것이다. 특히 본 장의 후반부에서는 복음주의와의 관계 속에서 개혁신학의 정체성을 세우는 작업을 시도하되, 개혁신학의 보편성(universality)과 순결성(purity)을 균형 있게 세워가는 과제에 대해 논의하겠다.

1. 개신교회(Protestantism)

주님이 이 땅 위에 오셔서 구속사역을 이루시고 제자들에게 전해주신 복음의 기초 위에 세워진 기독교회는, 지난 2,000여 년의 기독교의 역사가 흘러오면서 크게 3개의 종파적 그룹들로 나뉘어 신앙공동체들을 형성하게 되었다. 그 첫 번째의 분리는 11세기에 성령론의 문제와 관련하여 합의점을 찾지 못하고 동방교회와 서방교회로 나누어진 것이었다. "성령 하나님의 나오심(proceeding)"에 관한 문제를 놓고 서방교회는 아버지와 아들로부터("filioque") 나오시는 것을 주장했고, 동방교회는 성부 하나님에게서만 나오신다고 보았던 것이다.[22]

그 이후 서방교회의 전통 안에서 발전되어 온 기독교회는 16세기에 종교개혁을 맞게 되고, 중세 로마 카톨릭의 공로주의적이고 율법주의적인 구원관을 지적하면서 "성경으로 돌아가자"(Sola Scriptura)는 개혁자들의 가르침을 따라 개신교회(Protestantism)가 세워짐으로써[23] 서방

---

22) 요한복음 15:26에 보면, "아버지께로부터 나오시는 진리의 성령"이라는 언급이 있다. 그러나 바로 그 구절 앞부분에서 "내가 아버지께로부터 너희에게 보낼 보혜사"라고 주님은 말씀하셨으며, 또한 16:7에서도 주님은 아버지께 "가면 내가 그를 너희에게로 보내"시겠다고 말씀하셨다. 그러므로 성령님은 아버지와 아들로부터 나오신다고 해야 한다.

23) 개신교도(protestant)라는 용어는 1529년 독일의 제2차 speyer 국회에서의 정치적인 상황

교회의 전통 안에서 로마 카톨릭/개신교의 두 종파로 나뉘게 된다. 종교개혁자들은 하나님께 돌려져야 할 주권과 영광을 가로챘던 당시의 로마 카톨릭 교황의 교권의 문제를 지적하고 오직 하나님께 영광이 돌려져야 함을 외쳤고(Soli Deo Gloria), 구원의 은혜가 인간의 고행이나 공덕에 의해 주어지는 것이 아니라 오직 예수 그리스도의 구속사역에 대한 믿음으로 주어지는 것임을 가르쳤으며(Sola Fide), 그러한 구원관은 바로 하나님의 말씀인 성경이 가르치고 있는 진리이므로 포기할 수 없다고 (Sola Scriptura) 가르쳤다.[24] 그리고 그러한 개혁자들의 가르침은 그 이후 발전되어 온 개신교 신학의 기초가 되었다.[25]

이러한 종교개혁자들의 가르침을 따르는 개신교회 안에는 오늘날 우리가 복음주의라고 부르는 교회들 외에 자연신교(Deism)나 해방신학, 민중신학, 자유주의 신학, 신정통주의 신학 등과 같은 현대신학 사조들이 자리하고 있다. 그리고 여호와의 증인이나 몰몬교와 같이 자신들을 스스로 개신교회의 범주 안에 넣고 있는 이단 종파들도 있다. 물론, 그러한 이단들이나 현대신학들을 모두 적법한 개신교회라고 받아들일 수는 없다. 오히려 존 그레샴 메이첸(G. Machen)의 말과 같이 그들은 기

속에서 사용되었던 표현인데, 당시에 카톨릭 계열에 속하는 제후들이 루터에게 불리한 결정을 내린 사실을 알게 되었던 루터를 지지하던 사람들이 이의를 제기하면서 항의서를 제출했었는데, 그 항의서를 제출했던 사람들을 protestant라고 불렀다.

24) R. C. Sproul, 『개혁주의 은혜론』(CLC, 1999) 45쪽. 종교개혁 당시 Worms 국회에서 교회와 국가의 권위 앞에서 심각한 이단의 죄목으로 주목받던 루터는 "오직 믿음으로 의롭게 된다"는 주장을 포기하도록 강요받았으나, "나의 양심은 하나님의 말씀에 구속되어 있으므로 그것에 거슬러 행동하는 것은 옳은 일도 아니며 안전한 선택도 아닌 것이다"라고 말하면서 주장을 굽히지 않았다.

25) 그 외에도 만인제사장직에 대한 가르침들도 지적해볼 수 있다. 사실 Sola Fide의 원리나 Soli Deo Gloria의 원리들은 중보적 사제의 역할을 거부하게 한다. 유일한 중보자 되신 예수님에 대한 믿음만으로 은혜의 보좌 앞에 나아가는 것이므로 모든 주의 자녀들은 하나님께 향기로운 제사를 드리며 은혜를 누릴 수 있기 때문이다.

독교의 한 종류(a kind of christianity)가 아니다. 그들은 "단지 기독교의 용어들만을" 사용하고 있을 뿐, 실제적으로는 성경적 복음에서 떠난 비기독교(non-christianity)이기 때문이다.

2. 복음주의(Evangelicalism)

이와 같이 개신교 안의 혼재된 상황들 때문에, 우리는 성경적 복음주의가 무엇인지에 대해 바르게 정의할 필요가 있다. 기독교적 용어를 사용했다고 해서 다 개신교 혹은 복음주의라고 받아줄 수는 없기 때문이다. 사실 종교개혁 당시에 "복음적"(evangelical)이라는 용어는 개신교라는 말과 동의어로 사용되었다. 당시에 개혁자들이 외쳤던 "오직 성경(Sola Scriptura)"이나 "오직 믿음(Sola Fide)"에 관한 복음적 신앙을 받아들이는 이들을 개신교도(protestant)라고 보았던 것이다. 이처럼, 16세기의 상황에서의 "복음적"이라는 개념은 그런 정도의 의미로 충분히 이해될 수 있었으나, 오늘날과 같이 "오직 성경"이나 "오직 믿음"의 의미가 복음주의 진영 안에서 심각한 도전을 받고 있는 21세기 상황 속에서는 복음주의에 대한 정의가 그리 간단한 문제가 아니다. 다시 말하면, 오늘날 누가 자신을 복음주의자라고 말한다고 해서 그가 반드시 "오직 믿음"이나 "오직 성경"에 대한 역사적 신앙을 따르고 있다고 말하기 어렵다는 것이다.

따라서 여기에서 우리는 복음주의 관한 몇 가지의 오해된 접근방식들을 지적해볼 필요가 있다. 먼저, 복음주의가 좀 더 포괄적으로 사용되는 경우를 들 수 있다. 유럽이나 남미에서는 피상적으로 단순히 종교개혁자들의 후예라는 의미에서 복음주의(Evangelicalism)라는 단어가 사용되기도 하는데, 그런 경우 자유주의나 신정통주의도 복음주의 안에 포함된다. 예를 들면, 독일에서 Evangelical Lutheran Church라는 교단은 실제적으로는 복음주의와 비복음주의가 혼재되어 있는 상황이다.[26]

또 다른 경우는 경건주의 전통에서 경험적 차원으로 접근하는 방식이다. 이들은 어떠한 복음적 회심 체험을 했는지에 따라 복음주의자인지 여부를 결정하려 한다. 그러나 하나님의 자녀들은 개인적으로 다양한 회심 체험을 하게 된다. 사울과 같이 다메섹 도상에서 극적인 체험을 하는 경우도 있고, 루터와 같이 로마서 1장의 말씀을 통해 변화되기도 한다. 이처럼 회심 체험이란 주관적인 것으로 개개인에 따라 다양하게 경험될 수 있으므로, 어느 특정한 방식의 회심 체험만을 규범화하여 복음주의의 정체성을 획일적으로 결정할 수는 없다.

혹은 신복음주의 전통에서 사회학적 접근을 하기도 한다. 대사회적으로 이슈가 되고 있는 부분에 함께 동조하며 사회참여 하는 이들을 복음주의자라고 부르는 경우가 여기에 해당된다. 미국적 상황에서 낙태 반대운동이나 동성결혼 반대운동과 같은 대사회적 이슈에 적극적으로 관여하고 활동하는 이들을 복음주의자들이라고 부르는 경우를 볼 수 있다. 그러나 여기에서도 문제는 그와 같은 대사회적 이슈들에 대해 복음주의자들의 해석이 항상 일치하는 것은 아니라는 점에 있다.

그러면 우리는 어떻게 복음주의를 바로 정의할 수 있겠는가? 좀 더 바람직한 접근방법은 성경의 기본적인 신앙과 교리들을 받아들이는 것

---

26) 왜냐하면 자유주의 신학의 아버지로 불리우는 Adlof Von Harnack도 그 교단에 속한 신학자였기 때문이다. Kenneth Kantzer, 『현대신학의 동향(상)』(도서출판 횃불, 1997) 17쪽.

을 기준으로 복음주의를 정의하는 것이라고 볼 수 있다. 말하자면, "오직 성경"이나 "오직 믿음"과 같은 종교개혁자들의 기본적인 가르침들로 복음주의를 정의하는 방식인 것이다.

그러한 접근방식을 따라, 복음주의란 개신교도들 중에서 대체적으로 다음과 같은 성경의 기본적인 교리들을 받아들이는 자들이라고 말할 수 있다: 성경을 하나님의 감동으로 기록된 하나님의 계시말씀으로 받아 그 신적 권위를 인정하며, 따라서 성경만이 신앙과 신학의 궁극적이 원리임을 받아들인다. 성경이 가르치는 하나님은 우주만물의 창조주로서 인격적인 신이시며 삼위일체의 하나님으로서 인류역사를 주관하시고 섭리하시는 분이시고, 인간은 하나님의 형상으로 지음받은 피조물로서 아담 안에서 타락하여 하나님의 심판 아래 놓여있다. 그러한 인간을 구하기 위해 오신 예수님은 온전한 인성과 신성을 지니신 한 인격으로서 하나님의 백성을 위해 대속적인 죽음을 당하시고, 부활하시고, 승천하셨으며, 그리고 마지막 날에 재림하셔서 심판과 구속을 완성하실 것이다. 그리고 우리의 구원은 바로 그 대속주 예수님을 믿음으로 주어지며 유대교적 율법주의나 카톨릭적 공로주의, 혹은 자유주의적 도덕주의에 의해서 주어지는 것이 아님을 인정한다.

물론 위의 내용이 성경의 교리들의 모든 내용을 다 설명해주고 있지는 않으므로 좀 더 추가되어야 할 부분이 있는 것이 사실이지만, 위의 내용들만 가지고서도 우리는 **일반적으로 개신교회로 불리는 모든 종파나 신학들이 다 복음주의가 될 수 없음을** 알 수 있다. 예를 들면, 예수님을 피조물 중 가장 위대한 존재로 간주하는 여호와의 증인이나 예수님의 온전한 신성을 부인하는 몰몬교 같은 명백한 이단들은 물론이거니와, 하나님을 창조주로서는 설명하지만 창조 후에는 멀리 떠나 계신 것으로 간주하는 18세기 영국의 자연신교(Deism)도 복음주의라고 할 수 없다. 성경을 인간의 글로 간주하는 자유주의나, 항상 하나님의 말씀이 아니라 "Christ-Event"라고 하는 실존적 만남의 사건 속에서만 하나님의 말씀이 된다고 주장하는 신정통주의 신학도 복음주의가 될 수 없다. 인간에 대한 이해에 있어 아담의 원죄교리를 거부하며 자연주의적인 구원(autosoterism)을 주장하는 펠라기우스주의(Pelagianism)도 복음주의는 아닐 것이며,[27] 인권회복을 외치면서 인간화(humanization)에 이르지 못하는 모든 행위를 죄로 간주하는 민중신학이나 위에서 언급했던 몇 가지의 율법주의들도 모두 복음주의의 범주를 벗어나게 된다. 그리고 칼 라너(K. Rahner)와 같이 "무명의 기독교인"을 주장하며 3종류의 신자들을 말하는 종교다원적 신학자들도 성경적 복음에서 떠났으므로 당연히 복음주의 안에 포함될 수 없다.

3. 개혁신학(Reformed Theology)

이처럼 일반적으로 개신교 혹은 복음주의에 속한다고 주장되는 모든 교단이나 신학이 다 복음주의에 속한다고 말할 수는 없다. 그런데, 한 걸음 더 나아가 **우리는 또한 모든 복음주의가 다 개혁주의가 될 수도 없음을 알 수 있다.** 종교개혁 이후로 "복음적" 전통 안에서 여러 교단과 신학들이 형성되어 왔으나, 그 다양한 복음주의 전통들 속에서 개혁신학

---

27) B. B. Warfield, *The Plan of Salvation*(Eermans Pub. Co., 1982). Warfield는 제2장을 할애하여 펠라기우스주의의 구원관을 설명하는데, 그 장의 제목으로 자력구원론이라는 의미의 autosoterism이라는 용어를 사용한다.

은 나름대로의 독특한 신학을 세우며 유지, 발전해 왔기 때문이다.

종교개혁자들의 복음적 가르침들의 기초 위에서 형성되어 온 복음주의 전통 안에서 **루터교회(Lutheran Church)**는 종교개혁자 루터와 그의 후계자 멜랑크톤으로 이어지는 복음적 루터교의 신학을 세웠으며, **영국 성공회(Anglican Church)**는 대체적으로 루터와 칼빈의 가르침을 종합한 것으로 평가된다. 그 밖에도 복음주의 안에는 영국국교회로부터 웨슬리(John Wesley)를 중심으로 분리되어 나와 세워진 **감리교회(Methodist Church)**, 20세기 초에 시작된 **오순절교단(Pentecostal Church)**과 20세기 중반에 시작된 **은사주의 교회들(Charismatic Church)**,[28] **독립교회(Independent Church)**, 그리고 칼빈과 쯔빙글리의 가르침을 따르는 이들을 중심으로 형성된 개혁교회를 들 수 있다. 일반적으로 유럽에서는 **"개혁교회(Reformed Church)"**로, 영국과 스코틀랜드에서는 **"장로교회(Presbyterian Church)"**로 불리는데, 이 개혁주의는 "오직 믿음"이나 "오직 성경"과 같은 복음주의의 역사적 기독교회의 가르침을 공유하면서도 나름대로의 독특한 신학적 강조와 특징들을 지니고 있으므로 다른 복음주의들과 구별된다.

개혁신학을 설명하는 전통적인 방법 중 하나는 첫 글자를 따서 "TULIP"이라고 표현되는 "칼빈주의 5대 교리"를 사용하여 설명하는 것이다. 전적타락을 뜻하는 Total depravity, 무조건적 선택을 의미하는 Unconditional election, 제한 속죄를 의미하는 Limited atonement, 불가항력적 은혜를 말하는 Irresistible Grace, 그리고 성도의 견인을

---

28) 은사주의 교회들이란 사실상 독립적인 교단을 형성하지는 않았다. 그들은 복음주의 안의 여러 교단들 안에서 기존의 교단들의 신학적 정체성을 유지하면서 은사주의 운동을 하는 무리들이라고 볼 수 있다. 김광열, 『그리스도 안에 있는 구원과 성화』(총신대학교출판부, 2004) 258-259쪽.

의미하는 Perseverance of the saints의 영문 첫 글자를 모아서 TULIP이라고 부른다. 그러나 사실 개혁주의란 몇 가지의 신학적인 주제들만으로 다 설명되었다고 할 수는 없다. 물론 칼빈주의 5대 교리가 개혁신학의 내용들을 담고 있는 것은 사실이지만, 그것은 17세기의 역사적 산물로서 한계가 있다. 다시 말하면, 칼빈주의 5대 교리는 1618년 화란에서 열렸던 돌트 회의에서 제출되었던 것으로, 당시 알미니안주의자들의 주장으로 야기되었던 논쟁의 산물이다. 그 "5대 교리"를 반대하던 알미니안주의자들을 정죄하고 돌트 회의를 통해 그 "5대 교리"가 성경적임을 확인하며 그것을 개혁신학의 내용으로서 제시하게 되었던 17세기의 한 신학적 표현인 것이다.

그러나 개혁신학은 그러한 칼빈주의 5대 교리를 포함하면서도 그보다 좀 더 근본적인 원리들을 지니고 있는 신학체계이다. 칼빈과 같은 개혁신학자들은 몇 개의 신학적 주제들만으로 제한하여 설명하려 하지 않고, 유기적인 성경 전체의 가르침을 따라 개혁신학을 세워나갔다고 볼 수 있다. 마찬가지로 현대 개혁신학자들도 "칼빈주의 5대 교리"의 표현에 메이지 않고 개혁신학의 좀 더 근본적인 원리들을 제시하려 한다. 예를 들면, 미국의 개혁신학자 R. C. 스프로울(Sproul)은, 개혁신학을 하나님 중심의 신학, "오직 하나님의 말씀"의 신학, "오직 믿음"의 신학, 언약적 신학 등으로 설명한다.[29] 여기에서 개혁신학의 특징들을 세부적으로 다 설명할 수는 없으며, 개혁신학의 원리들에 대한 구체적인 설명들은 다음 장으로 미루기로 한다. 그러나 위의 설명만으로도 개혁신학은 ―다른 복음주의 신학들과의 연속성을 지니면서도― 나름대로의 독특성을

---

29) 『개혁주의 은혜론』. 25쪽 이하.

지니고 있으며, 따라서 다른 복음주의와는 구별된 신학임을 어느 정도 확인할 수 있다. 따라서 우리는 우리가 지향하는 개혁신학이 나름대로의 신학적 독특성과 강조점을 지닌 신학임을 깨닫고 그 신학의 장점들을 살리며 발전시켜 나가야 할 것이다.

그러나 여기서 한 가지 주의할 점이 있다. 개혁신학의 특징을 강조하고 발전시키는 것은 중요하지만, 그렇다고 다른 복음주의자들(물론, 비성경적인 복음주의는 제외하고)을 비개혁주의라고 몰아붙이며 무조건 배척하는 극단적인 분리주의적 태도는 지양해야 한다는 점이다. 예수님을 구주로 고백하고 성경을 하나님의 영감으로 쓰인 권위 있고 무오한 말씀으로 받는 역사적 복음주의 신앙을 고백하는 복음주의자들과는 그리스도 안에서 서로 한 몸이며 그리스도를 머리로 삼은 한 지체이기 때문이다. 역사적 기독교회의 복음적 신앙에서 떠난 신학을 따르는 자들은 그리스도의 몸의 지체로 인정될 수 없다. 이름에는 기독교나 복음주의라는 단어가 붙어 있을 지라도, 그 내용이 성경적 복음적 신앙에서 떠났을 때 우리는 그들을 형제라고 부를 수는 없는 것이다. 그러나 성경을 하나님의 영감으로 된 말씀으로 받아들이고 예수님을 개인적인 구주로 믿고 고백하는 복음주의자들 사이에서는, 다소간에 신학주제에 대한 신학적 해석이 다르다고 해서 이단시 하거나 배척하는 태도를 취해서는 안 된다. 그들은 하나님 나라에서 다시 만날 주의 백성들이기 때문이다.

물론, 위에서도 지적했듯이 우리는 개혁신학의 가르침이 더 성경적이고 복음을 더 바르게 제시해준다고 믿으며, 그 전통의 고귀함을 소중히 여기고 발전시켜 나가야 한다. 그러나 오늘날 우리 그리스도인의 싸움은 장로교, 침례교, 성결교, 감리교 등과 같은 교파간의 싸움이 아니라, 좀 더 근본적으로는 각 교단 안팎에 자리 잡고 있는, 성경을 하나님의 말씀으로 믿지 않고 예수님에 대한 믿음 이외에도 구원에 이를 수 있다고 보는 명목적 신자 혹은 비성경적인 불신세력들, 그리고 그들의 배후에서 복음적 진리를 파괴하고 하나님 나라를 무너뜨리려고 역사하는 악한 영들과의 영적 전쟁이기 때문이다. 비록 그들이 장로교 안에 머물러 있을지라도 역사적 복음적 신앙을 거부한다면, 그들은 명목적 신자일 뿐이며 이미 비복음주의자들이며 비기독교인인 것이다. 성경을 하나님의 말씀으로 받지 못하게 하는 자유주의, 신정통주의, 현대신학의 비복음적이고 비성경적인 가르침들이 우리의 진정한 싸움의 대상이고, 다른 교단 안에 있을지라도 복음적 신앙 안에 머물고 있는 이들과의 이견(異見)은 그리스도 안에서 형제들 사이에서의 긍정적인 토론임을 잊지 말아야 한다.

그러므로 개혁신학의 특징과 장점을 포기하지 않으면서도, 아니 그 신학의 장점은 더 개발, 발전시켜 나가면서도 성경이 하나님의 말씀임을 고백하는(Bible-believing Christian) 다른 복음주의자들과의 관계 속에서는 마음을 여는 자세가 필요하다고 하겠다.

4. 남겨진 과제: 개혁신학의 보편성(universality)과 순결성(purity) 세우기

지금까지의 논의를 요약하자면, 개혁신학의 정체성은 확보하고 더 발전시켜 나가면서도 성경적 복음신앙을 견지하는 다른 복음주의자들과 "한몸 됨"을 인식하고 그들과 열린 대화의 장을 갖는 것은 무척 필요하다. 다시 말하면, 개혁신학의 순수성을 보존하는 작업과 다른 복음적 신학들과의 보편성을 세워나가는 작업이 균형을 이루면서 추진되어야 할 필요가 있다는 것이다.

물론 그러한 작업들은 말처럼 쉬운 일도 아니며 생각처럼 간단한 작업도 아닐 것이다. 그러므로 여기에서는 조직신학의 주제 중에서 몇 가지의 사례를 지적하면서 이해를 도우려 한다.

(1) 보편성 세우기

여기에서 우리가 주의해야 할 부분은 개혁신학의 정체성을 세우는 일에 대한 강조 때문에 우리가 쉽게 배타적이거나 분리주의적인 입장을 취하게 될 가능성이 있다는 점이다. 종교개혁자들도 자신들의 가르침을 통해 개신교의 기초를 놓기는 하였지만, 결코 새로운 종교를 창설하려 했던 것은 아니다. 그들은 교회가 사도적인 성경의 진리로 돌아가고 회복되어야 함을 외쳤을 뿐이지, 결코 새것을 만들어 교회를 분리시키려고 했던 것은 아니었다.[30]

예들 들면, 칼빈이나 루터도 교회 전통을 전면적으로 부인한 것은 아니다. 오히려 그들은 어거스틴과 같은 교부들을 자주 인용했으며, 니케아 공회(A.D. 325년)나 칼게돈 공회(A.D. 451년)와 같은 공교회의 신앙고백과 교리를 모두 받아들이고 지속적으로 보존하기를 원했다.

개혁신학도 그처럼 공교회에서 채택해 온 역사적·복음적 신앙고백들을 다른 복음주의자들과 공유하고 있음을 인식해야 한다. "Sola Scriptura"나 "Sola Fide" 같은 복음적 신앙의 기본적인 원리들은 모든 진정한 복음주의자들이 소중히 간직해 온 신학적 전통이며, 개혁신학도

---

30) 같은 책, 30쪽.

함께 공유하고 있는 아름다운 신학적 유산이다. 그러한 복음적 신학의 공통분모 때문에, 그들과 신학적 토론을 할 때 우리는 그들에 대해 적개심보다는 건설적인 발전을 위한 형제애를 가질 수 있는 것이다.

한 가지 예를 든다면, 복음주의 성화론에 관한 논의를 지적해볼 수 있다. 복음주의 성화론에 대한 자세한 논의들을 여기서 다 설명할 수는 없겠으나,[31] 대체적으로 복음주의 신학 안에서 제시되는 성화론들을 세 가지 범주로 분류해볼 수 있다. 첫째는 "오직 하나님의 은혜" 혹은 "오직 믿음"만을 강조하는 루터교적 성화론의 전통, 둘째는 중생 이후에 주어지는 것으로 주장되는 성령님의 특별한 역사를 통한 제2의 축복(Second Blessing)을 강조하는 웨슬리(Wesley)적인 성화론의 전통, 그리고 마지막으로 중생자에게 주어진 그리스도와의 연합과 그 안에서 주어지는 그분과의 교제의 풍성한 영적 축복들을 통한 성화를 가르치는 개혁주의 성화론의 전통이다. 그러나 이러한 다른 복음주의 신학 안에서의 성화론들에 대한 비교와 분석 및 평가를 함에 있어 우리는 기본적으로 그들 모두가 성경을 하나님의 영감으로 기록된 신적 권위의 말씀으로 믿고 있다는 전제 아래서 출발한다. 다시 말하면, 각자의 신학적 전통에서의 성화관을 제시하는 토론자들 모두가 정직한 신앙양심을 가지고 성경관을 비롯한 역사적 복음적 신앙고백의 동일한 기초 위에서 논의를 세워간다면, 그러한 논의들은 성경적 성화관에 대한 더욱 온전한 이해를 가져올 수 있는 발전적 논의가 되리라 기대할 수 있다.

물론, 현재의 논의들을 통해 서로 다른 관점들이나 다른 이해들의 모

---

31) 좀 더 구체적인 논의를 위해서는 나의 저서 『그리스도 안에 있는 구원과 성화』에서 제2부 "그리스도 안에 있는 성화"의 내용을 참고하라. 복음주의 안에서 다양한 성화론들에 대한 자세한 분석과 개혁신학의 관점의 평가들을 소개하고 있다.

든 부분이 다 해결되리라고 기대하기는 어렵다. 그러나 우리는 모두 좀 더 복음적이고 성경적인 신앙을 세워나가기를 바라는 공통된 소원과 목표 안에서 하나님의 자녀들로써 진실된 노력들을 전개해가고 있는 것이므로, 서로 간의 차이점들을 내놓고 기쁜 마음으로 서로의 주장들을 검토해볼 수 있다.[32]

따라서 우리들은 배타적인 자세나 적개심을 가지기보다는, 우리를 그리스도 안에서 하나 되게 하신 하나님을 찬양하며, 또한 더욱 하나 되게 하실 성령님의 인도를 기대하는 가운데, 다른 복음주의 신학의 가르침들과의 대화를 통해 개혁신학의 보편성을 풍성하게 세워가야 할 것이다.

(2) 순결성/정체성 세우기

이처럼 공통된 복음적 유산에 기초하고 있는 "보편성"에 대한 강조를 통해 배타적인 태도가 극복되어야 함과 동시에, 우리는 또 다른 편의 위험성을 경계해야 한다. 그것은 개혁신학의 순결성을 흐리게 하는 타협적 신학의 도전들이다. 우리가 다른 복음주의의 신학들과의 형제됨을 강조하는 가운데, 자칫하면 개혁신학의 고귀한 전통과 유산들을 놓치게 될 위험성에 직면할 수 있기 때문이다.

조직신학의 몇 가지 주제들을 가지고 예를 들어보자.

1) 먼저는 성경관에 관한 논의들 속에서 지적해볼 수 있다.

---

32) 예를 들면, 루터교의 "오직 믿음만으로"를 강조하는 성화관 속에서 우리는 어떠한 인간의 공로적인 요소도 허용하지 않으려는 개혁자 마틴 루터적인 강조가 드러나는 성화관을 만날 수 있다. 물론 그에 대한 개혁신학의 평가를 간과할 순 없지만, 우리는 루터교의 성화관이 말해주는 "복음적" 강조를 그 성화관의 특징이라고 기쁜 마음으로 인정할 수 있다. 같은 책, 105-106쪽.

개혁신학의 중요한 원리 중 하나는 성경을 모든 신학과 신앙의 궁극적인 규범으로서, 그리고 신적 권위를 지닌 하나님의 말씀으로 받는 원리이다.[33] 이러한 개혁신학의 원리는 성경영감교리와 성경의 불오성(Infallibility) 및 무오성(Inerrancy)을 가르치는 개혁신학의 성경관에 근거한다. 개혁신학은 근본적으로 신본주의 신학으로서, 자유주의 신학과 같은 인본주의 신학과 구분된다. 즉, 인간 차원의 내재적 종교현상을 신학화하는 것이 아니라(Anthropocentric), 하나님의 영감된 계시말씀으로 신학을 세워가는(Theocentric) 성격을 지니고 있다. 그러므로 하나님의 영감으로 기록된 초자연적 계시말씀으로서의 성경에 대한 분명한 관점을 놓치게 될 때 개혁신학의 중요한 특징을 잃는 것이다.

그런데 우리는 현대 자유주의 신학자들이나 신정통주의 신학자들을 제외하더라도, 현대 복음주의 신학자들 가운데에서도 성경무오교리에 대해 이견을 제시하는 경우가 있음을 본다. 화란의 신학자 벌카워(G. C. Berkouwer)도 근본주의의 가현설적(Docetism) 성경관을 비판하면서 인간 저자의 중요성을 충분히 제시해야 함을 주장하는 가운데 성경의 핵심적인 목적과 의도에 관한 내용 즉, 종교적 영적 진리에 관해서는 무오함을 인정하지만, 인간 저자들이 기록한 부분들 중 역사적 사실과 같은 내용들까지도 "무오"를 적용하는 것을 꺼려했다. 이러한 이분법적인 접근방식은 미국의 복음주의자들 가운데서도 찾아볼 수 있다. 그들 중에 대표적인 인물로서 로저스(Jack B. Rogers)와 맥킴(Donald K. Mckim)을 들 수 있다. 이들은 성경의 권위는 인정하지만, 무오교리는 성경적인 가르침이 아니며 단지 과학시대 이후에 근본주의 신학자들에 의해 창안

---

33) 『개혁주의 은혜론』 45쪽 이하.

된 것이라고 주장한다.[34] 그들도 벌카워와 같이 이분법을 따르고 있다. 성경의 핵심적인 메시지인 영적 진리내용에 있어서는 오류가 없지만(그들이 의미하는 불오의 개념), 역사적·지리적·과학적 사실과 관련된 진술에 있어서는 오류가 있을 수 있다는 주장이다. 후자의 부분까지도 무오하다고 보는 입장은 17-18세기 과학시대 이후로 근본주의 내지는 정통주의에서 고안해 낸 교리일 뿐이라고 주장한다.

그러나 정통 개혁신학은 성경의 모든 내용들이(역사적·지리적·과학적 사실들에 대한 기록까지 포함하여) 하나님의 영감으로 기록된 무오한 말씀이라고 믿는 신앙을 가르친다(딤후 3:16). 벌카워나 로저스, 맥킴이 말하는 이분법적인 구분방식은 성경영감에 있어 성령 하나님께서 성경의 메시지와 형식 모두에 관계하셨으며, 따라서 성경의 모든 부분이 온전히 하나님의 감동으로 기록되었다는 개혁신학의 성경관을 무너뜨리는 가르침이 되는 것이다.[35]

2) 또 다른 예로는 지난 세기 선교운동의 역사 속에서 나타났던 에큐메니컬 신학에서 찾아볼 수 있다. 지난 세기 세계선교운동 속에서 나타난 에큐메니컬 선교신학은 "사도적 복음의 순수성이 간과된 운동"으로 평가된다.[36]

---

34) Jack B. Rogers & Donald K. McKim *The Authority and Interpretation of the Bible* (New York: Harper & Row, 1979) 459쪽.

35) 성경관에 대한 개혁주의의 입장은 『성경무오와 해석학』(도서출판 엠바오, 1992)에서 확인할 수 있다. 비교적 최근에 미국 웨스트민스터 신학교 교수들이 발표한 성경관에 관한 논문집인데, 역사적으로 개혁주의 성경관을 설명해주는 세 번째의 논문집이다. 첫 논문집은 1946년에 출간된 *The Infallible Word* 그리고 두 번째 논문집은 1973년에 발행된 *Scripture and Confession* 이다.

36) 김광열, 『이웃을 품에 안고 거듭나는 한국교회』 (총회출판부, 2002) 29쪽 이하.

가) 혼합주의의 경향

W.C.C.의 에큐메니컬 운동은 그 초창기에서부터 신학적으로 혼합된 노선을 견지했으며, 더 나아가 혼합종교적인 방향으로 전개되었다. 1910년에 개최된 에딘버러 세계선교대회에서 취한 "최소" 교리적인 입장은[37] W.C.C.운동으로 하여금 타종교와의 대화까지도 가능하게 해주었다. 대화가 가능해진 것뿐만 아니라, 1961년 뉴델리에서 개최된 W.C.C. 제3차 대회에서는 결국 대화도 효과적인 전도형태 중 하나로 간주하는 결과를 가져왔다. 전호진 교수에 의하면, 뉴델리 대회에서 타종교라는 말은 다른 신앙(other faiths)으로 이해되며, '무신앙(no faith)'도 하나의 신앙으로 간주되었다. I.M.C. 제2차 대회에서 수용되었던 입장, 즉 기독교는 타종교 속의 선한 요소의 완성이며, 기독교와 타종교와의 차이란 우월과 열등의 차이일 뿐 진리와 거짓의 차이는 아니라는 태도가 W.C.C. 운동 속에도 계속 견지된 것이다.[38]

뉴델리 대회 이후 1962년에는 기독교와 힌두교 사이의 대화가 시작되었고, 1965년에는 한국불교, 원불교, 유교, 천도교, 카톨릭 및 개신교 대표들이 함께하는 자리가 마련되기도 했다. 1968년에는 로마 천주교, 희랍정교, 그리고 개신교회 중 일부가 회교도와 대화를 시도했으며, 이후 1970년에는 기독교와 유대 2차 방콕대회에서 불교의 중을 초청하였고 또 그 회원들이 절을 방문하는 사건까지 발생하게 되었다.[39]

---

37) 같은 책. 1910년 에딘버러 세계선교대회에서는 선교현지에서 여러 교파들이 불필요한 경쟁 관계로 말미암아 야기되는 갈등의 문제가 거론되었고, 선교사들의 연합관계가 필요함이 역설되었다. 그러나 그와 동시에 어떠한 교리적 차이나 의식적인 차이점들에 대해서는 토론을 금함으로써 결과적으로 무교리적 입장(doctrinal indifference) 혹은 최소교리적인 입장을 취하게 되었다.

38) 전호진, "현대교회론과 선교사상" 『교회문제연구 제1집』 교회문제 연구소(엠마오 출판사, 1987) 55-56쪽.

이러한 관점에서 볼 때, W.C.C. 제4차 대회가 개최된 나이로비 총회에서 강조된 "영성(Spirituality)"의 개념은, 전통적으로 이해되는 성경적인 의미에서의 영성개념이기보다는 '여러 문화와 종교들 속에서 이해되는 경건'의 의미로 간주되어야 할 것이다. 즉, 그들은 각 문화들 속에서의 경건, 극단적인 성령운동 체험, 혹은 동양의 신비주의와 같은 다양한 문화와 종교들 속에서의 경험들을 인정하고 수용하는 혼합종교적인 입장을 취했으며, 그러한 성격은 그 대회 동안 예배나 기도, 노래와 고백 등과 같은 의식들 속에서 표출되었다.[40]

결국 이러한 혼합종교적인 흐름 속에서, 전통적인 의미에서 말하는 회심을 목표로 하는 전도나 선교사역은 더 이상 의미 없는 개념이 되고 말았다. 그들에게 있어 선교의 사명은 이제 타종교와의 공동진리를 추구하는 작업들 중 하나가 된 것이다. 이러한 혼합주의적 성향은 1991년 오스트리아의 캔버라에서 열렸던 제7차 W.C.C. 총회에서도 계속 반영되었다. "성령이여 오소서-온 창조계를 새롭게 하소서"라는 주제로 모였던 그 모임은 타종교의 추종자들의 관심을 포용하려는 시도였다. 오늘날의 서구문화가 기독교보다는 정령신앙(animism)을 더욱 우월한 '정신환경론'으로 간주한다는 관점에서, 성령의 이름으로 그 둘 사이의 종합을 추진할 것을 제안하고 있다. 정령신앙을 통하여 '성령 중심적인 창조신학'은 더욱 깊이를 더할 수 있다고 보면서, 기독교 외의 종교들과 지속적인 대화와 교류를 할 것을 제안하였던 것이다.[41]

---

39) 같은 책, 57쪽.

40) 김명혁, 131쪽.

41) E. Clowney, 『교회』 20-21쪽; 176-177쪽.

나) 사회화 내지는 세속화의 경향

W.C.C. 운동 속에서 발견되는 또 다른 중요한 성향은 사회화 내지는 세속화의 모습이다. 사회에 대한 관심은 1948년의 암스테르담 총회에서 부터 들려지기 시작했다. 그 모임에서 교회와 사회와의 관계문제를 4개의 분과별로 나누어서 연구하였다. 교회의 본질을 취급한 제1분과에서 칼 바르트는 교회의 의미를 정의하면서 교회에 속한 이들이 그들의 세상에 대한 사명을 가지고 있음을 지적하였으며, 제2분과에서도 교회의 공동과업이 복음전파와 사회봉사임이 강조되었다.[42] 교회가 하나님의 언약적 백성으로서의 영적 실체임에도 불구하고, 또한 동시에 사회 속에 처해 있음도 부인될 필요는 없다. 그러므로 교회가 처한 그 지역사회와 관계를 맺으면서 사회적 책임을 수행해야 하는 측면도 고려되어야 할 것이다. 그러나 교회를 단순히 사회적 단체 정도로만 간주한다면[43] 성경이 말하는 수직적 차원의 교회 의미를 간과하는 오류에 떨어지게 될 것이다.

그 이후, 1954년 에반스톤에서 개최된 제2차 총회에서 우리는 W.C.C.의 세속화적인 모습들을 발견하게 된다. 그리스도께서는 세상과 교회의 머리가 되시므로, 그리고 그분의 왕국이 하나라면 교회와 세상

---

42) 김명혁, 78쪽.

43) 전호진 교수는 20세기에 나타난 교회의 사회화 현상에 대해 설명하면서, 교회의 신조도 그러한 사회적 상황에 영향 받는다고 본 Ernest Troeltch의 *Social Teaching of Christian Churches*나, 기독교의 교파들이 형성되는 과정에서 사회적인 요인의 중요성을 제시한 Richard Niebuhr의 *Social Sources of Denominationalism*와 같은 저서들이 교회의 사회적 측면을 밝혀주는 데 중요한 영향을 끼쳐 왔다고 지적한다. 그러나 그러한 주장들이 단지 교회가 사회적인 성격을 지닌다는 사실을 밝히는 데 머물지 않고 교회도 하나의 경제 사회적 현상 중 하나로만 간주할 때, 교회는 하나의 사회학적 집단(공동체)로 전락하는 결과를 가져오게 된다. 하나님과의 수직적인 관계의 측면은 무시되고 교회를 일종의 사회현상으로만 평가하는 우를 범하게 되기 때문이다. 같은 책, 34-36쪽.

사이의 구별은 무의미하다는 것이다. 그들은 교회와 세상 사이의 구별이나 신자와 불신자와의 구별을 이원론적 태도로 간주하고 거부한 것이다.[44] 예를 들면, 1954년의 에반스톤 총회의 주제는 "세상의 소망이 되시는 그리스도(Christ-the Hope of the World)"였는데 그것은 원래 "교회와 세상의 소망이신 그리스도"였으며, 1961년 뉴델리 총회에서도 "우리 주 예수 그리스도"라는 주제에서 "우리"를 제하고 그냥 "주 예수 그리스도"라는 표현으로 바꾸었다.[45] 결국 에반스톤 총회에서 강조된 것은 교회가 정치적·사회적 불의에 대항하여 싸우는 사회적 책임을 수행해야 한다는 점이었으며, 그러한 강조점은 뉴델리 3차 총회에서도 계속되었다.[46]

이와 같은 교회의 세속화 경향은 현대 교회연합운동의 선두주자격인 미국의 유니온 신학교 교수 호켄다이크(Hoekendijk)에 의해 더욱 강화되었다고 볼 수 있다. 그는 그의 책 『흩어지는 교회』(*The Church Inside Out*, 대한기독교서회 역간)에서 전통적인 선교개념과는 다른 새로운 선교개념을 제시하려 하였다. 전통적인 개신교 교회의 선교와 복음전도의 개념은 너무나 개인구원의 차원에만 제한되어 있다고 지적하면서, 그것은 이 땅 위의 샬롬을 건설하는 방향으로 전환되어야 한다고 주장했다. 기독교가 전하는 구원이란 개인구원의 차원을 훨씬 넘어서는 것

---

44) 그러나 물론 성경이 헬라의 영육이원론이나 중세의 오류였던 성속이원론을 거부하는 것은 사실이나, 그러한 이원론적 태도의 거부가 여기에서 말하는 하나님의 백성과 불신자와의 구별까지 무너뜨리는 것은 아니다. 주께서 만유의 주가 되신다고 말할 때, 그것은 불신자들에 대한 심판의 뜻까지도 포기하시는 것을 의미하는 것은 아니기 때문이다. 성경에는 분명히 택자들과 불신자들 사이의 구별의 원리가 존재하고 있다. 그것은 온 우주에 대한 그리스도의 왕적 통치 원리와 상충되는 것이 아니라, 오히려 그것에 기초하고 있는 것이다.

45) 전호진, 39쪽.

46) 김명혁, 84쪽 이하.

으로서 그 의미는 시편 85:9-11에서 이해될 수 있다고 하면서, 그것은 평화와 조화와 공의가 실현되는 이 땅 위에서의 사회건설을 의미하는 것으로 보았던 것이다.47)

같은 책 제3장에서 그는 또한 『제4인간』(Vieten Menschen)이라는 개념을 제출하면서, 미래의 공업화 시대에서는 새로운 선교관으로 대처해야 함을 주장했다. 그는 알프레드 베버(Alfred Weber)의 이론을 수용하여, 미래의 인간은 교회시대 이후(post-ecclesiastical)의 인간, 기독교시대 이후(post-Christian)의 인간이며, 시민시대나 개인시대 이후(post-personal)의 인간임을 주장하였다.48) 따라서 이러한 후기인간형태 속에서는 개인의 결단이 불가능해지므로, 선교도 역시 전체를 향한 선교가 되어야 한다는 것이었다. 이제 선교란 전체의 죄악 즉, 사회악이나 구조악을 파괴하여 새로운 세계를 세우는 일에 초점을 맞추어야 한다고 봄으로써, 전체적 사회구조개선이라는 선교의 새로운 방향성을 제시하였다.

이처럼 교회가 지니는 세속적 사명에 대한 강조는 1961년 뉴델리에서 개최된 W.C.C. 제3차 총회에 이어서, 1968년 웁살라에서 개최된 W.C.C. 제4차 총회에서 더욱 강조되었다. 교회의 선교적 사명은 이제 더 이상 죽어가는 영혼에게 생명의 복음을 전해주는 전도나 회심 등의 개념에 초점이 놓이지 않고, 사회정의, 인권, 인간복지, 교육 등과 같이 인간이 인간답게 살아갈 수 있도록 하는 일들을 수행하는 방향으로 그

---

47) J. C. Hoekendijk, *The Church Inside Out* ed. by L. A. Hoedemaker and Pieter Tijmes, trans. by Isaac C. Rottenberg(The Westminster Press: Phila., 1964). 21-24쪽. 호켄다이크는 선교에 대한 종말론적 관점을 통해 1) 선교의 주제는 메시아(그리스도)이고, 2) 선교의 목적은 그 메시아가 행할 일, 즉 샬롬의 세상을 세우는 일이라고 정리했다.

48) 같은 책, 51-59쪽.

초점이 옮겨졌다. 하나님과의 영적인 교제와 영적 실체로서의 교회의 모습은 사라지고, 이제 교회는 사회적 집단 내지는 사회봉사기관으로서 간주되었다.[49]

물질적 빈곤에 대한 강조가 영적 빈곤의 문제보다 더 강조되고, 선교의 수직적인 차원의 사명이 수평적인 차원의 사명에 의해 잠식되어 버릴 때, 그러한 세속화되는 선교 개념에 대한 우려의 목소리들이 여러 곳에서 외쳐지게 되었다. 신앙과 직제운동의 의장이었던 존 메이엔도르프(John Meyendorff)교수는 "사회적 문제들에 대한 시끄러운 소리 때문에 인간의 궁극적이고 영원한 구원의 문제가 정당하게 취급되지 못했다"고 지적했으며, 영국의 존 스토트(John R. W. Stott) 교수도 "웁살라 총회가 기근, 가난, 부정 등의 문제에 몰두했기 때문에 수천만 인간의 영적 기아상태에 대한 동정이나 관심을 표명하지 못했다"는 비판을 주저하지 않았다. 독일의 피터 바이어하우스(Peter Beyerhaus) 교수도 "이와 같이 인간과 인간적 상황에 초점을 두게 된 것은…필연적으로 반기독교적인 증세를 조성하여 점차 반 하나님적인 방향으로 전향하게 될 것"이라고 비판했다.[50]

이처럼 웁살라 총회에서 더욱 확인된 W.C.C의 세속화 경향은 수많은 복음주의자들의 비판의 대상이 되었다. 1970년의 프랑크푸르트 선언, 1973년의 백림 선언, 그리고 1974년에 로잔에서 개최된 세계복음화 국제대회(International Congress on World Evangelism) 등은 웁살라 총

---

49) 같은 책. 전호진 교수는 W.C.C.의 이러한 세속화의 경향을 "인간화(humanization)로서의 선교"라는 개념으로 제시하면서, 웁살라 대회에서 그들은 본회퍼의 사상에 영향을 받아 "타자를 위한 교회(The Church for Others)"라는 개념을 구체화시키고 선교의 사명을 "새 인간성 창조"라는 방향에 초점을 맞추게 되었다고 설명했다(48-50쪽).

50) 김명혁, 127-128쪽.

회의 오류와 그 후 같은 방향에서 진행되었던 제2차 세계선교와 전도위원회(C.W.M.E.) 방콕대회(1973)의 오류를 강력하게 지적했다. 이러한 강력한 비판의 소리들 때문에 어쩌면 1975년 나이로비에서 개최된 W.C.C. 제5차 총회에서는 다소 복음적인 견해들이 나타나게 되었는지도 모른다.

W.C.C. 총회에는 다양한 신학적 성격의 사람들이 참석하게 되는데, 제5차 총회에서는 독일의 피터 바이어하우스나 영국의 존 스토트 같은 복음주의 진영에 속한 신학자들과 목회자들도 참석하여 토론에 참여함으로써 과거의 W.C.C. 총회나 C.W.M.E. 대회에서보다는 좀 더 복음적인 진리의 소리가 들려지게 되었다고 볼 수 있다. 그러나 김명혁 교수는 이것이 단지 하나의 "마지못한 타협"일 뿐이었다고 분석한다.[51] 그러한 분석의 근거로, 김 교수는 W.C.C.의 총무인 필립 포터(Philip Potter)가 제출한 "믿음과 희망과 사랑의 친교"라는 개회강연의 내용, 미국의 로버트 맥카피 브라운(Robert McAfee Brown) 박사가 제출한 "너희는 나를 누구라 하느냐?"라는 강연 내용, 시드니 대학교수인 찰스 버치(Charles Birch) 박사에 의해 제출된 강연, 그리고 자메이카의 맨리(Manley) 수상이 제출한 "새 국제경제질서"에 대한 강연 내용을 분석했다. 포터 총무의 강연은 사회구조악과 인간성 상실의 문제를 지적했을 뿐 영적 기아상태에 대한 언급은 찾아볼 수 없었으며, 브라운 박사의 강연도 윤리적 양심을 자극하는 고상한 강의였을지라도 하나님에 대한 죄책감과 같은 영적, 혹은 수직적 차원의 개념이 결여된 강연이었고, 특히 맨리 수상의 강연은 마르크스주의적인 입장에서 자본주의를 신랄히 공격하는

---

51) 같은 책, 116쪽 이하.

강연이었다고 지적했다. 그리고 이러한 세속화의 경향을 지닌 편중된 복음의 소리들은 심지어 1983년에 밴쿠버에서 개최된 W.C.C. 제6차 총회에서도 계속되어진 것으로 평가된다.[52]

다) 정치화의 경향

W.C.C.의 세속화와 맞물려 진행된 것은 그들의 정치화의 경향성이다. 사회적인 문제에 적극적인 참여를 강조하게 될 때, 그것은 자연스럽게 정치적인 문제들로 연결되기 마련이다. W.C.C. 운동은 일찍이 독일의 나치정권이 독일교회를 억압할 때부터 전 세계 교회들이 그러한 세속적인 국가권력과의 투쟁에 동참해야 할 것을 주장한 바 있다.[53]

W.C.C. 산하 기구인 C.W.M.E. 제1차 대회가 1963년 멕시코시티에서 개최되었는데, 그 모임에서 M. M. 토마스(Thomas)는 세계선교와 복음전도란 아시아와 아프리카에 있는 국가들 안에서 존재하는 종교들이나 혁명운동과 대화하는 방향으로 전개되어야 한다고 주장함으로써 그들의 정치화의 모습을 드러내고 말았다. 그 이후 계속되는 C.W.M.E. 대회들 속에서 그러한 경향성은 계속적으로 확인되고 있다.

---

52) 김 교수는 밴쿠버 총회에 참석했던 복음주의자들 사이에서 W.C.C. 총회의 신학적 성격에 대한 평가에 있어 서로 다른 입장들로 분리된 상황을 자세히 설명해 준다. Fuller 선교신학원의 Glasser 교수를 중심으로 W.C.C.를 지지하려는 복음주의자들과, Peter Beyerhaus 박사와 김 교수를 중심으로 한 비판적인 복음주의자들 사이의 균열이 있었음을 알려준다. 그리고 그는 후자의 입장에서 "그러나 웁살라 총회 이후 W.C.C.가 취한 방향에 대해 우리의 우려는 결코 극복되지 않았고 오히려 더 강화되었다"고 비판하고 있다(같은 책, 165쪽 이하). 아래에서 "(마) 균형 잡힌 교회연합 운동"의 항목에서 지적하겠지만, 제6차 W.C.C. 총회가 개최된 1983년은 "복음전도와 사회적 책임의 관계협의회"가 Grand Rapids에서 개최되어 그리스도인의 사회적 책임에 대하여 복음주의 안에서의 "좌파"와 "우파"들 사이의 새로운 인식과 정리가 이루어진 1982년의 바로 다음해였으므로, 위의 상황은 더욱 주목할 필요가 있다.

53) 전호진, 32쪽.

1973년 방콕에서 개최된 제2차 C.W.M.E. 대회에서 선교나 구원의 개념은 사회적·경제적 차원에서만 제시된 것이 아니라, 더 나아가 정치적인 해방의 의미로 이해되었다. 그들은 소위 "4차원의 구원" 개념을 제시하였다: 1) 구원은 사람이 사람을 착취하는 것에 대항하여 경제정의를 위한 투쟁으로 달성된다. 2) 구원은 동료 인간에 의한 인권의 정치적 억압에 대항하여 인간 권위를 위한 투쟁으로 달성된다. 3) 구원은 인간이 인간으로부터 소외되는 것에 대항하여 단합을 위한 투쟁으로 달성된다. 4) 구원은 개인 생활의 절망에 대한 소망을 위한 투쟁으로 달성된다.[54] 그러나 그들이 강조한 것은 처음의 3가지 차원의 구원이었고, 마지막 차원은 소홀히 취급한 것으로 평가된다.[55]

더욱이 그들은 자본주의에 대해 비판적인 태도를 견지하면서 마르크스주의적인 관점으로 치우치는 모습까지 드러냈다. 물론 1948년 창립총회에서 그들은 공산주의와 자본주의의 문제점을 모두 지적하는 객관적인 모습을 보여주었다. 단지 복음이란 인간 삶의 전 영역(정치적인 영역을 포함하여)을 포함하는 복음임을 강조하는 총체적인 선교에 대한 강조가 있었을 뿐이라고 할 수 있겠다. 그러나 1960년대에 이르러 Missio Dei(하나님의 선교) 사상과 같은 세속화신학이나 라틴 아메리카의 해방신학의 영향으로 인해, 공산주의에 대한 비판은 W.C.C. 안에서 사라지게 되었고 자본주의에 대한 비판들만 남게 되었다.

예를 들면, 제2차 C.W.M.E.가 1973년 방콕에서 개최되었는데, 그 방콕대회 준비위원 중 하나였던 폴린 웹(Pauline Webb)이라는 영국의

---

54) Melvin Hodges, A *Theology of the Church and It's Mission*(Springfield: Gospel Publishing House, 1978) 119쪽. 전호진, 51-52쪽에서 재인용.

55) 김명혁, 377쪽.

감리교 지도자는 그리스도의 메시아적 왕국의 도래를 마르크스 용어로서 표현하였고,[56] 그 모임에 참석했던 W.C.C. 총무인 필립 포터는 3천 명의 선교사들을 처벌했던 마오쩌둥을 중국인을 위한 하나님의 메시아라고 주장하기에 이르렀다. 중국의 공산주의 혁명을 그들이 말하는 해방과 구원역사를 위한 중요한 사역으로 평가한 것이다.

나이로비에서 개최된 제5차 W.C.C. 총회에서는 해방신학적인 관점에서 눌린 자에게 자유를 주고 가난한 자에게 먹을 것을 주는 일을 선교로 간주하게 되었고, 그 이후 1980년 멜버른에서 개최된 제3차 C.W.M.E. 대회에서도 복음선포의 중요성이 배제되지는 않았지만 가난한 자들과 억압받는 자들을 해방시키기 위한 투쟁이 강조되었으며, 그러한 가난과 억압은 자본주의의 산물이므로 자본주의적 경제구조가 거부되어야 한다는 주장이 나온 것이다.[57] 결국 그들은 선교사역에 대해 마르크스주의적 계급투쟁의 관점으로 접근하여 사회적이건 문화적이건 사람을 종속시키는 모든 연합이 파괴되어야 하고, 오히려 더 성숙한 연합을 위하여 남녀를 해방해야 한다고 주장했다.

결국 1910년 에딘버러 세계선교대회에서부터 취했던 "무교리적" 혹은 "최소교리적" 입장은 사도적 복음의 순수성을 무너뜨리는 결과를 가져왔다. 타종교라는 단어를 거부하고 단지 "다른 신앙"이라고 부르고 기독

---

56) 전호진 교수는 1954년 제2차 W.C.C.총회에서부터 자본주의를 비기독교적으로 간주하고 비판하기 시작했다고 지적한다. 52-53쪽.

57) 교회는 먼저 가난한 자들의 투쟁에 결속해야 할 것이다. 교회에 요구되는 선교운동은 그들이 이미 시작한 운동을 지원하고, 가난하고 억압받는 사람들의 대중 속에서 신앙의 표현들을 생활화하는 가난한 자들로 구성된 증거의 공동체들을 건설하는 것이다.…교회는 둘째로 착취와 빈곤화의 세력들과 투쟁하는 일에 가담해야 할 것이다. 이 세력들은 착취와 빈곤화에 가담한 다국적 자본기업들, 정부, 교회 및 선교단체들까지 포함된다. 셋째, 교회는 교회 안에 있는 가난한 자들과 새로운 관계를 수립해야 할 것이다. *Your Kingdom Come* (Geneva: W.C.C., 1980) 177쪽 이하. 김명혁, 378-379쪽 재인용.

교와 타종교와의 차이를 단지 우등과 열등의 차이라고만 평가하는 "혼합주의적" 신학, 교회를 하나님과의 영적 차원의 모임이라기보다 단지 사회적 단체 정도로 간주하는 사회화 혹은 세속화의 경향, 그리고 해방신학과 같은 정치화로 나아갔던 모습은 분명히 역사적 복음에서 떠난 기독교로 평가될 수밖에 없다.

그들의 이탈은 몇 가지로 지적될 수 있다. 첫째는 교회와 세상의 구별이 간과된 교회관이다. 교회와 세상 사이의 구별이나 신자와 불신자의 구별을 이원론적 태도로 간주하면서, 주님을 "교회와 세상의 소망"이라고 부르기보다 그냥 "세상의 소망"이라고 부를 것을 주장한다. 그러한 입장은 결국 하나님의 택한 백성과 심판의 대상인 불신자들을 구별하는 성경의 가르침을 거부하는 구원관의 오류를 불러온다(만인구원론적 성향). 끝으로는 인간의 힘으로 이 땅 위에 평화공동체를 건설하려는 인본주의적 역사관 혹은 종말관이라는 비복음적 사상을 따른다는 점이다.[58]

3) 마지막으로 지적할 수 있는 최근의 신학적 도전은 오늘날 주목받고 있는 "제3의 물결" 신학이다.[59]

일반적으로 20세기 초의 오순절 운동을 "제1의 물결", 20세기 중반의 은사운동을 "제2의 물결", 20세기 후반부터 21세기 초에 나타난 운동을 "제3의 물결"이라고 보는데, "제3의 물결"이란 용어는 미국의 풀러 신학교 교수였던 피터 와그너(Peter Wagner)의 저서에서 사용되기 시작했

---

58) 같은 책, 48쪽.

59) 제3의 물결의 신학에 대한 개혁신학의 관점의 좀 더 구체적인 평가는 필자의 논문, "21세기 성령운동 연구: '제3의 물결'에 대한 개혁신학의 평가" *개혁논총* 제17권(개혁신학회, 2011)을 참고하라.

다.[60] 와그너는 "기존의 복음주의 교회들 안에서 기존 교회들이 지닌 독특한 특색을 잃지 않으며 첫째와 둘째의 물결에서 역사했던 동일한 능력의 성령이 약동하는 것"을 보고 80년대의 제3의 물결이라고 명명하게 되었다고 말하면서, 이 운동을 복음주의와 같이 가는 운동이라고 해석한다.

제3의 물결 성령운동의 대표적인 신학자로서 와그너 박사는, 이 운동을 통하여 "신사도적 교회"의 신학을 주장하고 또 "사도적 예언사역"을 강조한다. 그는 1990년대 이후를 신사도적 종교개혁(New Apostolic Reformation) 시대라고 말하면서 제3의 물결 운동을 주도해 왔다. 특히 그는 "하나님께서 신사도적 개혁을 통해 이루어 오신 일의 결과로 우리는 제2의 사도시대에 들어오게 되었다"고 주장한다. 그런데 여기에서 "신사도적" 혹은 "제2의 사도시대"란 표현은, 사도적 은사와 직임이 1세기에 끝난 것이 아니라 오늘날 많은 교회 안에서 다시 인정되었다는 것을 의미한다.[61]

와그너는 이러한 제2의 사도시대를 열기 위해 성령님께서 3가지의 사역들을 준비해 오셨다고 주장한다. 첫째는 1970년대 중보자의 은사와 직임이 인정되는 일이었고, 둘째는 1980년대 선지자의 은사와 직임이 인정되는 일, 그리고 마지막으로는 1990년대 사도의 은사와 직임이 인정되는 일을 진행해 오셨다는 것이다. 이러한 3단계의 준비과정을 거친 후 2001년에 이르러 마침내 제2의 사도시대가 개막되었다는 것이다.[62]

---

60) C. Peter Wagner, *The Third Wave of the Holy Spirit*(Ann Arbor, Mich.: Servant, 1988)

61) Peter Wagner, 『신사도적 교회로의 변화』 (쉐키나, 2006) 10-13쪽.

62) 같은 책.

그리고 이러한 신사도들의 사역 중에서 강조되는 것은 "예언사역"이다. 오늘날에도 하나님의 직접적인 계시와 예언(사도적 차원에서의)이 있다고 보는 주장이다. 물론 그들이 말하는 예언이나 계시란 전통적인 의미에서 단순히 신자가 경험하는 성령의 감화나 조명의 역사 차원을 말하는 것이 아니다. 그것은 하나님으로부터 특별한 은사와 능력을 받았다는, 21세기의 "신사도" 혹은 "제2의 사도"들이 하나님으로부터 "직통으로 받는 계시"를 의미한다.[63]

여기에서 우리는 이러한 제3의 물결 성령운동의 가르침이 개혁신학의 입장과 일치될 수 없는 가르침임을 확인하게 된다. 웨스트민스터 신앙고백서의 내용에서부터 시작해서,[64] 우리는 여러 개혁신학자들의 가르침들 속에서 성경의 충족성과 계시의 최종성(종결성)에 근거하여 성경의 기록된 계시말씀 이외의 어떠한 예언이나 새로운 계시내용도 추가되는 것이 허락되지 않고 있음을 확인할 수 있다.[65] 예를 들면, 미국의 웨스트민스터신학교 교수였던 에드먼드 클라우니(Edmund Clowney)도 "예수 그리스도 안에서 주어진 계시의 최종성"과 "성경의 충족성"에 근거하여 오늘날 성령님이 교회를 진리의 지식과 순종의 삶으로 인도하는 것은 어떤 "새로운 계시"나 "예언"일 수 없다고 강조한다.[66]

---

63) Peter Wagner, 『목사와 예언자』(Pastors & Prophet, Colorado Springs, Co: Wagner Publication, 2000) 21쪽. Wagner는 "하나님의 계시를 직통으로 받는다"고 표현했다.

64) 웨스트민스터 신앙고백 제6항은 "이 성경에는 어느 때를 막론하고 성령의 새 계시나 사람들의 전통을 가지고 아무 것도 더 추가될 수 없다"(1.1.6)고 고백한다. 『개혁주의 신앙고백집』(생명의말씀사, 1984) 17쪽.

65) 이 분야에 있어서, 개혁신학의 관점에서의 고전적인 저술은 R.Gaffin 교수의 Perspective on Pentecost(Phillipsburg, N.J.: Presbyterian and Reformed, 1979)이다. (『성령 은사론』, 기독교문서선교회, 1999). 특히 Gaffin 교수는 예언의 계시성을 지적하면서(제4장 B.), 오늘날에도 예언이 계속된다는 주장은 결국 이중계시관을 인정하는 것이며(97쪽), 또한 정경의 완전성을 부인하는 것이라고 설명한다(100쪽).

이제까지 우리는 복음주의 안에서의 다양한 흐름 중에서 개혁신학과 같이 할 수 없는 신학들, 즉 개혁신학의 순수성을 흐리게 하는 타협적 신학의 도전들의 사례들을 살펴보았다. 성경관의 영역에서 성경의 권위 나 무오교리 등을 무너뜨리는 신학들, 교회론의 영역에서 혼합주의적이 고 세속적인 입장을 따르는 신학들, 그리고 제3의 물결의 성령운동이 주장하는 "신사도" 신학의 신비주의적 계시관 등에 대한 검토를 통해 우리는 개혁신학의 순수성과 정체성을 바르게 지키고 세워가는 일이 얼마나 중요한 일인가를 깨닫게 된다.

(3) 복음주의를 사랑하는 개혁신학을 향하여

이제 우리는 두 마리 토끼를 잡아야 하는 어려운 과제 앞에 서 있음을 깨닫게 된다. 그것은 개혁신학의 "보편성"과 "순수성 내지는 정체성"을 균형 있게 세워가는 작업이다.

우리는 다른 복음주의 형제들을 무조건 비개혁주의라고 배척하는 분리주의적인 태도에서 벗어나, 역사적 복음적 신앙을 고백하는 그리스도 안에서 형제 된 다른 복음주의자들에게 마음을 열고 그들과 함께 이 땅위에서 하나님 나라를 세워가야 하는 "개혁신학의 보편성 세우기" 작업을 통해 개혁신학의 지평을 넓혀가야 한다. 그러나 동시에 그들과의 대화 가운데 역사적 기독교회의 신앙에서 벗어난 비복음적 교리나 가르침

---

66) Edmund Clowney, *The Church*(Downers Grove, Ill: IVP, 1995) 268쪽. (『교회』한국 IVP, 1998). Clowney 교수는 제16장과 17장을 통해서 방언과 예언의 은사에 대한 개혁신학의 입장을 잘 정리해주고 있다. 그 외에도 우리는 J.Murray의 *Collected Writtings* 제1권(특히 제3장 "The Finality & Sufficiency of Scripture"를 참고하라)이나 Robert L. Reymond의 *A New Systematic Theology of the Christian Faith*(Nashville, Tennessee: Thomas Nelson Publishers, 1998)와 같은 개혁신학자들의 저술을 통해서도 동일한 관점들을 확인할 수 있다.

들, 그래서 개혁신학의 순수성과 정체성을 흐리게 하는 비성경적 가르침들에 대해서는 분명한 태도를 취함으로써 "개혁신학의 정체성 세우기" 작업에도 게을리해서는 안 될 것이다.

두 마리의 토끼를 잡는 일이 순적하게 진행되기 위해서는 우리 안에서 차분한 검토와 진지하고도 충분한 신학적 토론의 시간이 필요하다. 그리고 우리는 제기된 신학적 주제가 그리스도 안에서의 형제들 사이의 긍정적 의미에서의 발전적 토론인지, 아니면 복음의 순수성을 무너뜨리는 비성경적 도전인지를 구분할 수 있는 지혜가 필요함을 깨닫게 된다. 따라서 우리는 앞 장 "신학연구의 자세"에서 지적한 바와 같이, 함께 두 손을 모아 성령님께 지혜를 구해야 하는 것이다.

제 3 장   개혁신학의 원리들

　이제 본장에서 논의할 주제는 "개혁신학의 원리들은 무엇인가?"에 관한 내용, 즉 개혁신학의 정체성에 관한 것이다. 전통적으로 설명되어 온 "칼빈주의 5대 교리"가 개혁신학의 원리에 대한 충분한 답이 될 수 있는가? 아니면 좀 더 근본적인 주제들로 설명되어야 하는가? 개혁신학은 칼빈주의 5대 교리를 포함하면서도 그보다 더 포괄적인 원리들을 가지고 있다.

　개혁주의 신앙을 정의한다고 할 때 어느 몇 개의 신학적 원리들만을 가지고서 그것들이 개혁신학의 전부인 것처럼 말하는 것은 미흡한 설명이 될 것이다. 예를 들면 칼빈주의 개혁신학을 말하고자 할 때, 혹자에게는 제일 먼저 떠오르는 개념이 "예정교리" 혹은 "선택교리"일 것이다. 그러나 칼빈주의 창시자라고 할 수 있는 칼빈도 자신의 주저인 『기독교 강요』에서 결코 예정교리라는 하나의 교리를 먼저 세워놓고 그 교리 위에서 나머지 내용들을 정리해 나가지 않는다.[67] 칼빈은 『기독교 강요』

를 통하여 성경의 전체적인 가르침과 원리들을 온전히 제시하고자 했다. 따라서 역사 속에서 어느 한 나라에서 야기된 신학적 논쟁에 대한 답변으로 형성된[68] "칼빈주의 5대 교리"나 그 밖의 어느 한 교리만으로는 개혁신학의 원리에 대한 충분한 설명이 될 수 없으며 좀 더 포괄적인 서술이 요청되는 것이다.

물론 칼빈주의 5대 교리는 개혁신학의 중요한 내용들을 담고 있다. 따라서 아래의 항목들 속에서도 그 부분을 포함하여 설명할 것이지만, 그것은 전체의 한 부분으로서 제시될 뿐이다.

1. 오직 성경을 최고의 권위로 삼는 원리

개혁신학의 가장 핵심적이고 중요한 원리는 성경을 신자의 구원과 신앙생활, 그리고 한걸음 더 나아가 신학연구 및 삶의 모든 영역 속에서 최고의 권위로 삼는 관점이라고 말할 수 있다.

그것은 종교개혁자들의 외침 속에서부터 들려졌다: "성경과 분명한 이성에 의해 설득되지 않는 한 나는 철회할 수 없다. *나의 양심은 하나님의 말씀에 사로잡혀 있으므로*, 그것에 거슬러 행동하는 것은 옳은 일도 아니며 안전한 선택도 아닌 것이다." 이 말은 종교개혁 당시 웜스

---

67) 예를 들면, 칼빈에게 있어서 "예정교리"만이 그의 신학의 유일한 출발점이거나 기본토대인 것은 아니다. 그것은 단지 기독교강요의 제3권 즉, 신자의 삶을 논하는 주제들 속에서 한 내용으로 소개되고 있을 뿐이다. 사실 예정교리란 마르틴 루터나 어거스틴의 가르침 속에서도 발견된다. 오히려 루터가 이 주제에 관해서 칼빈보다 더 많은 기록을 남긴 것으로 평가된다. R. C. Sproul, 『개혁주의 은혜론』(CLC, 1999) 153쪽.

68) 라인홀드 제베르그, 『기독교 교리사(중,근세편)』(도서출판 엠마오, 1985) 578-581쪽. 알미니우스의 주장에 대한 Dort 회의(1618)의 결론은 "칼빈주의 5대 교리"의 내용이 성경적 관점을 말해준다는 것이었다. 그 "5대 교리"의 내용들은 영문의 첫 글자를 따라 "TULIP"으로 묘사된다.

(Worms) 국회에서 루터가 교권과 국가의 권력 앞에서 심각하게 이단의 죄목으로 주목받게 되었을 때 외쳤던 신앙고백적 선언이었다.[69] 당시에 로마 카톨릭 교회의 공로주의적 구원관의 문제를 지적하면서 "이신칭의"의 복음을 주장한 이유로 루터를 탄압하려 하자, 루터는 자신의 주장이 성경에 기초한 것이므로 포기할 수 없다고 외쳤던 것이다.[70]

개혁신학은 하나님의 말씀만이 신자의 양심을 구속할 수 있는 유일한 권위임을 강조한다. 물론 교회의 권위 혹은 신조의 중요성 등도 무시해서는 안 된다. 그러나 그러한 권위들은 모두 성경의 권위 아래에 있을 뿐이다. 성경만이 하나님의 말씀으로서 오류의 가능성이 없는 신적 권위의 계시말씀이며, 그 외의 다른 모든 권위는 그 권위 아래 복종해야 하는 것이다.

혹자는 중세 로마 카톨릭은 성경의 권위를 인정하지 않았던 것으로 오해되기도 한다. 그러나 문제는 그들이 성경의 권위를 인정하지 않았다는 점에 있지 않다. 그들도 성경의 권위를 말한다. 그러나 성경의 권위와 아울러 교회의 전통의 권위를 동등하게 혹은 그보다 더 높은 권위로 받았다. 다시 말해, 종교개혁자들과 같이 *오직 성경만(Sola Scriptura)*의 권위를 최고의 권위로 인정하지 않았다는 점에서 문제점이 지적되는 것이다.

개혁신학은 오직 성경만이 하나님의 권위 있는 계시말씀이므로 최고의 권위로 인정하는 것이다. 그러한 원리의 배경에는 다음과 같은 3가지

---

69) R. C. Sproul, 『개혁주의 은혜론』 45쪽.

70) 이러한 점에서 Sola Fide를 종교개혁의 내용적 원인이라고 부르는 반면에, Sola Scriptura는 종교개혁의 형식적 원인이라고 부른다. 이신칭의 논쟁이 먼저 주요한 관심사이었지만, 웜스 국회 사건 이후로 Sola Scriptura가 종교개혁의 또 다른 핵심 논제로 부각되었다. R. C. Sproul, 『개혁주의 은혜론』 45쪽.

의 핵심적인 성경적 근거들이 놓여 있다.

(1) 첫 번째로 성경의 권위의 근거는 성경영감의 사실에서 찾아진다.

성경이 최고의 권위 있는 말씀인 것은 그 책이 하나님의 영감으로 기록된 말씀이기 때문이다. 딤후 3:16-17에서 말씀하고 있는 바와 같이, 모든 성경은 "하나님의 감동으로 된" 글이다. 원어의 의미를 살린다면, 성경은 "하나님의 내쉼(breath)"에 의해서 작성된 책이라는 말이다. 결국 성경의 기원은 하나님에게서 찾아진다는 사실을 말하고 있다.

인간 저자들이 하나의 인격적인 도구로써 사용되었으나, 그들은 자의적으로 성경말씀을 기록한 것이 아니다. 그것은 "사람의 뜻으로 낸 것이 아니요 오직 성령의 감동하심을 받은 사람들이 하나님께 받아 말한 것이다"(벧후 1:21). 개혁신학이 가르치는 "유기적 영감"의 관점은 인간이 로봇과 같이 기계적으로 성경기록의 역할을 감당한 것은 아니지만, 그렇다고 하나님의 뜻과는 무관하게 인간만의 독립적인 역할수행을 통하여 기록되었다고 이해하는 것도 아니다. 하나님의 감동으로 기록했다는 말은 인간 저자의 스타일이나 지식 정도와 인생의 배경 등을 그대로 사용하시지만, 그들을 모든 죄의 영향에서 보호하시고 오직 하나님의 뜻이 온전히 계시될 수 있도록 성경기록의 과정 속에서 성령님께서 역사하셨음을 의미하는 것이다.

그러한 성경영감론을 따라서 성경말씀을 이해하게 될 때, 우리는 성경이 신적권위를 지닌 책으로서 최고의 권위를 지니고 있음을 깨닫게 된다.

(2) 성경이 성령님의 감동으로 기록되어 영감된 책이라면 우리는 성경이 불오한(infallible) 책이며 또한 그 결과 무오한(Inerrant) 책이라고 말할 수 있다. 여기에서 불오란 성경이 오류의 가능성이 있을 수 없는 성질을 지니고 있음을 의미하고, 무오란 불오한 성경의 성질로 말미암아 성경에는 오류가 없음을 의미한다.

성경영감의 사실이 성경의 불오와 무오를 보장하는 것은 성경영감은 성경의 신적 기원과 신적 권위를 말하고 있기 때문이다. 인간 저자들이 하나님께로부터 받아서 성령의 감동하심으로 기록하였다면, 성경에는 오류의 가능성이 있을 수 없다. 더욱이 그것은 하나님의 속성을 고려해볼 때 더욱 명백해진다.

하나님의 속성 중 전지하심과 거룩하심(혹은 의로우심)의 속성은 성경의 불오를 함의하고 있다. 우리는 전지하지는 못하지만 정직하고 의로운 사람을 생각해볼 수 있다. 그는 마음은 선하지만 지식이 부족하여 오류를 범할 수 있다. 다시 말하면 정직한 실수를 범하게 된다. 거짓말하려는 의도는 없으나, 실수로 잘못된 진술을 하게 되는 것이다.

반면에 전지하지만 악한 사람을 생각해볼 수 있다. 그는 전지하므로 실수하지는 않는다. 그러나 나름대로의 완벽한(?) 거짓말을 시도할 수도 있다. 소위 말해서 '지능범'의 경우가 여기에 해당한다 하겠다. 그런데, 성경의 하나님은 전지하시면서 동시에 의로우신 분이다. 그는 실수하지 않는 전지하심과 나쁜 방향으로 실행하려는 악한 의도를 가질 수 없는 의로우심의 하나님이시므로 성경에 오류가 남도록 역사하실 수 없다고 봐야 한다.

물론 하나님은 불오하시지만 인간 저자들은 불오한 존재들이 아니다.

그러므로 인간 저자들은 성령님의 도우심 속에서 성경을 기록했어야 했다. 결국 성경영감을 믿으면서 성경의 불오를 거부하는 것은 논리적인 모순이다. 성경영감을 말한다면, 우리는 그와 함께 성경의 불오성을 인정해야 한다. 만일 성경영감을 말하면서도 성경에 오류가 있다고 주장한다면, 그것은 하나님이 전지하지 못하거나 아니면 악한 존재이어야 하기 때문이다.

혹은 또 하나의 가능성은, 하나님이 전지하시고 또 선하시면서도 성경의 오류를 방지하지 못하셨다면 하나님이 그러한 일을 수행할 수 있는 능력이 부족했었다고 말할 수도 있다. 즉, 하나님의 전능하심에 문제가 있다고 보는 것이다. 즉, 하나님은 자신은 전지하시며 또 선하시지만 인간 저자들의 지적 한계나 의지적 한계를 보호하실 수 있는 능력이 부족하셔서 성경에 오류가 포함되도록 할 수 밖에 없었다는 것이다.

그러나 성경의 하나님은 또한 전능하신 분이다. 인간 저자들을 모든 죄와 부족의 한계에서 벗어나도록 성령님의 역사로 인도하실 수 있는 능력을 지니신 분이다. 따라서 성경영감을 말하면서 성경의 불오를 부인하는 것은 하나님의 속성과 성품을 성경의 가르침대로 받아들이지 않는 것이라 할 수 있다. 로마서 1:1에서 사도바울이 말하고 있는 "하나님의 복음"이란 단지 하나님에 관한 복음인 것만을 의미하는 것이 아니라, 하나님으로부터 주어진 복음임을 말하고 있는 것이다. 하나님에 관해서 인간들이 말하는 그러한 일반적인 종교적 진리가 아니라, 하나님의 계시로 주어진, 성령 하나님의 초자연적 영감의 역사의 산물로서의 복음진리를 소개하고 있는 것으로 봐야 한다.

결국 성경영감이나 불오성의 주제는 "초자연 계시"에 관한 문제로 귀

착된다. 초자연적 영감의 사실을 인정하지 못하는 자유주의 신학이나 신정통주의 신학은 근본적으로 개혁신학이 될 수 없음을 여기에서 확인할 수 있다. 성경영감을 바르게 인정하지 못하면 성경의 불오도 받아들일 수 없고, 성경을 하나님의 계시말씀으로서 최고의 권위를 지닌 책으로 볼 수 없으며, 단지 인간의 종교적 통찰력에 의해 기록된 종교적 문서로 밖에 인정하지 못하게 된다. 개혁신학은 신자의 신앙이 인간의 종교적 통찰력으로 주어진 책 위에 세워지는 것이 아니라, 하나님 자신으로부터 계시된 말씀에 기초한 신앙이라고 보는 관점을 견지한다.

(3) 성경의 무오성(Inerrancy)은 성경을 최고의 권위로 말하는 또 다른 근거가 된다.

사실 성경의 무오성은 성경의 불오성의 당연한 귀결이라고 볼 수 있다. 불오성이란 성경에 오류가 발생할 수 없는 성질이기 때문에, 그러한 성질을 가지고 있는 성경 안에 오류가 없다는 성경무오성의 가르침은 불가피한 결론이 된다. 하나님의 전지하심, 선하심, 그리고 전능하심의 속성들에 근거하여 성경이 불오한 성질을 지닌 책임을 인정한다면, 당연히 하나님께서는 인간 저자들로 하여금 성경에 오류가 없도록 기록하게 하셨다는 성경무오성도 인정할 수 있을 것이다.

오늘날 복음주의자들 가운데에는 성경의 무오성을 비학문적인 개념으로 간주하여 거부하려는 이들도 있다. 그들은 성경무오설은 근본주의자들이 창안해낸 개념으로 초대교회 교부들이나 종교개혁자들에게서 발견되지 않는다고 주장하기도 했다.[71] 그들은 성경무오의 개념은 거부하고,

---

71) Jack Rogers and Donald McKim, *The Authority and Interpretation of the Bible: An Historical Approach*(New York: Harper and Row, 1979).

성경불오의 개념을 다르게 정의하여, 성경의 영적·종교적 메시지에 관한 오류가 없을 뿐이고, 다른 지리적·과학적·역사적 사실들에 대한 기록에는 오류가 있다고 주장한다.

물론 그러한 주장은 하나의 가설일 뿐이고, 자신들의 가설을 성립시키기 위하여 역사적 자료들을 취사선택하여 왜곡시킨 연구결과임이 학자들에 의해 밝혀지기도 했다.72) 이러한 성경의 권위를 무너뜨리려는 모든 신학적 시도들에 대항해서 개혁신학은 성경영감에 기초한 성경 불오와 무오를 바르게 가르치며, 그에 근거하여 성경을 최고의 권위로 받아들이는 것이다.73)

2. 하나님 중심의 신학

(1) 신본주의 신학

개혁신학의 또 다른 중요한 원리는 하나님 중심의 신본주의 신학 (theocentric theology)의 관점이다. 그것은 앞의 항목에서 언급한바, 성경계시의 말씀을 최고의 권위로 삼는 원리와도 연결되는 개념이다. 오직 성경만을 하나님의 계시로 보고, 그 계시에 근거한 신학을 세워감으

---

72) 그들의 왜곡된 이분법적 성경이해에 대한 개혁신학의 평가는 개혁주의 성경관을 논의하는 다음 항목에서 자세히 설명할 것이다. John D. Woodbridge, *Biblical Authority: A Critique of the Rogers/McKim Proposal*(Zondervan Pub. Co., 1982) 23-30쪽. Woodbridge 박사는 Rogers와 McKim의 주장이 신학적으로도 문제가 있을 뿐 아니라, 그들이 사용한 사료연구의 방식에 있어서도 심각한 문제가 있음을 잘 드러내주었다.

73) 물론 여기에서 성경무오의 개념은 성경의 원문에 해당된다. 현재 성경원본은 우리에게 없으나, 성경학자들에 의해서 거의 99퍼센트 이상 원본을 찾아냈다. 이 부분에 대해서 C. Hodge는 파르테논 신전의 사석(Sandstone)에 작은 흠집이 있다고 해서 그 건물이 대리석으로 지어진 것을 의심할 사람은 아무도 없다고 비유적으로 설명해준다. Charles Hodge, *Systematic Theology* 3부작(Grand Rapids, S. C.: Attic Press, 1960) I:170.

로써 하나님 중심의 신학이 된다.

인본주의 신학(anthropocentric theology)은 인간에 의해 고안되고 인간의 지혜로 세워지는 신학을 의미한다. 성경을 성령의 영감으로 계시된 하나님의 말씀으로 인정하지 못하므로 성경을 최고의 권위로 받을 수 없게 된다. 결국 인간의 종교적 통찰력이나 이성적 논의를 통해 정립해가는 신학으로 전락하여 하나님 중심의 신학이 될 수 없는 것이다.

그러한 입장은 바로 19세기 자유주의자들이 취했던 관점이었다. 기독교를 단지 세계의 여러 종교 가운데 하나로 간주하고, 인간의 종교생활을 현상 세계 속에서 인간이 경험하는 여러 가지 활동 중 하나로만 인식하였다. 그들이 말하는 신학이란 단지 인간의 행동에 대한 연구일 뿐이다. 그러나 신본주의 신학이란 하나님의 계시가 전달해준 하나님의 말씀으로 세워가는 연구다. 전자가 인본주의 신학인 것은 하나님의 계시를 따라서 신학을 세워가지 않기 때문이다. 전자에서의 주제는 인간이지만, 신본주의 신학에서의 주제는 하나님이다.

이처럼 개혁신학은 인간의 통찰력이나 종교적 재능을 통한 연구로 세워가는 신학이 아니라 하나님으로부터 주어진 계시말씀으로 연구하는 신학이므로 신본주의 신학이며, 그것은 바로 성경이 하나님의 영감으로 기록된 말씀임을 인정할 때 가능해지는 것이다. 그러므로 앞의 항목에서 제시한 성경을 하나님의 계시말씀으로 이해하여 최고의 권위로 삼는 원리가 전제될 때, 진정한 하나님 중심의 신학이 세워질 수 있다. 개혁신학은 하나님에 의해서 계시된 신학을 추구함으로 하나님 중심의 신학이 된다.

(2) 하나님 절대 주권(Sovereign Lordship)의 신학

개혁신학이 하나님 중심의 신학이므로 그것은 하나님의 절대주권(Sovereignty)이나 무궁하신 은총(Grace)과 같은 하나님의 주요한 성품들에 의해 특징 지워진다.

먼저 개혁신학은 하나님의 주권사상을 강조하는데, 하나님이 우주만물의 창조자이시며 주관자가 되심은 크게 두 가지 영역 속에서 설명된다. 먼저는 우리 눈으로 확인되는 모든 만물, 피조세계가 다 그분에 의해서 창조되었고 오늘도 그분의 뜻과 섭리 안에서 존재한다. 히브리서 1:3은 주님이 자신의 "능력의 말씀으로 만물을 붙들고" 계신다고 설명한다. 이 세상에 존재하는 모든 것은 다 하나님의 창조를 통해 존재하게 되었으며, 오늘도 주님의 "붙드심"의 능력과 섭리 안에서 존재를 계속하고 있는 것이다. 이렇게 볼 때, 우주의 어느 한 구석도, 인류 역사의 어느 한 시점도 주님의 숨결과 손길이 닿지 않은 곳은 없다.

이러한 가시적 피조세계에 대한 하나님의 주권은 인간의 지적 영역들, 학문과 사상 등을 포함한 모든 불가시적 세계에도 적용된다. 자연만물과 인간 사회에 대한 모든 지식은 인간 스스로 창조해내는 지식이 아니라, 우주 만물에 대한 하나님의 원초적인 지식(God's knowledge of the universe)으로부터 주어지는 파생적 지식이기 때문이다.[74] 그러므로 개혁주의자들은 인류문명과 지식의 영역 속에서도 "하나님 아는 것을 대적하여 높아진 것을 다 무너뜨리고 모든 생각을 사로잡아 그리스도에게

---

74) 하나님의 주권을 철학, 특히 인식론의 영역에까지 적용시킨 신학자는 미국의 개혁주의 변증학자 C. VanTil이다. 그는 성경적 신론과 창조교리에 근거하여 2층적 존재론(Two layer theory of reality)을 말했고, 그것을 근거로 2층적 지식론을 제시했다. 인간의 지식의 원천이 되는 하나님의 지식 중, God's knowledge of Himself는 신학의 원천이고, God's knowledge of Universe는 우주만물에 대한 인간의 지식의 원천이 된다는 것이다. C. VanTil, 『변증학』 (기독교문서 선교회, 1985) 55-69쪽.

복종하게" 해야 하는 사명을 강조한다. 개혁신학은 그리스도인들에게 하나님의 절대주권을 가시적인 영역에서뿐 아니라 불가시적인 영역 속에서도 인정하고, 그 모든 영역 속에서 그분의 주되심(Lordship)을 세워가야 할 사명이 있음을 강조한다.

(3) 하나님의 무궁하신 은총의 신학

다음으로 개혁신학은 하나님의 무궁하신 은총을 강조한다. 특히 하나님의 은총의 원리는 칼빈주의 5대 교리 안에서 공통적으로 드러나고 있는 주제이다.

1) 칼빈주의 5대 교리의 첫째 항목은 인간의 전적 부패(Total Depravity)를 말한다. 아담 이후에 태어난 모든 인류는 죄의 영향 아래 놓여 있는 부패한 존재들인데, 이러한 인간의 전적 부패의 가르침은 전적 무능력을 함의한다. 물론 여기에서의 무능력이란 자연인의 삶에서의 무능력이 아니라, 하나님과의 영적 관계 속에서 하나님이 인정할 만한 의로운 삶을 전혀 살아갈 수 없음을 의미한다. 그리고 이러한 전적 부패와 전적 무능력의 인간 존재에 대한 이해는 바로 하나님의 무궁하신 은총의 필요성을 깨닫게 해준다.

바울의 복음서라고 불리는 로마서에서 바울의 논지의 흐름도 사실은 1장에서 3장까지 인간의 죄인 됨을 철저하게 논증한 후에 4장에서부터 하나님의 은혜의 복음을 제시하는 방식을 취하고 있는데, 그것은 바로 인간의 불가능성을 철저하게 깨달은 자만이 하나님의 은총의 절대적 필요성을 이해할 수 있기 때문이다. 이처럼 칼빈주의가 강조하는 인간의 전적 부패와 불가능성에 대한 가르침은 동시에 하나님의 무궁하신 은총의 필요성을 역으로 강조해주는 가르침이 된다. 오직 하나님의 무궁하신 은총만이 전적으로 부패한 죄인들을 살릴 수 있음을 깨닫게 되기 때문이다.

2) 5대 교리의 둘째 항목은 무조건적 선택을 가르친다. 오늘 신자가 하나님의 자녀로 살아가게 된 것은 인간 편에서의 어떠한 공로나 조건에 근거한 것이 아니라, 전적으로 하나님의 기쁘신 뜻에 의한 것이라는 가르침이다. 창세전에 하나님께서 그 기쁘신 뜻대로 하나님의 무조건적인 은총의 선택으로 말미암아 예정함을 입어 하나님의 자녀로서 살아갈 수 있게 되었다는 말이다. 즉, 하나님의 조건 없는 선택의 은혜 속에서 우리는 하나님의 무궁하신 은총의 사랑을 확인하게 된다.

3) 셋째 항목은 제한 속죄 혹은 그리스도의 의도 있는 속죄사역(Christ's purposeful atonement)이다.[75] 예수님께서 십자가에서 인류를 위한 속죄사역을 감당하셨을 때, 아무나에게 그의 속죄사역의 은총을 주려고 의도하신 것이 아니라, 오직 창세전에 성부께서 그에게 맡겨주신 이들만을 위해 십자가에 달리셨다고 보는 가르침이다. 이러한 그리스도의 속죄사역의 의도는 창세전에 성부께서 그 기쁘신 뜻대로 택하신 백성들에 대한 하나님의 선택적 사랑과 은총의 신실한 표현이다.

4) 넷째 항목은 불가항력적 은혜 혹은 성령님의 효과적인 부르심

---

75) R. C. Sproul, 『개혁주의 은혜론』 179-196쪽.

(Spirit's effective call)인데[76] 여기에서도 우리는 하나님의 무궁하신 은총의 메시지를 들을 수 있다. 다메섹 도상에서의 사울과 같이, 아무리 인간의 상태가 완악하고 강퍅한 심령의 소유자일지라도, 또 그러한 상태에서 아무리 완강하게 거부한다 하더라도, 성령님께서는 그 죄인을 효과적으로 변화시키시고 주께로 돌아오도록 역사하신다는 가르침이다.

하나님께서 자녀들을 부르실 때, 그들에게 선한 모습이 있어서 부르신 것이 아니라 죄인 되었을 때, 원수 되었을 때, 그리고 연약한 모습으로 서 있을 때에 그들을 위해 죽으시고(롬 5:6-10) 은혜를 주셔서 자녀 삼으신 것이다. 그렇다면 바로 거기에서도 우리는 하나님의 무궁하신 은총의 사랑을 확인해볼 수 있다.

5) 다섯째 항목은 성도의 견인을 말하는데, 그것도 역시 하나님의 무궁하신 은총이 처음부터 마지막까지 계속되고 있음을 말해준다. 창세전에 예정하실 때부터 시작된 하나님의 사랑의 은총은 구원의 전 과정 속에서 계속되다가, 그 구원이 완성되는 시점에 이르기까지도 변함없이 계속적으로 그의 자녀들과 함께하신다는 가르침이다.

로마서 8:31 이하에서 바울이 말하고 있는 내용은 한마디로 "나는 너를 결코 버리지 않는다"는 하나님의 사랑의 메시지라고 요약할 수 있다. "환란이나 곤고나 박해나 기근이나 적신이나 위험이나 칼"도, 그리고 "사망이나 생명이나 천사들이나 권세자들이나 현재 일이나 장래 일이나 능력이나 높음이나 깊음이나 다른 어떤 피조물"도 하나님의 자녀들을 하나님 아버지와 예수 그리스도의 사랑에서 끊을 수 없다는 강력한 메시지

---

76) 위의 책, 197-217쪽.

인 것이다. 마지막 날에 하나님 앞에 서는 그날까지 변치 않는 하나님의 사랑으로 그의 자녀들을 붙드시고 인도하신다는 칼빈주의 5대 교리의 이 마지막 항목도 역시 하나님의 무궁하신 은총을 말해준다.

3. '오직 믿음'으로의 원리

이신칭의의 가르침은 역사적 복음주의가 공통적으로 받아들이는 가르침이라고 할 수 있다.[77] 루터도 "그것으로 교회가 서고 넘어질 수 있는 핵심적인 조항"이라고 말했듯이, 이 가르침은 개혁신학에서만 가르치는 내용은 아니다. 그러나 또한 개혁신학도 그 원리 없이는 존재할 수 없을 것이다. 앞의 항목들 속에서 지적한바, 개혁신학이 강조하는 "하나님의 절대주권" 사상이나 "무궁하신 은총"의 가르침들은 바로 이 이신칭의의 가르침 속에서 매우 명확하게 드러나고 있기 때문이다.

(1) 하나님의 주권과 은총의 원리 안에서 흘러나오는 가르침

하나님의 절대주권이나 무궁하신 은총의 원리들이 구원의 영역에 적용될 때, 그것은 이신칭의의 원리를 불러온다. 인간의 구원은 전적으로 하나님의 주권 아래서 주어지며, 따라서 전적으로 하나님의 은총의 결과로 주어지므로, 오직 믿음으로만 의롭다 함을 얻고 구원의 축복을 누리게 된다. 믿음 이외에 어떠한 다른 인간적인 조건이나 공로가 추가적으

---

77) 물론 최근에 제기되는 "새관점(New Perspective)"의 주장들은 주의 깊게 검토되어야 할 이론이다. 최종 심판 때, 신자들의 칭의는 그의 전 생애를 평가하여 주어진다는 주장으로, 처음 중생 시에는 오직 믿음으로 칭의 받으나, 최종 칭의는 행위를 근거하여 주어진다는 관점을 가르치는 칭의론이다. 이에 관한 대표적인 저술로는 N. T. Wright, *What Did Saint Paul Really Say?*(Grand Rapids: Eerdmans, 1977)을 들 수 있다.

로 요구된다면 그것은 전적인 하나님의 주권이나 은총으로 주어지는 구원이 될 수 없기 때문이다.

이신칭의란 "인간이 어떻게 의롭고 거룩하신 하나님 앞에 설 수 있는가"의 문제를 다루고 있는데, 죄인이 거룩하신 하나님 앞에 서기 위해서는 자신이 먼저 의롭다함을 받아야 하기 때문이다. 칭의란 바로 신자를 의롭다고 선언하시는 하나님의 법적 판단인 것이다. 그런데 문제는 '무엇을 근거로 의롭다고 선언하시는가'이다. 여기에서 개혁신학은 오직 하나님의 주권적 뜻에 의해서 그리고 하나님의 은총 안에서 주어지는 그리스도의 구속사역에 근거하여 의롭다고 선언 받게 된다고 가르친다.

로마 카톨릭은 칭의의 교리를 단지 "법적으로 꾸며진 이야기"에 불과하다고 보았다.[78] 그러나 성경은 그리스도의 의의 전가라는 성경적 원리를 통해서 법적 근거가 마련된 하나님의 공의로운 선언임을 가르친다(롬 5:12-21). 칭의의 근거는 두 가지로 요약 된다: 1) 예수님의 대리적[대표적] 위치. 2) 그러한 대리적 위치에서 감당하신 순종의 사역. 하나님의 주권적인 뜻과 은총의 계획 안에서 보냄 받은 예수님께서 은혜언약의 대표자로서 속죄사역을 감당하심으로 은혜 언약 안에서 그가 대표하고 있는 모든 자녀들에게 그가 획득하신 의의 공로를 나누어주실 수 있게 된 것이다.

이제 하나님의 자녀들에게 요구되는 것은 오직 "믿음"뿐인 것이다. 화목제물로 드려지신 예수님을 믿음으로 받아들이는 모든 자들에게 의롭다 함의 영적 축복이 주어지게 되는 것이다(롬 3:25-26). 따라서 여기에서 믿음이란 칭의의 도구적 원인이 된다. 카톨릭이 세례를 도구적 수단

---

78) R. C. Sproul, 『개혁주의 은혜론』 68쪽.

으로 여기는 반면, 개혁자들은 믿음을 도구적 원인으로 이해했다. 믿음으로 우리는 그리스도에게 연결되고 의의 전가를 얻게 되므로, 믿음이란 칭의를 위한 충분한 도구적 수단이 되는 것이다. 물론 여기에서 도구적 원인으로서의 믿음이란 비공로적(non-contributory) 원인이다. 예수님의 사역만이 공로적 원인이고, 신자의 믿음은 하나의 도구(instrumental cause)에 불과하다는 의미이다. 신자의 믿음 자체에는 어떠한 공로도 없기 때문이다.

(2) 오직 믿음, 그러나 참 믿음, 구원하는 믿음(saving faith)

이신칭의의 가르침 안에 함의된 하나님의 주권과 무궁하신 은총이란 신자의 행함의 열매를 배제하는 주권과 은총이 아니라, 그것들을 불러오는 하나님의 주권이고 은총이다.

칼빈주의에서 강조되는 하나님의 주권에 대한 일반적인 오해는 하나님의 주권은 인간의 참여와 책임을 배제한다는 것이다. 그러나 개혁주의가 말하는 하나님의 주권이란, 하나님의 주권적인 은혜로 말미암아 온전한 순종의 삶의 열매를 살아드리게 된다는 것이다. 간단히 말하면, '하나님이 일하시므로 우리는 쉰다'가 아니라, '하나님이 일하시므로 우리도 일할 수 있게 되었다'라는 방식의 이해를 따른다고 볼 수 있다.

야고보서가 강조하는 행함이란 믿음으로 의롭게 되는 것이 아니고, 행함으로 의롭게 된다는 단순한 주장이 아니다. 하나님의 자녀를 그리스도에게 연합하게 한 믿음이 참 믿음이라면, 그 믿음은 홀로 있는 것이 아니라 항상 행함으로 나타나게 되는 믿음임을 가르치고 있는 것이다. 물론 그 참 믿음 안에서 주어지는 행함의 열매들도 결코 우리의 칭의의 근거가 되지 못한다. 그 행함의 공로를 가지고서도 신자의 칭의가 확보될 수는 없기 때문이다. 칭의의 공로적 원인은 오직 예수님의 십자가의 공로일 뿐이다.

그러나 우리를 그리스도께로 접붙임 받게 한 믿음이 참된 믿음일 때, 그것으로 우리는 그리스도와의 참된 연합을 이루게 되고, 성령의 역사로 말미암아 중생이라는 존재의 근본적인 변화를 경험하여 하나님께 순종하는 삶의 열매를 맺게 되는 것이다.

그러므로 개혁신학은 믿음에 행함을 덧붙여 칭의의 근거를 삼으려는 로마 카톨릭의 공로주의도 거부하지만, 동시에 믿음에 행함이 그 열매로서 따라오는 것을 거부하는 반율법주의(antinomianism)도 거부한다.

4. 신자의 삶에 대한 강조

그와 같은 참 믿음, 구원하는 믿음에 대한 개혁신학의 이해는 신자의 삶에 대한 강조로 연결된다. 개혁신앙은 하나님의 주권을 강조하므로 인간의 삶을 무시하는 것이 아니라, 하나님의 주권이 전포괄적인 성격을 가지므로 오히려 신자의 삶의 어느 한 영역도 그분의 영광을 드러내야 하는 사명에서 제외될 수 있는 영역은 없다고 가르친다.

(1) 하나님의 주권의 전포괄성의 원리를 따라, 이원론적 관점들을 거부함.

앞의 항목에서도 지적하였듯이, 개혁신학이 강조하는 하나님의 주권은 "전포괄적" 성격을 지닌다. 가시적 세계와 더불어 불가시적 세계에 이르기까지 하나님의 주권적 통치에서 벗어난 곳은 없다. 그러한 관점에서 개혁신학은 과거 기독교회 역사 속에서 나타났던 모든 종류의 "이원론적" 사고를 거부한다.

헬라의 영육이원론은 기독교회 안에 영향을 끼쳐 때로는 금욕주의적 신앙으로 표출되기도 했다. 중세시대의 고행주의도 일종의 영육이원론의 영향이 가져온 결과일 수 있다. 영적이고 정신적인 영역들을 고귀하고 선한 것으로 간주하고, 육체적이고 물질적인 것은 악하고 하나님으로부터 먼 것으로 간주하는 이원론적 태도는 인간의 육체 자체를 악한 것, 괴롭혀야 할 것, 그리고 죽여야 할 것으로 오해하는 우를 범해 왔다.

그러나 개혁신학은 육신을 포함한 전인이 하나님의 관심의 대상이고 구원의 대상임을 가르친다. 에덴에서 하나님이 인간을 창조하실 때, 육신을 포함하여 그가 창조하신 전인을 보시고 "선하다(it was good)!"고 말씀하셨기 때문이다. 사도 요한의 말씀과 같이, 하나님께서는 "영혼이 잘됨 같이" 하나님의 자녀들이 범사에 잘되고 또 육신적으로도 강건하기를 원하신다(요삼 1:2).

마찬가지로 중세의 성속이원론도 성경은 받아들이지 않는 왜곡된 견해이다. 하나님의 주권의 전포괄성은 교회에서뿐 아니라, 이웃과 사회 속에서도 유효한 것으로 인정되어야 하기 때문이다. 그리스도인은 이 세상과 구별되어야 하지만, 세상을 떠나 산속이나 수도원에 들어가 숨는 것은 성경의 가르침과 다른 것이다. 오히려 성경은 신자가 "세상에서" 빛과 소금으로 살아야 할 것을 가르친다. 복음의 정신으로 자신이 속한 이웃과 사회 공동체 속으로 들어가 그 공동체에 복음의 영향력을 미치고 궁극적으로 변화와 회복을 가져오는 열매를 맺어야 할 것이다.

예수 그리스도의 복음은 인간의 영혼뿐 아니라 육신과 함께 전인의 회복을 가져오며, 또한 교회의 회복뿐 아니라 그리스도인이 속한 이웃과 사회의 회복까지 가져올 수 있는 전포괄적인 능력이 되는 것이다.[79] 영적 영역에서의 변화와 회복뿐 아니라, 사회적·경제적·정치적 영역들에서도 하나님의 주권은 역사하고 있으며 또 인정되어야 함을 강조하는 것이 개혁신학인 것이다. 복음의 기쁜 소식은 교회 안에서 하나님의 백성들에게도 영적 회복을 가져다주는 복된 소식이지만, 동시에 그들이 살아가고 있는 이웃과 사회 속에서도 기쁜 소식으로 들려져야 한다. 복음의 정신으로 소외된 이웃들을 섬기고 그들의 삶을 회복시켜야 할 사명이 하나님의 자녀들에게 주어져 있기 때문이다.

(2) 제네바에서의 칼빈의 사역

위에서 지적한바, 하나님의 주권의 전포괄성에 대한 개혁신학적 이해와 그 실천적 적용의 사례는 바로 종교개혁자 칼빈이 펼쳤던 제네바 시에서의 사역 속에서 확인된다. 칼빈은 자신이 속해 있던 제네바 시민들의 삶 속에서 하나님의 주권적 통치가 임할 수 있도록 성경적·신학적·도덕적 기준들을 세우고 적용함으로 제네바 시에서 하나님 나라의 사랑과 회복의 역사를 이루어냈다.

제네바 시에서 하나님의 통치를 위임받은 국가와 교회 두 기관들은 각자의 임무와 역할이 서로 구별되면서도 동시에 두 기관이 상호협력관계 속에서 하나님의 통치를 구현해가야 한다고 보았다. 하나님은 최고의 통치자로서 세상의 영역과 영적인 영역을 모두 다스리시는 왕이시며, 따

---

79) 이러한 의미에서 주님의 복음은 "총체적"이라고 말할 수 있다. 김광열, 『총체적 복음: 한국 교회 이웃과 함께 거듭나라』(부흥과개혁사, 2010)를 참고하라.

라서 그 두 영역 사이의 상호관계 속에서 하나님의 선하신 뜻을 함께 이루어가야 한다고 보았다.[80]

당시 제네바는 가난과 혼돈의 도시였다. 1536년 칼빈이 그 도시에 부임한 후, 1540년대 중반부터 프랑스 난민들이 몰려들기 시작했다. 1538년에는 도시의 인구가 12,000명에 불과했으나, 10,000여 명의 피난민과 가난한 사람들, 과부와 고아들, 그리고 병자들이 거주하고 있었다.[81] 제네바 시는 이러한 피난민을 위하여 기관을 세우고 환자와 가난한 이들을 돌보는 일을 수행했는데, 그 때 칼빈은 교회의 역할과 정부의 역할을 균형 있게 적용시키면서 하나님의 사랑과 그리스도의 복음으로 사회를 회복시키는 일을 감당했다.

당시에 제네바 시가 겪어야 했던 사회적 문제에 대해 칼빈은 그것을 정부의 책임이라고만 보지 않았고 또한 교회의 역할로만 해결하려고 하지도 않았다. 제네바 시의 사회적 문제를 접근함에 있어, 정부차원에서는 종합 구호원과 난민 보호소를 설립하여 운영하게 함으로, 그리고 교회에서는 집사직에 대한 업무와 규정들을 재정립하여 섬김과 봉사의 역할을 감당하도록 했던 것이다. 이렇게 두 기관이 서로 협력하는 가운데 제네바 시의 사회적 문제가 극복되고 새로운 모습으로 세워지도록 방안들을 제시하였다.

특히 교회의 집사 직분에 대한 칼빈의 이해는 신자의 삶에 대한 개혁신학의 강조를 잘 반영해주고 있다. 위에서 언급한 종합 구호원이나 난민 보호소와 같은 공공기관에서 실제로 봉사하는 사람들은 교회의 집사

---

80) Calvin, *Institutes of the Christian Religion* Vol II. 8:46, 421-519쪽.

81) 손병덕, "칼빈의 개혁주의 사회복지 실천과 현대 기독교 사회복지의 과제" *신학지남* 2003년 겨울호(통권 277호) 166쪽.

들이었는데, 그러한 교회의 대사회적 책임 수행의 배경에서 칼빈의 신학적 작업이 기초가 되었다. 칼빈은 그러한 공공기관에서의 봉사 업무를 위해서는 교회가 그리스도의 사랑의 실천의 차원에서 교회 집사들을 파송해서 인적 자원을 제공해야 한다고 보았다.[82]

교회의 집사의 역할에 대한 칼빈의 이해는 교회의 내적인 업무에만 제한되지 않았다. 교회의 내적 업무에 제한된 집사 직분은 중세적인 접근방식이었다. 로마 카톨릭에서 이해해 온 교회 집사직이란 성직자를 보조하거나 교회 예식을 돕고 행정적인 업무들을 수행하는 것이었다. 그러나 칼빈은 중세 카톨릭의 전통적인 이해와는 달리 교회집사의 주요업무는 바로 가난한 자들을 돌아보는 것이라고 주장했다. 칼빈은 이러한 견해를 제네바 교회 법령(Geneva Church Ordinances)[83] 속에 구체적으로 명시하여 제네바 교회의 직분자들이 교회뿐 아니라 자신들이 속한 사회에 대해서도 관심을 가지고 하나님의 사랑을 실천하는 삶을 살도록 지도했던 것이다.

이처럼 하나님의 주권을 인정한 신학자 칼빈은 그 하나님의 주권적 통치가 교회 안에서만 머무는 것이 아니라 신자들이 살아가고 있는 사회 속에서 고통 받는 이웃들과 가난한 이들에게도 임하게 함으로써, 교회의 직분자들을 통해 하나님의 관심과 사랑을 실천하고 사회의 회복을 이루어내도록 했다.

---

82) Andre Bieler, *The Social Humanism of Calvin*(Richmond: John Knox Press, 1959) 38쪽.

83) *The Register of the Company of Pastors of Geneva in the Times of Calvin* ed. & trans., Philip E. Huges(Grand Rapids: Eerdmans, 1966), 35-49쪽.

5. 율법과 복음과의 관계

마지막으로 개혁신학의 특징을 율법과 복음 사이의 관계에 관한 주제를 중심으로 살펴보려 한다. 중세시대에 카톨릭의 구원관이 공로주의적·율법주의적 성격의 오류를 범했다면, 종교개혁자들의 공헌은 신자의 구원이 하나님의 은혜로 그리고 신자의 믿음으로 주어진다는 복음적 진리를 회복함에 있다고 볼 수 있다.

율법에 대한 개혁자들의 이해가 다소 차이는 있으나, 일반적으로 율법이 인간의 사회생활 속에서 죄를 억제해주는 기능과 죄를 정죄하는 기능을 인정하되, 그것으로 구원에 이르는 방도는 될 수 없음을 밝혀줌으로써 율법주의적 접근을 복음적 관점으로 회복시켰다고 볼 수 있다. 카톨릭 교회가 금욕, 고행 등과 같은 인간의 노력과 공로에 근거하여 하나님 앞에 인정받으려 했던 오류를 바로잡고, 어떠한 인간의 노력과 공로로서도 하나님 앞에서 의롭다 함을 받을 수 없으며 오직 복음 안에서 주어지는 하나님의 은혜만이 죄인을 하나님 앞에 세워주는 것임을 밝혀주었다고 하겠다.

중세 카톨릭의 율법주의적 접근을 거부함에 있어서는 일치하면서도 복음주의 안에서 율법과 복음 사이의 관계에 대한 서로 다른 입장들이 있으므로 그러한 입장들을 개혁신학의 관점과 비교하면서 개혁신학이 어떻게 다른지 살펴보고자 한다.

(1) 루터교의 강조점(Sola Fide)과 한계

종교개혁자 루터의 공헌도 카톨릭의 율법주의적 오류를 극복할 수 있도록 복음적 관점을 회복해준 사실에 있다고 하겠다. 그러나 율법을 부정적인 측면으로만 이해하여 율법은 인간을 정죄하는 것으로, 그리고 복음은 인간을 살리는 것으로 간주하여 그 둘을 서로 대치되는 것으로 이해했다.

물론 율법으로는 구원에 이를 자가 없다. 오히려 율법은 죄인을 정죄하는 기능을 가진다. 율법의 기능의 긍정적인 측면을 최대한 말하려 한다면, 그것은 죄인 된 자신의 무능함과 불가능성을 깨달아 '가난한' 마음으로 그리스도를 바라보고 그에게로 나아갈 수 있게 하는 "몽학선생(초등교사)"의 역할이라고 말할 수 있을 것이다(갈 3:24). 그럼에도 불구하고 율법 자체만을 가지고서는 죄인은 구원의 은총을 누릴 수 없는 것이 사실이다.

그러므로 중세 카톨릭의 공로주의적인 방향에서 바라본 율법이해를 거부하고 복음을 강조하며 그 복음의 은총을 누리게 하는 도구적 수단으로서의 믿음을 강조했던 것은, 루터가 당시의 다른 개혁자들과 함께 공통적으로 노력했던 시대적 과제였을 것이다. 그러나 루터교의 오류는 복음이나 믿음을 강조하는 데에 있었다기보다는, 복음을 강조하다보니 율법을 정죄하는 기능의 차원에서만 이해하고 율법의 긍정적 측면을 살리지 못한 점에서 찾을 수 있다.

죄인을 의롭다 칭하게 해주는 도구적 원인(instrumental cause)으로서 믿음이 중요성을 인정해야 하지만, 그렇다고 믿음이 율법의 삶을 배제하는 것은 아니기 때문이다. 율법으로 칭의 받거나 구원에 이르는 것은 아니지만, 율법은 하나님의 선하신 뜻을 담고 있으며, 믿음으로 구원받은 신자들이 이 땅 위에서 성화의 삶을 살아가는 데 필요한 하나님의 뜻을 알려주는 안내서의 역할을 하기 때문이다.

율법 자체가 악한 것이 아니라, 율법을 율법주의적으로 접근하는 자세에 문제가 있다고 해야 한다. 율법은 그것을 통해서 하나님 앞에서 인정받아 구원에 이르게 하는 방도로 주어진 것이(율법주의적 접근) 아니라, 오히려 그것을 통해서 자신이 죄인임을 깨닫고 주께로 나아오도록 함에 그 율법의 기능이 있다고 할 것이다. 그리고 믿음으로 주께 나아온 이후의 삶 속에서도 하나님의 자녀로서 거룩한 삶을 살아가는 데 필요한 하나님의 뜻이 담겨 있는 안내책자(guidebook)가 바로 율법인 것이다. 그렇다면 율법주의적인 접근에서 바라보는 것이 문제일 뿐이고, 오히려 신자는 율법의 내용들을 자신의 성화의 삶을 위해서 바르게 사용하고 순종해야 할 것이다. 그러한 측면에서 우리는 율법의 유익을 말해야 한다.

율법에 대한 루터교의 부정적인 태도는 루터교회의 성화관 속에서 잘 드러나고 있다. 율법의 행위를 부정적으로 바라보며 은혜와 믿음을 강조하는 루터교의 관점은 정적주의(Quietism)의 모습 속에서도 발견된다. 오직 은혜와 믿음으로만 누리게 되는 구원이므로 어떠한 율법의 행위나 인간의 행동도 은총의 삶에 역행하는 것이며 심지어 성례나 기도도, 그리고 어떠한 형태의 은혜의 수단들도 하나님의 은총의 원리에 역행하는 것으로 간주하려는 태도가 내재되어 있기 때문이다.[84]

"성령의 강권적인 역사가 올 때까지 신자는 고요히 기다려야 한다"는

---

84) 물론 루터교의 이해가 항상 은혜의 원리만을 강조하고 율법의 삶을 배제하는 것은 아니다. 루터교의 성화관은 크게 두 가지로 나뉜다. 루터교 안에서는 '오직 믿음'을 강조하는 입장 뿐만 아니라, 믿음과 함께 믿음의 행위, 성화와 선행의 삶을 강조하는 입장도 있다. Minnesota에 있는 Luther-Northwestern Theological Seminary 교수인 Gerhard O. Forde의 입장은 전자의 관점을 제시하는 루터교의 성화관이라고 할 수 있다. 그의 성화관에 대해서는 *Christian Spirituality* ed. by Donald L. Alexander(Downers Grove, Ill.: Inter Varsity Press, 1988) 13쪽 이하를 참고하라.

정적주의의 주장들은 다소 극단적인 경우이기는 하지만, 루터교의 '오직 믿음'의 원리에 대한 강조가 가져올 수 있는 위험성을 드러내준다. 인간의 어떠한 행위들도 은혜의 원리 혹은 '오직 믿음'의 원리와 상충하는 것으로 봄으로써, 심지어 성경읽기, 기도, 어떠한 선행이나 봉사 등도 모두 '독약과 같은 것'으로 간주하려는 경향이 생길 수 있기 때문이다. 그러한 일들을 모두 인간의 의를 세우려는 율법주의적 접근이라고 간주함으로 하나님의 은혜의 원리에서 벗어나는 것으로만 평가하게 되는 위험성이 있다.

물론 기도나 봉사 혹은 성례의 행위들도 율법주의적 관점에서 자기의(義)를 이루려는 수단으로 전락될 수도 있는 것이 사실이지만, 복음의 빛 아래에서 바르게 이해하고 시행될 때 그것들은 '오직 믿음'의 원리와 상충되지 않는 복음적 행위들이 될 수 있는 것이다.

(2) 칼빈의 이해: 율법의 제3의 용도(3rd use of Law)

칼빈도 루터와 같이 구원에 대한 율법주의적 접근은 인정할 수 없었다. 율법을 지킴으로 하나님 앞에 설 수 있는 것이 아니며, 오히려 율법은 인간이 죄인임을 가르쳐주는 "거울"의 기능을 한다고 보았다.[85] 자신의 헝클어진 모습들, 하나님 앞에서 바르지 못한 자세들이 율법의 거울을 통해서 밝혀지고 그래서 자신의 죄인 됨을 깨닫게 해주는 것이다.

그래서 율법을 통해 자신의 전적 무능력과 불가능성을 깨닫고, 그래서 스스로 하나님 앞에서 설 수 없는 존재임을 인정하고 주께로 나오게 되는 것이다. 그러나 칼빈은 율법의 기능을 설명함에 있어서 한걸음 더 나

---

85) John Calvin, *Institutes of the Christian Religion* 2 vols., ed. John T. McNeill, trans. Ford Lewis Battles(Philadelphia: Westminster, 1960), 355쪽.

아가 주님께로 나아온 이후에도 그것은 신자의 삶에 중요한 안내책자가 된다고 본 것이다. 하나님의 선한 뜻이 담겨 있는 율법을 통해서 신자는 자신이 앞으로 어떻게 하나님의 형상을 온전히 닮아가며 신앙의 성숙을 이룰 수 있는지 배우게 된다는 점에서 율법의 긍정적인 측면을 바르게 세워주었다고 하겠다.

따라서 칼빈은 율법과 복음 사이의 관계에 대한 성경적 균형을 견지하고 있다고 볼 수 있다. 율법에 대해 율법주의적인 방식으로 접근하는 것은 문제이지만, 복음 안에서 이해된 율법은 하나님의 마음이 담긴 유익한 안내도가 된다는 점을 간과해서도 안 되는 것이다. 신자의 삶 속에서 율법은 더 이상 무거운 짐이 되지 않는다. 그리스도의 복음 안에서 율법은 성취되었기 때문이다. 그러나 복음은 율법을 폐하지 않으며, 복음의 자유함 속에서 신자들로 하여금 더욱 온전한 순종의 삶으로 나아갈 수 있게 한다.

결국 칼빈의 관점을 통해서 우리는 신자가 복음 안에서 반율법적이거나 혹은 초율법적인 삶을 사는 것이 아니라, 성령의 능력으로 말미암아 신자는 주님 안에서 율법의 온전한 성취의 삶을 살게 되는 것임을 알 수 있다(롬 8:3). 따라서 칼빈은 복음으로 율법을 내어버리는 것이 아니라, 복음 안에서 율법의 온전한 성취를 말하고 있는 것이라 할 수 있다.

(3) 웨슬리(John Wesley)의 강조점과 오류:
신율법주의(Neonomeanism)

사실 웨슬리의 신학은 웨슬리가 사역했던 18세기 영국의 상황 속에서 이해되어야 한다. 그 시대에 영국사회는 부정부패가 만연한 사회였다.[86]

정치계뿐 아니라 종교계 안에서도 타락한 모습들이 발견되었던 시대였다. 부정부패와 뇌물수수, 인신매매나 노예제도 등 기독교 국가로서는 있을 수 없는 일들이 자행되던, 영적으로나 도덕적으로 타락한 사회였음을 깨달은 웨슬리가 신자의 거룩한 삶을 강조하는 신학을 제시하려 했었던 것이라고 볼 수 있다.

그가 제시한 완전성화교리(doctrine of entire sanctification)도—개혁신학의 관점에서 볼 때 문제시되지만—그러한 맥락에서 이해될 수는 있다. 복음과 율법에 대한 웨슬리의 관점에 있어서 율법에 대한 추가적인 강조를 했던 이유도 그러한 시대적 상황에 대한 그의 반응을 고려하여 평가해볼 수 있다. 그는 루터나 칼빈이 '오직 믿음'을 강조하는 신학을 제시한 것에 대해서 불만을 토로했다. 그러한 '오직 믿음'의 신학이 신자들로 하여금 율법을 무시하고 거룩한 삶에서 멀어지는 태도를 갖게 하였다고 보았던 것이다.

그러한 관점에서 웨슬리는 신자의 최종적인 구원이란 그리스도의 구속사역을 통해 주어진 주님의 거룩과 믿은 이후에 신자가 이루어낸 신자의 복음적 거룩이 함께 고려되어 주어진다고 보는 신율법주의적(neonomeanism) 태도를 드러냈다. 물론 칭의 받은 이후의 삶 속에서 성화의 열매들이 맺혀져야 한다. 그러나 율법에 순종하는 삶이 칭의나 구원의 근거일 수는 없는 것이다. 그것은 복음의 은총이 가져오는 열매이며, 구원받은 사람이 감사함으로 이뤄가는 삶의 증거인 것이다. 만일

---

86) John Wesley Bready, *England: Before and After Wesley*(Hodder & Stoughton Pub. Co.,1939) 3부로 구성되어 있는데, 제1부에서 저자 Bready는 당시 18세기에 야만스러웠던 영국의 상황을 기술하고 있다. 스포츠를 위해서 동물들을 학대하는 일, 일반 대중의 타락한 음주문화, 아프리카의 흑인들을 매매하는 일, 시골 사람들을 납치하여 노예로 팔아넘기는 일, 도박행위, 사창가의 비도덕적인 행위들, 그리고 정치적인 뇌물이나 교회의 타락상 등을 묘사한다.

그것이 최종적인 구원의 근거로 이해될 때, 그리스도의 구속사역의 완전성은 무너지게 되며 그리스도의 속죄사역의 공로로만 주어지는 것으로 이해되는 성경적 구원의 의미가 타협 받게 될 것이다.

개혁신학도 웨슬리와 함께 율법의 삶을 무시하는 명목적 그리스도인을 거부하며 율법을 순종하는 삶의 중요성을 강조하지만, 그 강조는 복음의 정신 안에서 이해되어야 하며 그리스도의 구속사역의 완전성을 허물지 않는 범위 안에서 강조되어야 하는 것이다. 즉, 십자가에서 이루신 그리스도의 구속사역은 이미 완성된 것이며, 구원을 위해서 신자의 편에서 보태야 할 일은 더 이상 아무 것도 남겨지지 않았다. 그 남겨진 성화의 삶과 성숙을 위한 노력들은 이제 하나님의 은혜 안에서 기쁨으로 누리는 삶이지, 무거운 짐으로 감당해야 하는 율법주의적 의무는 아닌 것이다. 웨슬리는 영국 사회 속에서 타락한 삶의 모습을 보이는 신자들을 안타까운 모습으로 바라보며 그들의 신앙적 성숙을 위해 신율법주의적 방식으로 율법을 강조하였으나, 결국 그로 인해 복음의 은혜성을 부분적으로 타협하는 결과를 가져왔다고 할 수 있다.[87]

---

87) 웨슬리의 율법에 대한 강조는 그의 칭의론에서도 확인할 수 있다. 유창형, "웨슬리의 칭의론-그리스도의 의의 전가를 중심으로"『신학지남』(2009, 봄호/통권 298호). 칼빈과의 차이점은, 칭의의 사건 속에서 칼빈이 신자의 과거와 현재, 그리고 미래의 죄까지 사해지는 것으로 이해한 반면, 웨슬리는 과거의 죄만 사해지는 것으로 이해한 점(230쪽), 칭의의 근거로서 그리스도의 의의 전가를 이해함에 있어서도 웨슬리는 그리스도의 수동적 순종은 인정하지만, 그리스도의 능동적 순종은 전가를 위한 것이 아니고 신자의 모방을 위한 것이라고 주장하는 점(239쪽) 등에서 확인될 수 있다.

제 4 장   개혁주의 성경관

개혁신학의 원리들에 대한 앞 장에서의 논의들을 정리해보면, "하나님
의 말씀의 절대적 권위와 하나님의 주권의 전포괄적 적용"이라고 요약
해볼 수 있다. 성경을 최고의 권위로 받고 하나님의 절대주권을 강조하
는 것은, 그러한 진리들이 신자의 삶에 구체적으로 적용되도록 함에 그
목적이 있는 것이다. 그렇다면 신자의 삶에 바르게 뿌리내려야 할 원리
들을 담고 있는 성경에 대한 올바른 이해는 더욱 중요한 요소가 된다고
하겠다.

따라서 본장에서는 개혁신학이 제시하는 성경관이 무엇인지 살펴보려
한다. 성경관을 살펴보기 전에 계시에 대해서 먼저 간략하게 정리한 후,
하나님 말씀의 성격, 성경의 속성들, 성경영감, 성경무오 등을 차례로
살펴보자.

1. 계시란 무엇인가?

(1) 계시의 정의

계시란 하나님의 비밀한 뜻을 벗겨 드러내는 것(reveal)을 의미한다. 하나님께서는 자신의 뜻을 인간들에게 드러내어 여러 가지 방식으로 알려주시고 전달하셨다. 그리고 그러한 계시 중 하나가 바로 성경이다.

(2) 계시의 종류

계시를 분류하는 방식은 두 가지가 있다. 하나는 전달방식에 의한 분류방법이고, 또 다른 하나는 계시의 목적과 전달 대상에 의한 분류방식이다. 전자는 하나님의 계시가 어떠한 방식으로 전달되는가에 따라 자연계시와 초자연계시로 구분하며, 후자는 무슨 목적으로 그리고 누구에게 주어지는 계시인가에 따라 일반계시와 특별계시로 구분한다.

1) 전달방식에 따라 분류해보면 자연계시와 초자연계시로 구분된다. 그러나 사실 모든 계시는 근본적으로 다 하나님으로부터 주어지는 것이므로 근본적으로는 모두가 초자연계시의 성격을 지닌다고 말할 수 있다. 그러나 통상적으로 자연계시란 인간존재나 자연만물들을 통해서 전달되는 계시를 가리키며, 초자연계시는 하나님의 직접적인 말씀이나 현현, 그리고 이적 등과 같은 초자연적 방법들을 통해서 전달되는 계시를 가리킨다.

전자의 계시 속에서 언급되는 인간은 하나님의 형상으로 지음 받았으므로(시 94:9-10; 행 17: 27-28; 롬 2:14-15) 그의 존재 안에서 하나님의 형상에 관한 지식을 전해주고 있다. 예를 들면, 시편 94:9에서 "귀를 지으신 이가 듣지 아니하시랴 눈을 만드신 이가 보지 아니하시랴"라고 말씀하신다. 인간이 지니고 있는 듣고 보는 기능은 바로 하나님의 존재를 설명해주는 계시의 통로가 되고 있는 것이다. 그 외에도 인간이 지니는 선하고 의롭고 거룩을 향하는 품성들은 하나님의 성품이—비록 피조물과는 다른 차원이기는 해도—그러한 도덕적 성품을 지니고 있음을 말해준다.

해와 달과 자연만물도 또 다른 자연계시의 통로가 된다. 시편 19:1 이하에서 시편기자는 하나님의 영광을 선포하고 있는 하늘과 하나님의 손으로 하신 일들을 나타내주고 있는 궁창, 그리고 그 자연들을 통해서 전해지고 있는 하나님에 관한 지식을 말해준다. 마찬가지로 로마서 1:20 이하에서는 바울이 자연 만물 속에서 드러나는 하나님의 영원하신 능력과 신성을 말해준다.

이는 다 자연을 통해서 제시되고 있는 자연계시라고 할 수 있다. 그리고 하나님의 직접적인 역사나 말씀, 현현, 혹은 이적과 같은 방법으로 주어지는 계시가 초자연계시인 것이다.

2) 다음으로, 계시의 목적과 전달대상에 따라 구분해보면 일반계시와 특별계시로 나누어진다.

일반계시란 창조사역에 기초하여 주어진 계시로서 창조의 목적을 이루기 위해 주어진 것이다. 계시의 대상은 모든 인류가 해당되는데, 그 모든 피조물을 통하여 창조주 하나님께 영광을 돌리게 함에 그 목적이 있다고 하겠다.

반면에 특별계시란 재창조 사역과 관련하여 주어진 계시로서 이 계시는 하나님의 택함을 입은 자들만을 대상으로 주어진다. 죄 가운데 놓여 있는 하나님의 백성들을 구원하려는 목적으로 주어진 계시라고 할 수 있다.

그런데 여기에서 한 가지 지적해야 할 내용은 대체적으로 일반계시와 자연계시가 동일시되고 특별계시는 초자연계시와 동일시하기도 하지만, 정확히 말하면 특별계시가 구속적인 성격을 지니므로 초자연계시와 항상 동일시될 수는 없다고 해야 한다. 그 대표적인 예로 타락 전 초자연계시(pre-redemptive supernatural revelation)를 생각해볼 수 있다. 아담과 하와가 에덴에서 타락하기 전에 주어진 하나님의 초자연계시로서 창세기 2:16-17의 말씀을 생각할 수 있는데, 이는 타락 전이므로 아직 구속적인 성격을 지니지는 않는다.

이 계시말씀에 대해서 현대신학자들은 원시적·신화적 양식의 종교진리 표현이라고 해석하려 하지만, 그 계시는 인류역사의 구체적인 방향성을 제시해주는 하나님의 계획이 담긴 역사성을 지닌 말씀계시인 것이다. 왜냐하면 그 계시말씀을 통해서 하나님은 언약의 구체적인 내용들을 전달하고 계시기 때문이다. 그 구절들은 로마서 5:12 이하에서 바울이 설명해주는 행위언약의 내용에 대한 역사적 근거가 되고 있으며, 같은 본문 속에서 그것은 은혜언약의 배경적 원리로 제시되고 있기 때문이다.

3) 일반계시와 특별계시와의 관계

칼빈은 『기독교 강요』 제1권에서 "일반계시"를 논의하면서 특별계시의 필요성을 설명해준다. 먼저 로마서 1:19 이하에서 제시되는 바울의 설명을 따라서 일반계시의 확실성을 말해준다. 앞에서도 지적했듯이, 창세로부터 하나님의 피조세계 속에서 제시되고 있는 하나님의 영광과 능력을 통해 하나님의 계시가 분명히 드러나고 있으므로, 우리는 일반계시의 확실성을 말할 수 있다.

그런데 로마서 1:18의 말씀과 같이 그 일반계시에 대해서 인간은 타락 이후로 부패한 심성으로 말미암아 불의로 일반계시의 진리를 거부하는 현상들이 발생된다. 즉, 일반계시의 확실성에도 불구하고 인간은 그 계시만으로는 구원에 이르는 지혜에 이르지 못하고 있는 것이 타락한 이후의 인류의 현실인 것이다.

그래서 그러한 절망의 상태에 처한 인류에 대한 해결책으로 하나님은 특별계시를 주셨던 것이다. 하나님은 특별계시를 통해 영적 치료와 회복을 가져오시고, 하나님의 자녀들로 하여금 일반계시의 내용들을 바르게 인식하고 또 반응할 수 있도록 하셨다. 그러한 의미에서 칼빈은 특별계시인 성경을 "안경"에 비유하기도 했다.[88]

4) 특별계시와 성경과의 관계

특별계시와 성경은 모두 그 주체가 하나님이시며, 또한 그 둘 모두는 구속적 성격을 지닌다. 그럼에도 불구하고 차이점이 있다면 다음과 같은 것들을 들 수 있다.

가) 다른 특별계시들은 직접적인 전달방식, 예를 들면 음성, 꿈, 환상과 같은 방식으로 전달되지만, 성경은 인간의 문자적 기록행위를 통해 간접적으로 전달된다.

---

88) John Calvin, *Institutes of the Christian Religion* 2 vols., ed. John T. McNeill, trans. Ford Lewis Battles(Philadelphia: Westminster, 1960), 70쪽.

나) 전자는 임시적인 매체로서 전달되지만, 후자는 기록된 문자라는 항구적 매체를 통해서 전달된다. 오고 오는 세대들 속에서 지속적으로 하나님의 뜻을 전달해줄 수 있게 된 것이다.

다) 전자는 계시가 주어지는 때마다 하나님의 뜻이 부분적으로 전달되지만, 성경은 하나님의 구원계획이 종합적으로 전달된다. 그러므로 개인적으로 주어지는 특별계시의 내용들은 언제나 모범 교과서라고 할 수 있는 성경의 종합적인 하나님의 뜻의 빛 아래서 검토되어야 한다.

라) 전자는 그 각각의 계시가 주어지는 상황 속에 관련된 제한된 수의 사람들만을 대상으로 하지만, 성경은 전 인류를 대상으로 하나님의 구속적 계획을 종합적으로 전달하고 있는 특별계시의 완성본인 것이다.

5) 계시와 구속사

구속역사 속에서 하나님의 계시는 크게 두 가지, 즉 타락 전 계시와 타락 후 계시로 나누어볼 수 있다. 그런데 성경의 계시들을 전체적으로 개관해주는 말씀은 히브리서 1:1-2이다.

히브리서 1:1-2 상반절(옛적에 선지자들을 통하여 여러 부분과 여러 모양으로 우리 조상들에게 말씀하신 하나님이 이 모든 날 마지막에는 아들을 통하여 우리에게 말씀하셨으니)에서의 주어는 "하나님"이고, 그 문장의 주동사는 "말씀하셨다"이다. 이 본문은 하나님의 계시사건들에 대해서 말하고 있는 것이다. 따라서 그 구절 속에서 우리는 성경계시의 성격들을 3가지 지적해볼 수 있다.

가) 먼저, 본문은 하나님의 계시의 전체적 통일성을 말해준다. 신구약

성경 66권은 여러 저자들이 여러 시대에 걸쳐서 기록하였으므로, 그들이 서로 만나거나 의논한 바 없이 기록하였다. 그럼에도 불구하고 성경은 하나의 통일된 메시지를 전해준다. 그 이유는 성경의 원저자가 한 하나님이시기 때문이다. 1절에서 구약에서 "여러 부분과 여러 모양으로" 계시하신 하나님은 2절에서 "이 모든 날 마지막에" 아들을 통해서 말씀하셨다고 설명한다. 즉, 구약에서 계시하신 분이 또한 신약에서도 계시하신 동일한 하나님이심을 말해주고 있는 것이다.

나) 하나님의 계시의 역사성을 말해준다. 현대신학자들 중에는 계시의 역사성을 부인하는 자들도 있으나, 본문은 하나님의 계시가 구약에서는 이스라엘의 역사 속에서 여러 선지자들을 통해서 주어졌으며, 신약에서도 성육신하신 나사렛 예수님의 삶과 사역을 통해서 주어졌음을 말해준다. 즉, 하나님의 계시란 하늘로부터 그냥 던져진 계시가 아니라, 시간과 공간의 역사적 상황 속에서 주어지고 형성된 계시임을 알려준다.

다) 하나님의 계시의 완성자 되시고 중심되신 예수님을 말해준다. 구약에서부터 하나님은 인간 선지자들을 통해서 하나님의 뜻을 부분적으로 전해주셨다. 그러나 그러한 하나님의 계시와 구원계획을 최종적으로 완성하신 분은 예수님이시다. 예수님이 하나님의 계시의 마지막 선지자 되심을 본문을 말해주고 있다.

즉, 오늘날 새로 주어지는 계시는 없다고 해야 한다. 오늘날 제3의 물결의 운동 속에서 제시되고 있는 "신사도의 신학"은 "직통계시"를 말하며, 20세기에 "신사도의 시대"가 열렸다고 얘기한다.[89] 그러나 예수님

---

89) 김광열, "21세기 성령운동 연구: '제3의 물결'에 대한 개혁신학의 평가"『개혁논총』제17권 121-149쪽.

이후에 다른 새로운 계시는 없는 것이다. 예수님이 하나님께서 보내신 마지막 선지자이기 때문이다. 만일 다른 계시가 더 주어지는 것이 맞다면, 성경의 충족성은 잘못된 가르침이 되고 만다. 이미 주어진 계시말씀 이외에 더 추가적인 계시가 덧붙여져야 된다는 말이 되기 때문이다. 그러나 우리는 오늘 신자의 구원과 신앙생활에 필요한 하나님의 모든 뜻을 신구약 66권 안에서 충분하게 얻을 수 있다.[90]

2. 성경말씀이란 무엇인가? (하나님의 말씀의 성격)

성경은 하나님의 계시말씀으로서, 다른 책들과는 다른 성격을 지닌 책이다. 하나님의 특별계시로서 그것은 세상의 책들과는 근본적으로 다른 차원의 책이기 때문이다.

(1) 능력으로 역사하는 말씀-하나님의 말씀은 능력으로 역사하는 말씀이다.[91] 천지창조의 모습 속에서 하나님의 말씀은 말씀만으로 창조를 이루셨다. "빛이 있으라" 하시매 곧바로 빛이 존재하게 된 것이다. 하나님의 말씀은 그 말씀이 의도하는 바를 반드시 성취하는 능력의 말씀이라는 말이다. 시편 33:6은 하나님의 말씀이 하늘을 만들고 만물을 조성하셨다고 설명해준다. 히브리서 4:12도 하나님의 말씀은 살아 있어 능력으로 역사하는 말씀임을 말해준다.[92]

---

90) 아래 "c. 성경의 속성" 항목 중, "3) 성경의 충족성"을 참고하라.

91) John M. Frame, *Salvation Belongs to The Lord*(Phillipsburg, N. J. : Presby. & Reformed Pub. Co., 2006), 44쪽.

92) 하나님의 말씀은 살아 있고 활력이 있어 좌우에 날선 어떤 검보다도 예리하여 혼과 영과 및 관절과 골수를 찔러 쪼개기까지 하며 또 마음의 생각과 뜻을 판단하나니.

그러므로 오늘 우리는 성경말씀을 읽고 공부할 때 책 앞에 있는 것이 아니라, 하나님의 능력과 대면하고 있는 것이다. 복음전도자는 어떤 종교적 이론을 전하는 것이 아니라, 하나님의 능력을 소개하고 전해주는 것이라고 말할 수 있다(롬 1:16).

(2) "의미 있는" 말씀-하나님의 말씀이 능력의 말씀인 것은 사실이지만, 그것은 또한 단순히 "무의미한 초능력"인 것은 아니다.[93] 그것은 하나님의 지혜를 전달해주는 "의미 있는" 능력인 것이다. 하나님의 말씀은 그 능력 가운데 놀라운 일들을 이뤄내시지만 그 말씀은 또한 의미 있는 내용을 전해주고 있기 때문이다.

사도행전 8장에 나오는 마술사 시몬은 사마리아에서 사역하고 있던 베드로와 요한이 성령의 놀라운 역사들을 행하는 것을 보고 돈으로 그 능력을 살 줄로 생각했다가 하나님의 심판을 받았다. 하나님의 능력은 아무렇게나 주어지고 사용되는 것이 아니다. 그것은 하나님의 구속사의 방향과 의미 안에서 역사하고 있는 것이다.

그러므로 위대한 말씀의 능력을 경험하고 또 위대한 역사를 이루는 것도 중요하지만, 그러한 역사들을 통해서 전달하시고자 하시는 그 역사의 의미들을 이해하고 하나님의 뜻과 계시내용들을 바르게 이해하는 일도 우리에게는 중요한 것이 된다.

(3) 하나님 자신을 나타내시는 말씀-인간도 자신의 말을 통해서 자신의 생각과 사상뿐 아니라 자신의 인격을 드러내게 된다.[94] 하나님도 자

---

93) John M. Frame, *Salvation Belongs to The Lord*, 45쪽.

신의 말씀을 통해서 하나님의 성품을 표현해주신다. 그러므로 우리는 그의 말씀을 통하여 그분을 알게 되고 그의 영을 만나게 된다(살전 1:5; 딤후 3:16; 벧후 1:21).

그렇다면 하나님의 말씀을 가까이하는 것은 곧 그분을 가까이하는 것이 된다. 우리는 성경을 읽을 때, 바울과 모세도 만나지만 동시에 성경의 원저자이신 하나님의 면전 앞에 서게 되는 것이다. 따라서 성경을 인간의 글로 보는 자유주의자의 태도는 인정될 수 없다.

(4) 그러나 그 말이 결코 책 자체를 우상시하려는 "성경책 숭배 (Bibliolatry)"를 의미하는 것은 아니다-성경을 통해서 하나님을 만나게 되는 것은 사실이지만, 그렇다고 성경책 자체를 하나님과 동일시하는 것은 아니기 때문이다. 하나님의 존재가 성경책의 유무에 의해 결정되는 것은 아니기 때문이다. 달리 말하면, 성경책은 하나님의 존재에 필수적인 요소는 아닌 것이다.

그러므로 잘못된 근본주의자들처럼 성경책 자체를 신성시하는 것은 잘못이다. "성경책"의 공간 안에 어떤 거룩한 성소가 세워지는 것도 아닌 것이다. 우리는 인격적인 하나님을 섬기는 자들이지 책을 숭배하는 자들이 아니기 때문이다.

(5) 물론 신정통주의자들이 정통신학의 성경관에 대해 지적하는 성경책 숭배는 인정될 수 없다. 개혁신학의 성경관은 성경이 인간 저자들에 의해서 기록되었지만 동시에 성령의 감동으로 기록되었으므로, 그 말씀

---

94) John M. Frame, *Salvation Belongs to The Lord* , 46.

들의 원저자는 하나님이라고 믿는다. 그런데 그러한 성경관을 성경책 숭배라고 비난하는 것은 잘못이다. 그들은 성경이 모세나 바울과 같은 인간이 기록한 글이라고만 생각하기 때문에, 그것을 하나님의 말씀이라고 주장하는 정통신학의 성경관을 성경책 숭배라고 평가하게 되는 것이다.

그러나 성경을 인간의 글이지만 하나님의 감동으로 기록된 하나님의 말씀이라고 보는 전통적인 성경관을 성경책 숭배라고 비판하는 것은 바른 평가가 되지 못한다. 성경의 일차적인 의미들은 인간 저자를 통해서 말씀하시는 하나님의 메시지이기 때문이다. 그 내용들을 하나님의 음성으로 받는 것은 결코 우상숭배일 수 없기 때문이다.

3. 성경의 속성들

성경의 속성들에 대한 설명들은 종교개혁 당시의 로마 카톨릭의 배경 속에서 이해될 수 있다. 교회의 권위를 성경의 권위보다 더 높은 것으로 이해하는 구조 속에서 성경의 속성들이 설명되었으므로, 종교개혁자들은 성경을 최고의 권위로 세우려는 관점에서 성경의 속성들을 제시해주었다고 볼 수 있다.

(1) 성경의 필요성-종교개혁 당시의 상황 속에서 두 개의 극단적인 관점들이 존재했다. 하나는 로마 카톨릭의 관점으로, 그들도 성경의 중요성을 말하기는 하였으나 성경의 절대적 필요성은 인정하지 못했다. 그보다는 교회의 절대적 필요성을 인정하고, 성경은 바로 그 교회의 권위 아래에서 세워지는 것으로 보았기 때문이다. 또 다른 하나는 재세례파의

관점으로 객관적인 성경말씀보다 주관적인 "내적 말씀"의 절대적 필요성을 주장했다.

이러한 주장들에 반하여, 개혁자들은 교회의 권위나 해석보다, 그리고 개인적이고 주관적인 음성보다 *기록된 성경말씀의 절대적 필요성*을 주장했던 것이다.

사실 이러한 오류는 오늘의 현대신학 가운데에서도 발견된다. 말씀의 명제적 계시(propositional revelation)를 거부하고 인격적 만남의 계시(personal revelation)를 주장하는 칼 바르트의 계시관도 기록된 성경말씀의 명제들은 인간의 글로서 거부하려하는 태도이며 그것은 결국 기록된 성경말씀의 절대적 필요성을 거부하는 결과를 가져온다.

그러나 말씀계시의 구체적인 내용이 없이는 예수 그리스도를 주라고 부를 자가 없으며, 반대로 말씀계시의 내용들을 통해서만이 우리는 진정한 회개나 구원, 그리고 거룩의 삶에 이를 수 있는 것이다. 따라서 교회의 권위와 해석도, 어떠한 신비적 체험도, 그리고 실존적 만남의 사건도 기록된 하나님의 말씀계시의 절대적 필요성을 대신할 수는 없다.

(2) 성경의 명료성-성경의 명료성이란 누구나 성경 속에서 구원의 진리를 진실되게 추구하는 이에게 성경은 그 진리를 명료하게 전해주는 속성이 있다는 의미이다. 구원의 진리란 남녀노소, 학벌의 유무, 신분이나 지위고하를 막론하고 성경을 통해서 단순하고 명료하게 전달된다는 것이다.

물론 앞에 1부에서 "신학연구의 필요성"을 설명하는 부분에서 명료성에 대한 오해에 대해 지적했듯이, 성경의 명료성이 기타의 성경연구가 불필요하다는 것을 의미하지는 않는다. 즉, 성경의 모든 내용들이 그냥 바로 다 이해된다는 의미에서의 명료성은 아닌 것이다. 그것은 단지 구원의 진리에 관해서 명료하게 전달된다는 의미로 이해해야 한다.

그러나 중세 로마 카톨릭은 평신도들에게 있어서 성경의 명료성이란 교회와 신부의 무오한 해석이 있어야 성립된다고 주장했던 것이고, 개혁자들은 명료성이란 교회의 해석이 필요한 것이 아니라 성령님의 역사를 통해서 그 진리가 명료하게 전달되는 것이라고 본 것이다.

(3) 성경의 충족성-성경은 구원과 신앙생활을 위한 충분하고 온전한 하나님의 계시말씀이 되고 있음을 의미한다. 카톨릭이나 신비주의자들이 교회의 전통이나 개인적인 체험 등을 통해서 그 충족성이 성립되는 것으로 본 반면에 개혁자들은 성경 자체로 그 충족성이 세워진다고 보았다. 그런데 성경의 충족성을 이해함에 있어 다음과 같이 몇 가지의 내용에 주의할 필요가 있다.

첫째, 성경의 충족성을 말한다고 해서, 교회의 전통을 무시하거나 성경의 감동과 조명의 역사의 중요성을 간과해서는 안 될 것이다. 단지, 이미 주어진 기록된 성경의 계시 안에서 신자는 구원과 신앙생활에 필요한 하나님의 뜻을 충분히 얻을 수 있음을 말하려는 것일 뿐이다. 성령님의 역사가 오늘도 계속 신자를 인도하고 계심을 인정하지만, 성령님은 성경의 계시말씀과 무관하게 역사하지지 않고 말씀과 함께 역사하신다.

둘째, 성경의 충족성은 또한 제한된 의미에서의 "영적" 생활에 관한 영역에서만 충족한 계시가 됨을 의미하지 않는다. 다시 말하면, 영육 이원론적 구조 속에서 충족성을 이해해서는 안 된다는 말이다. 성경의 권위는 전포괄적인 권위를 지니므로, 인간의 삶의 *모든 영역 속에서* 필요한 하나님의 뜻이 성경 안에 충족하게 담겨 있다고 해야 한다. 기도생활이나 성경공부 등과 같은 "영적" 영역들 속에서 필요한 하나님의 뜻도 충분하게 제시되고 있지만, 더 나아가 그 밖의 다른 학문이나 사회생활이나 속에서 하나님의 자녀로서 살아가는 데 필요한 하나님의 뜻도 충족히 담겨 있다는 의미에서 충족성이다.

셋째, 그렇다고 성경의 충족성이 성경 안에 인류 문명 속에서 주어진 모든 정보들이나 전문적인 지식의 내용들이 다 들어 있음을 의미하는 것은 아니다. 그보다는 신자의 삶의 모든 영역 속에서 필요한, 신자로서의 삶의 원리에 대한 하나님의 기본적인 뜻과 원칙들이 충분히 제시되고 있음을 의미한다. 성경은 그 모든 영역 속에서 권위 있는 하나님의 말씀이 되기 때문이다.

(4) 성경의 신적 권위성-성경의 권위는 성경영감의 사실로부터 주어진다. 중세 로마 카톨릭의 관점은 성경이 신적 권위를 지니는 것은 교회회의의 결정에 근거한다는 해석이다. 그러나 개혁자들은 성경의 권위는 교회회의의 결정 때문에 주어지는 것이 아니라, 성경 그 자체로부터 주어진다고 보았다. 다시 말하면, 성경 안에서 말씀하시는 하나님 자신으로부터 주어지는 것이라고 주장했다.

성경은 최고의 권위이므로 성경의 권위를 다른 외부의 전문가적 권위에 의존해서 말할 수 없다. 예를 들면, 고고학자, 과학자, 역사학자들의 연구 결과를 따라서 성경의 권위를 말하려 한다면 그 결과는 성경의 권위가 그러한 전문가들의 권위 아래 놓이게 될 것이다. 오히려 성경의 권위는 성경 안에서 말씀하시는 성령 하나님으로부터 주어지는 것이다(성경 자증의 원리). 하나님께서 말씀하신 성경이므로(성경영감) 성경은 권위 있는 책이 된다.

성경무오의 교리도, 성경독자의 감화감동의 여부도 성경의 권위의 근거가 될 수 없다. 성경의 권위는 성경이 영감된 하나님의 계시말씀이라는 사실로부터 주어진다. 성경영감의 사실이 성경무오를 보장해주며, 성경의 권위성을 세워주는 것이다. 즉, 성경은 영감된 하나님의 말씀이므로 신적 권위를 지닌 책이 되는 것이다.

4. 성경영감

먼저 지적해야 할 내용은 성경영감론의 교리를 말하기 위해서도 우리가 참고해야 할 자료는 역시 성경이라는 점이다. 그것은 성경의 다른 교리들도 성경에 제시된 내용들을 근거로 정리하는 것과 같은 이치이다. 성경론을 성경 내용을 근거하여 제시하는 것은 순환논리가 된다고 지적하기도 하지만, 그것은 성경이 최고의 권위이기 때문에 다른 방도가 없다! 신론을 말하기 위해서 성경이 말하는 하나님에 관한 내용들을 정리하고 인간론을 말하기 위해서 성경이 제시하는 인간이해를 근거로 하듯이, 마찬가지로 성경론을 정립하기 위해서 우리는 성경이 말하고 있는 성경에 관한 설명들을 연구하는 것이다.

(1) 성경 영감에 대한 성경의 증거들

성경 영감에 대한 성경의 대표적인 성구들은 디모데후서 3:16(모든 성경은 하나님의 감동으로 된 것으로 교훈과 책망과 바르게 함과 의로 교육하기에 유익하니)와 베드로후서 1:21(예언은 언제든지 사람의 뜻으로 낸 것이 아니요 오직 성령의 감동하심을 받은 사람들이 하나님께 받아 말한 것임이라)이다.

위의 두 구절은 성경의 모든 내용이 성령 하나님의 감동으로 기록된 것임을 말해준다. 그런데 한 가지 정리되어야 할 부분은 그 구절들 속에서 언급하고 있는 "성경(예언)"이란 용어가 사용되었던 시기는 신약정경이 확정되기 전이었으므로 신구약 전부를 포함한, 즉 오늘 우리가 사용하는 성경 전체를 가리킨다고 말하기 어렵다는 점이다.

따라서 신약성경의 저자들이 자신들이 기록하고 있는 서신들이 "성경"의 범주에 포함되었음을 인식하고 있었음을 입증해주어야 한다. 이 부분에 관해서 다음과 같은 몇 가지의 사항들을 확인함으로써 우리는 *신약성경의 저자들이 자신들의 기록들도 구약의 성경권위와 같은 하나님의 언약의 말씀계시라고 이해하고 있었음*을 알 수 있다.[95]

1) 구약의 성도들은 자신들의 삶을 인도하는 절대적인 기준이 되는 신적 권위를 지닌 하나님의 언약의 말씀이 주어졌음을 인식하고 있었다. 구약의 선지자들을 통해서 하나님께서는 이스라엘 백성들에게 하나님의 영감된 말씀을 주셨음을 알고 있었던 것이다.

예를 들면, 신명기 29:9에서 "그런즉 너희는 이 언약의 말씀을 지켜 행하라 그리하면 너희가 하는 모든 일이 형통하리라"라고 말씀하신다.

---

95) S. B. Ferguson, "How Does the Bible Look at Itself?", *Inerrancy and Hermeneutic* ed. by Harvie M. Conn(Baker Book House, 1988), 49쪽 이하.

하나님께서 주신 언약의 말씀은 그들의 삶의 성패를 결정하는 절대적 기준이 되는 신적 권위의 말씀이었다.

2) 또한 구약성도들에게 주어졌던 하나님의 언약 말씀의 신적 권위에 대한 이해는 구약의 성도에게뿐 아니라, 신약의 성도에게도 동일하게 인정되었다. 신약의 성도들은 자신들의 신앙생활 속에서 제기되는 문제들을 해결함에 있어, 구약의 말씀을 신적 권위의 말씀으로 알고 그 말씀에 호소함으로 최종 결론을 내렸던 것을 보게 된다.

3) 더 나아가 신약성경의 저자들은 자신들이 기록하고 있는 글들도 구약성경과 동등한 권위를 지녔음을 알고 있었다. 사도요한은 구약성경을 인용할 때 사용하던 "기록되었으되(it is written 혹은 Scripture says)"와 같은 관용구를 구약성경에 대해서만 사용한 것이 아니라(예, 요 6:31; 8:17) 자신의 글을 가리킬 때도 사용하고 있다(요 20:31).
바울도 신약성경의 저자들이 전한 말씀들을 사람의 말이 아닌 하나님이 주신 말씀이라고 인식하고 있었다(살전 2:13; 고전 2:11-13). 그런 차원에서 바울은 자신의 글들을 구약성경과 동등한 권위로 간주하여, 그 말을 불순종할 경우 출교시킬 것을 권면하기도 했던 것이다(살후 3:14).
4) 신약성경의 저자들은 자신들의 글뿐 아니라, 동시대에 사역했던 다른 동료사도들의 글도 자신의 글과 같은 하나님의 신적 권위를 지닌 계시말씀으로 인식하고 있었다. 예를 들면, 디모데전서 5:18에서 바울은 두 개의 성구를 인용하면서 모두를 성경이라고 언급하는데, 하나는 신명기 25:4이고 다른 하나는 누가복음 10:7이다. 즉, 바울은 누가복음을 신

명기와 같이 성경이라고 간주하고 있는 것이다. 베드로후서 3:15-16에서도 베드로는 바울을 글들을 다른 성경과 같은 위치에서 평가하고 있음을 알 수 있다.

따라서 신약성경의 저자들은 자신들이 구약의 계시말씀과 같은 신적 권위의 계시말씀을 하나님으로부터 받아 기록하고 있었음을 인식하고 있었으며, 그들이 "성경"이라는 용어를 사용할 때 신약의 계시말씀도 포함한 의미로서 사용했던 것이라고 말할 수 있다. 즉, 그들은 신약시대에도 구약시대와 마찬가지로 하나님께서는 자신과 다른 사도들을 통해서 계속적으로 하나님의 새 언약의 계시말씀을 기록하게 하셨음을 인식하고 있었다고 말할 수 있다.

(2) 성경 영감 이론들

성경영감의 이론들은 두 가지 방식으로 구분해볼 수 있다. 하나는 성경영감이 이루어진 방식에 따른 분류, 혹은 영감의 성격에 따른 분류로서 기계적 영감설, 동력적 영감설, 그리고 유기적 영감설로 구분해볼 수 있다. 다른 방식은 영감의 정도에 따라 구분하여, 부분 영감설, 사상만의 영감설, 그리고 완전 축자영감설로 나누어진다.

1) 영감의 방식에 따른 분류

가) 기계적 영감설

신적 저자의 중요성을 가장 강조해주는 관점은 기계적 영감설이다. 그러나 인간 저자의 역할을 단지 기계적 차원으로 이해하려 하면 문제가 있다. 인간 저자가 인격적인 존재로서 역할을 한 것이 아니라, 하나의 수동적 도구로 사용된 것으로 보려하기 때문이다. 이것은 정통신학이 가르치는 완전 영감교리에 대한 오해 중 하나이다.[96]

그러나 모든 성경이 하나님의 감동으로 기록되었다고 해서 반드시 기계적 영감일 필요는 없다. 물론, 성경의 어떤 부분들은 구술(Dictation)의 방식으로 기록된 것이 사실이다. 구약의 선지자들은 때때로 하나님께서 불러주신 대로 받아서 성경으로 기록하기도 했다. 그러나 다른 많은 내용들은 인간 저자의 인격적인 활동과 역할을 무시하지 않은 채 기록되었다. 대표적인 예로 누가복음과 사도행전에서의 저자 누가의 역할을 들 수 있다. 누가복음 1:1-3에 보면, 누가는 역사적인 자료들을 자세히 살펴서 정리하여 복음서를 기록했었음을 알 수 있다. 그러므로 기계적 영감설은 신적 저자의 중요성은 드러내주지만, 인간 저자의 중요성을 약화시키는 문제점을 지니게 된다.

나) 동력적 영감설

동력적 영감설은 그 반대의 경우다. 어떤 종교적 통찰력이 뛰어난 사람에 의해서 성경이 기록되었다고 보는 것이다. 따라서 기계적 영감설과는 반대로, 인간 저자의 중요성만을 강조한 나머지 신적 저자의 중요성을 놓치고 있다.

위대한 음악가가 음악적 영감을 받아 위대한 곡을 작곡하듯이, 모세나 바울과 같은 인간 저자들은 종교적 통찰력이 뛰어난 사람들로서 그러한

---

96) 여기에서 지적되는 잘못된 영감이론을 가현설적(Docetic) 영감론이라고 한다. 가현설(Docetism)이란 기독론에서 예수님의 위격에 관한 이단들 중의 하나로서, 예수님의 온전한 인성을 인정하지 않는 입장이다. 예수님께서는 실제로 인성을 취하신 것이 아니라 단지 인간의 몸을 입으신 것처럼 보였다고 주장한다. 마찬가지로 기계적 영감론도 성경의 인간 저자의 중요성 제대로 설명해주지 못하고 있다는 점에서 가현설적 영감론이라고 부른다.

종교적 영감으로서 성경을 기록한 것으로 설명하지만, 결국 어떤 방식으로도 초자연적 계시의 차원은 배제되고 만다.

결국 성경은 인간 저자들의 종교적 체험이나 뛰어난 영감(통찰력)의 소산일 뿐 하나님의 신적 계시의 말씀은 아니므로 유오한 인간의 글로 남게 된다.

다) 유기적 영감설

유기적 영감설은 신적 저자와 인간 저자의 중요성을 성경적인 균형 속에서 바라본다. 성경이 하늘에서 그냥 던져진 책이 아님을 이해한다. 즉, 가현설적 성경관의 오류를 극복하여 인간 저자의 중요성도 인정해야 함을 주장한다. 몇몇 부분에서 받아쓰기(dictation) 방식으로 기록된 경우들을 제외하면, 성경은 인간 저자의 교육 정도, 배경, 재능, 인격, 경험 등을 반영하면서 기록되었음을 알 수 있다. 하나님께서는 인간 저자들의 그러한 요소들을 유기적으로 활용하셔서 성경을 기록하게 하신 것이다.

그러나 동시에 하나님은 인간 저자의 모든 요소를 활용하시면서도 또한 그것들이 죄와 오류의 영향으로부터 벗어나도록 보호하셔서 기록하게 하셨다. 즉, 성령의 감동하심으로 기록하도록 인도하셨으므로 모든 오류와 죄의 영향에서 벗어날 수 있게 된 것이다. 즉, 하나님의 주도적인 역할이 분명히 있으면서도 인간 저자들의 삶과 자질들을 배제하지 않고, 오히려 유기적으로 사용하셔서 기록되도록 인도하셨다고 볼 수 있다.97)

---

97) 벧후 1:21에서 언급되는 "오직 성령의 감동하심을 받은 사람들이"라는 표현은 바로 이러한 유기적 영감의 관점을 말해준다.

2) 영감의 정도에 따른 분류

두 번째 분류방식은 '성경이 어느 정도까지 영감되었는가?'에 따른 분류이다. 일부분만이 영감되었다는 입장과 모든 부분들이 다 영감된 것이라고 보는 입장으로 나뉜다.

가) 부분 영감설

이 이론은 성경의 일부분만이 영감으로 기록되었다고 보는데, 예를 들면 성경에서 언급되는 지리적 사실, 혹은 역사적 언급들은 제외하고 예수님의 직접적인 언급의 내용들 혹은 어떤 핵심적인 교리적 교훈들만이 하나님의 영감으로 기록되었다고 보는 입장이다. 따라서 성경의 핵심적인 사상만이 영감된 것이라고 보는 사상만의 영감론도 여기에 속한다.

그러나 디모데후서 3:16은 "모든 성경"이 하나님의 감동으로 기록되었다고 가르친다. 더욱이 핵심적인 사상들은 영감되고 성경의 단어들 하나하나까지는 영감되지는 않았다고 보는 "사상만의 영감론"은 중요한 문제점을 안고 있다. 우리가 어떤 사상을 제시할 때, 그 사상을 표현하는 단어들에 의해서 그 사상의 중요한 의미들이 결정된다는 점을 간과하기 때문이다. 사용되고 있는 단어들을 통해서 그 사상의 의미가 형성되고 구체적으로 표현되는 것이다. 그러므로 사상은 영감되었는데 그 사상을 표현하는 단어들은 영감되지 않았다는 주장은 성립되기 어려운 것이다.

나) 완전 축자 영감설

성경은 그 핵심적인 사상이나 교리적인 내용뿐 아니라 각 장마다 기록되어 있는 단어들 하나하나까지 완전히 하나님의 영감으로 기록된 것으로 보아야 한다. 모든 성경이 하나님의 감동으로 기록되었다는 말씀(딤후 3:16), 성경에 기록된 것들 외에 조금이라도 더하거나 감할 수 없다는 말씀(계 22:18-19), 그리고 성경은 폐하여질 수 없다는 말씀(요 10:35)들이 가르치고 있는 바는 성경의 모든 내용이 다 하나님의 감동으로 기록된 말씀이라는 사실이다.

5. 성경무오

역사적 기독교회는 성경을 하나님의 영감으로 기록된 정확무오한 말씀이라는 신앙을 고백해 왔다. 그런데 현대 자유주의 신학의 영향 아래서 성경의 권위와 무오성에 대한 심각한 도전들이 발생했다. 그리고 그러한 자유주의 신학의 영향은 복음주의 안에서까지도 발견될 정도로 역사적 기독교회에 끼친 폐해는 심각하다고 사료된다.

따라서 역사적 기독교회가 고백해 온 성경적 사도적 성경관에 대한 현대의 도전들을 역사적으로 간단히 살펴보고 성경적 입장에서 평가해 보면서 올바른 개혁신학의 관점을 소개하려 한다.

(1) 19세기 현대성서비평

19세기 독일의 자유주의 신학은 성경비평작업을 시도했다. 인간의 이성을 절대시하는 세속적 합리주의 사고의 영향 아래 성경도 다른 역사책들과 다름없는 인간의 저술이라는 전제를 가지고 비평하기 시작했다. 따라서 성경을 인간의 이성의 잣대와 과학적 논리 기준의 수술대 위에 올려놓고 평가하고 판단하게 되었다.[98]

인간의 이성이 모든 진리 판단의 최종적인 기준이 되므로, 성경의 절대적인 신적 권위는 거부되고 이성의 판단과 기준으로 성경의 내용들이 분석되었다. 자연주의적 합리주의 사고방식 속에서 세상을 바라본다면 이 세상에서는 어떠한 초자연적인 역사도 발생될 수 없게 되며, 따라서 초자연적 계시의 가능성도 인정될 수 없게 되는 것이다.

성경에 기록되어 있는 어떠한 초자연적인 역사들도 인정할 수 없다면, 결국 이적도, 신적 영감의 사실도 받아들일 수 없게 된다. 결국 성경을 인간의 종교적 통찰력이나 종교체험의 산물로 간주하게 되고, 따라서 성경을 오류가 있는 인간의 책들 중 하나로 간주하게 된 것이다.

(2) 신정통주의의 관점

신정통주의 신학사조는 19세기 자유주의의 입장을 비판하면서 등장했다. 처음에는 바른 성경적 신앙으로 돌아오는 것처럼 여겨졌으나, 그들도 역사적 기독교회의 신학으로 돌아오지 않았음이 확인되었다. 오히려, 정통신학의 입장까지도 비판하면서 제3의 길을 모색하려 했다. 신정통신학의 대표적 인물로 인정받는 칼 바르트도 자유주의와 정통신학 모두를 비판하는 관점을 견지했다.[99]

1) 먼저 자유주의는 기독교의 메시지에서 하나님의 초월적 메시지를 제거하였다고 보았다. 하나님의 초월성을 강조한 바르트의 신학적 관점에서 볼 때 자유주의 성경관에서는 하나님의 초월적인 메시지가 상실되

---

98) Norman L. Geisler, 『성경무오: 도전과 응전』 (도서출판 엠마오, 1988) 85-94쪽.

99) Norman L. Geisler, 『성경무오: 도전과 응전』 152-170쪽.

고 오직 인간의 음성만이 남아 있다고 평가했다. 자유주의가 제안한 기독교의 진리는 결국 내재주의적(immanentism) 진리일 뿐이라고 비판했다. 초월적인 하나님의 음성은 모두 사라지고 도덕종교의 메시지만 남게 되었다고 본 것이다.

2) 또한 정통신학에 대해서도 바르트는 초월적인 하나님의 계시말씀을 인간의 글과 동일시하는 우(愚)를 범했다고 지적했다. 초월적인 하나님의 계시가 인간의 글 안에 갇혀 있을 수 없는데, 정통신학은 인간 저자의 글과 동일시하려 한다고 비판했다. 초월적인 하나님의 계시는 인간의 글을 스치고 지나갈 뿐이고, 그러한 차원에서 하나님의 계시에 대한 증언(witness)의 차원에서 이해되어야 한다고 본 것이다.

결국, 정통신학의 성경관은 오류 있는 인간 저자의 글을 하나님의 계시와 동일시하는 "성경책 숭배"의 문제를 갖고 있다고 비판했다. 이러한 점에서는 바르트도 성경이 인간 저자가 기록한 책이며 따라서 성경의 유오성을 인정하는 자유주의의 이해와 같은 방향에 서 있는 것이라고 말할 수 있다.

그러나 바르트는 자유주의의 성경비평의 전제(Bible is words of men)는 수용하면서도, 동시에 그 인간 저자의 글들이 하나님의 말씀이 될 때(Bible becomes Word of God)가 있음을 주장하려 했던 것이라고 평가해볼 수 있다. 그러므로 그가 인정하지 못한 것은, 성경이 언제나 하나님의 말씀(Bible is Word of God)이라는 역사적 기독교의 신앙고백인 것이다.

3) 이렇게 볼 때, 바르트의 한계란 인간 저자가 유한한 존재이지만 그럼에도 하나님께서는 그들을 사용하셔서 성령님의 영감의 역사를 통하여 모든 죄와 오류의 영향에서 벗어나도록 역사하셨다는 사실을 인정하지 못하게 하는, 나름대로의 왜곡된 "하나님의 초월성" 이해에 기인한다고 볼 수 있다.

그가 강조하는 "하나님의 초월성"은 하나님의 계시가 인간의 역사 속으로 들어올 수 없다는, 하나님의 내재성과 조화를 이루지 못하는 초월성이었으므로, 성경이 하나님의 계시(Bible is Word of God)임을 인정하지 못하게 된 것이라고 말할 수 있다.

그는 성경의 하나님은 만유 위에 초월적으로 계신 분이시면서 동시에 역사 속의 인간에게로 찾아오셔서 역사 안에 거하시는 하나님(내재성)이심을 바로 이해하지 못했다고 말할 수 있다. 그러므로 바르트에게 있어서, 초월자로 계신 하나님이 하실 수 있는 최상의 방법은 역사를 "스치고 지나가는" 방법뿐이었고, 역사 속의 인간의 글이 할 수 있는 최상의 방법은 하나님의 초월적 계시를 증언하는 일뿐이라고 주장하게 된 것이다.

또 하나, 바르트는 성경과 관련하여 역사하시는 성령님의 사역들 중에서 조명의 역사와 영감의 역사를 혼동했다고 볼 수 있다. 성경이 하나님의 계시의 말씀이 되는 것은 성령의 조명이 주어지는 순간만으로 제한되지 않는다. 오늘 성령의 조명의 역사가 없다고 하더라도 성경은 이미 하나님의 말씀으로 존재하고 있기 때문이다. 성경이 하나님의 계시말씀인 것은 과거에 인간 저자들이 성경을 기록할 때 역사하신 성령님의 영감의 사역에 근거하기 때문이다. 우리에게 "실존적 만남의 역사(?)"가

일어나지 않을 때에도, 성경은 이미 성령님의 영감으로 기록된 책이므로 하나님의 신적 권위를 지닌 계시말씀이라고 해야 하는 것이다.

(3) 복음주의 안에서의 왜곡

1) 후기 벌카워(G. C. Berkouwer)

벌카워의 신학은 초기에는 전통적인 개혁신학의 입장에 서 있었으나[100] 후기에 와서 칼 바르트의 영향을 입게 되었다. 특히 성경관에 있어서 바르트와 함께 정통신학의 성경관을 가현설적(Docetic) 성경관으로 평가하면서 비판했다.[101] 물론 전통적인 성경관이 성경을 하늘에서 떨어진 문서로 보는 식의 가현설적 성경관을 따른다고 확정하지는 않더라도, 보수적인 신학에서 취하기 쉬운 성경관, 즉 성경의 인간 저자의 중요성을 간과하는 입장의 문제점을 지적하려 했던 것이다.

성경의 신적 저자의 중요성을 강조하다 보면 상대적으로 인간 저자의 중요성을 간과하기 쉬운데, 벌카워는 성경을 기록한 인간 저자의 중요성도 분명하게 또 충분히 인식해야 한다고 주장한다.[102] 성경을 기록한 인간 저자들, 즉 모세나 바울과 같은 사람들은 신적 차원의 존재가 아니며 단지 유한한 인간들 중 하나라는 것이다. 따라서 그들의 지식이나 기술 정보에 있어서 당시의 시대적 문화적 제약 아래 있을 수밖에 없었다고 봐야 한다는 것이다. 그래서 그들의 글들은 영원한 신적 진리의 차원

---

100) Norman L. Geisler, 『성경무오: 도전과 응전』 373-385쪽.

101) 벌카워의 후기 신학이 드러나는 저서로는 그의 교의신학 시리즈 중에서 *Holy Scrpiture*(Grand Rapids: Eerdmans, 1975)를 들 수 있다.

102) Norman L. Geisler, 『성경무오: 도전과 응전』 400쪽.

으로 간주해서는 안 된다고 보았다.

예를 들어, 인간 저자들이 진술한 역사적 내용들은 유한한 인간 차원에서의 진술이므로 오류가 있을 수 있으나 그것이 중요한 것은 아니라고 본다. 왜냐하면 성경기록의 핵심적인 의도와 목적은 그러한 지리적·역사적·과학적 사실들에 관한 내용에 관한 것이 아니라 종교적·영적 진리에 관한 것이기 때문이라는 것이다. 성경은 영적 구원의 메시지를 전달하기 위해 기록된 책이므로 그러한 구원과 관련된 영적 메시지에 관한 내용에 있어서만 무오하다고 해야 한다고 본 것이다.

2) 로저스(Rogers)/맥킴(Mckim)의 제안

벌카워와 같은 이분법적 성경이해는 미국의 복음주의 신학자 로저스와 맥킴의 주장에서도 발견된다.[103] 앞에서도 지적한 바와 같이, 이들은 기존의 불오(Infallibility)의 개념을 수정하여, 그것을 성경에 오류가 발생될 수 없는 성질을 의미하는 것으로 보지 않고 벌카워와 같은 이분법적인 관점으로 설명한다.

불오란 성경의 핵심적인 기록 목적과 의도에 해당하는 영적 진리에 관한 내용들에 있어서만 오류가 없음을 의미할 뿐, 영적 메시지와 직접적으로 관련이 없는 역사적 언급, 지리적, 과학적 사실들에 대한 진술들에는 오류가 있을 수 있다는 것을 의미한다.[104] 즉, 후자의 내용들까지

---

103) Jack Rogers and Donald McKim, *The Authority and Interpretation of the Bible: An Historical Approach*(New York: Harper and Row, 1979).

104) Norman L. Geisler, 『성경무오: 도전과 응전』 391-393쪽. 가이슬러에 의하면, 이들은 벌카워와 같이 "기능신학"의 오류를 범하고 있다. 성경의 핵심과 주변, 내용과 형식을 구분하여 전자는 성경의 구원 메시지에 관한 것이고, 후자는 역사적·문화적 표현방식으로 구성된 인간적 요소라고 구분 짓는 이분법을 주장한다는 것이다. 그리고 전자의 내용만이 권위 있는 하나님의 말씀으로 수용하고, 후자는 오류가 있을 수 있다고 주장한다.

오류가 없다고 간주하는 전통적인 성경무오(Inerrancy)의 개념은 바른 이해가 아니라고 주장한다.

그러한 성경무오의 개념은 원래 초대교부들이나 종교개혁자들도 주장하지 않았던 것이며, 오히려 17세기 정통주의 신학의 산물이요, 과학시대 이후로 근본주의 신학자들이 창안해낸 개념일 뿐이라고 주장했다.105)

(4) 개혁신학의 관점

무오교리에 대한 개혁신학의 이해는 위와 같은 이분법적 접근방식을 거부한다. 성경에 기록된 영적 구원의 메시지뿐만 아니라, 역사적·지리적·과학적 사실들에 대한 기록도 모두 하나님의 영감으로 기록된 무오한 하나님의 말씀이라고 받아들인다.

그러면 위와 같은 이분법적 방식이 지니는 문제점들은 무엇인가? 다음과 같이 몇 가지 방향으로 그 문제들을 지적해볼 수 있다.

1) 이분법적인 방식은 핵심적인 복음의 메시지와 그 메시지를 담고 있는 주변의 역사적 형식을 구분하여 이해하려 한다. 그러나 기독교의 복음은 그 복음이 형성된 역사적 상황과 분리되지 아니한다. 하나님의 계시사건들은 구약의 이스라엘의 역사 속에서 주어졌으며 기독교의 복음도 베들레헴의 마구간과 갈보리 언덕이라는 역사적 상황 속에서 형성되었다. 그리스도의 복음과 하나님의 계시말씀은 인간 역사의 현장 속에서 주어진 것이므로(히 1:1-2) 우리는 복음의 내용과 그 역사적

---

105) Rogers와 McKim이 언급하는 신학자들 중에는 스위스 신학자 Francis Turretin을 비롯하여, 구 프린스톤의 신학자들 Archibald Alexander, Charles Hodge, A. A. Hodge, 그리고 B. B. Warfield 등이 포함된다. John D. Woodbridge, *Biblical Authority: A Critique of the Rogers/McKim Proposal*(Zondervan Pub. Co., 1982) 22쪽.

형식을 분리해서 이해할 수 없다. 그 두 가지는 함께 연결되어 있는 것이다.

2) 사실상 성경 영감에 관해서 이해할 때, 복음의 내용과 역사적 상황들에 대한 기록들은 모두 온전히 신적 기원을 가지고 있으며 동시에 온전히 인적 요소를 가지고 있다고 해야 한다. 영적 구원의 메시지에 관해서는 신적 기원을 가지고 있다고 말하고, 역사적·지리적 사실들은 오류 있는 인간 저자의 글이라고 구분해서는 안 되는 것이다.

성령 하나님께서는 성경의 모든 내용의 원저자이시므로, 그 모든 형식과 내용에 있어서 직접적으로 관여하시고 영감하셨다고 해야 한다. 성경의 어떤 부분들도 영감의 역사와는 무관하게 인간 저자의 손에 의해서만 맡겨져서 기록된 것은 없다.

3) 개혁신학의 강조점 중 하나는 하나님의 주권의 전포괄성이다. 인간의 모든 영역 속에서 하나님의 주권이 미치지 않는 곳은 없다는 말이다. 또한 하나님의 주권의 전포괄성은 하나님의 말씀의 전포괄성의 개념으로 연결된다. 즉, 하나님의 말씀은 신자의 삶의 모든 영역 속에서 권위 있는 말씀이 된다. 하나님의 말씀의 권위가 인정될 수 없는 영역은 하나도 없다는 말이다.

이와 같은 개혁신학의 강조점들은 위에서 제시된 이분법적 접근방식이 성립될 수 없음을 함의한다. 하나님께서 성경을 기록하게 하셨을 때 ―하나님의 주권의 전포괄성의 관점에서―하나님이 영적인 영역들에 관한 문제들 속에서는 관여하셨고 그 밖의 다른 영역들 속에서는 관여하지 않으셨다고 말할 수 없기 때문이다. 뒤집어서 말한다면, 하나님께서 다른 영역들 속에서 무오를 보장할 수 없으셨다면, 그가 어떻게 영적인 영역들 속에서도 무오를 보장하실 수 있었을 것이라고 말할 수 있겠는가?

전포괄적인 주권으로 일하시는 하나님께서는 영적인 영역뿐 아니라 그 밖의 지리적·역사적·과학적 사실들에 대한 내용들이 기록될 때에도 주권적으로 관여하시고 인간 저자들을 인도하셨을 것이라고 간주해야 한다. 또한 하나님의 말씀의 전포괄적 권위를 생각한다면, 하나님의 말씀의 권위란 영적인 메시지에 관해서만 적용되는 것이 아니라, 그 밖의 다른 영역들에 관한 말씀들에 대해서도 권위 있는 말씀이라고 해야 하는 것이다.

4) 백보를 양보해서, 이분법적인 접근방식을 용인한다고 할 경우 남겨지는 문제점은 이것이다. 성경에서 어느 부분이 참된 하나님의 신적 권위의 말씀이고, 어느 부분에서부터 신적 권위와는 상관없는 오류 있는 인간 저자의 글인지를 구분하는 결정을 내려야 한다는 점이다. 그러한 결정은―하나님의 또 다른 새로운 특별계시가 주어져서 그 구분점을 제시해주지 않는 한―결국 인간의 주관적인 판단에 의해 이뤄지게 될 것이다.

그리고 그것은 결국 하나님의 말씀이 인간의 결정에 의해 좌우되는 결과를 가져오게 된다. 그 결정이 인간의 손에 넘겨질 경우, 성경 무오의 범위는 인간의 자율이성의 판단에 따라 결론이 주어지게 될 것이고, 결국 인간 이성을 절대시하는 사고가 다시 들어오게 되는 것이다.

이렇게 볼 때, 역사적 기독교회가 고백해 온 성경무오교리, 즉 성경의 영적 메시지뿐 아니라, 지리적·역사적·과학적 사실들과 같은 모든 영역에 대한 기록까지도 하나님의 신적 권위를 지닌 무오한 하나님의 말씀이라는 관점이 개혁신학의 바른 입장이라고 해야 한다.

제 5 장   어떠한 순서로 신학을 연구할 것인가?

앞에서 설명했던 개혁신학의 원리들과 개혁주의 성경관의 토대 위에서, 우리는 신학의 문을 두드려볼 수 있다. 신학의 자료는 하나님의 계시이므로 신학연구자는 하나님의 계시들을 가지고 신학의 내용을 세워가게 되는데, 하나님의 계시는 크게 일반계시와 특별계시로 나누어진다. 신학연구의 주된 자료는 특별계시인 성경말씀이지만, 일반계시의 내용들도 신학연구를 위한 참고자료로 도움을 줄 수 있다.[106]

이와 같이 관심 있는 신학의 주제를 연구하기 위해 먼저 살펴보아야 할 내용은 하나님의 말씀이다. 성경 본문의 주해를 통해 성경신학적인 연구가 이뤄지면, 그러한 연구의 내용들을 체계적인 진술로 종합해주는 조직신학적 논의가 요구된다. 그리고 역사신학적인 고찰과 함께 우리의 모든 신학연구의 결과들은 마지막으로 실천신학의 논의들을 거쳐 교회

---

106) 이 점에 대해서는 아래 "D. 성경 외의 자료들에 대한 연구" 항목에서 자세히 설명하려 한다. 본 항목에서의 논의들은 주로 에릭슨의 『서론』에서 제시된 논지들을 따르고 있다.

와 성도의 삶을 위한 연구결과물로 나타나야 한다. 모든 신학 작업들은 최종적으로 하나님의 교회와 성도들의 삶에 유익을 가져오는 결과를 만들어내야 할 것이기 때문이다.

1. 본문주해를 위한 성경의 자료들의 수집

성경이 말하는 가르침들을 바르게 이해하기 위해서는 먼저 연구하려는 주제와 관련된 성경의 구절들을 모으며 분석하고 연구하는 일이 선행되어야 한다.

(1) 먼저 연구자는 본문주해를 위해서 사용되는 학습도구들, 즉 성경 원어 문법서, 신학사전류, 그리고 용어색인(concordance) 등을 연구할 수 있어야 한다.107) 히브리어로 기록된 구약성경의 본문들과 헬라어로 기록된 신약성경의 본문들을 그 기록된 언어의 문법에 맞게 그 의미를 해석해주어야 하기 때문이다. 연구하려는 주제와 관련된 신학용어들에 대해서는 용어색인을 활용할 수 있다. 물론, 그 주제와 관련된 조직신학

---

107) 대표적인 신학사전류에는 Kittel이 편집한 *Theological Dictionary of New Testament*(TDNT), *Theological Dictionary of Old Testament*(TDOT) ed. Gerhard Kittel and Gerhard Friedrich, Geoffrey W. Bromiley 역(Grand Rapids: Eerdmans, 1964-1976)을 들 수 있다. 단, 그러한 신학사전에 기고된 글들을 다양한 신학적 배경을 가진 신학자들의 논문들이 실려 있으므로, 기고자들의 신학적 관점이나 성향들을 전제하고 평가하면서 활용해야 한다. 더 나아가 기고한 신학자들의 지적 전기나 계보들에 대해서도 검토해볼 필요가 있다. 한 신학자라고 하더라도, 그의 생애 속에서 전기의 신학적 관점과 후기의 관점이 다를 수도 있기 때문이다. 예를 들면, J. Wesley의 경우, 1738년 Aldersgate에서의 회심체험 이전에는 율법주의적인 관점에 서 있었으나, 1738년 이후에는 복음적 관점으로 그리고 그의 말기에는 또다시 초기의 관점을 다시 수용하는 신율법주의(neonomeanism)적 관점으로 나아갔기 때문이다. Robert G. Tuttle, *John Wesley: His Life and Theology*(Grand Rapids: Francis Asbury Press, 1978)를 참고하라.

서의 논의들도 도움을 주기도 한다. 때로는 용어색인에서도 언급하지 않는 구절들이 조직신학서에서 발견되기도 하기 때문이다.108)

(2) 주해방법론적인 관점에서 우리는 어느 하나의 관점만을 절대시하기보다는 성경에서 허용되는 다양한 관점을 수용할 수 있어야 한다. 성경의 본문을 이해함에 있어 초자연적인 세계관을 배제한 채 주해하려 한다면, 성경의 사건들을 단순히 자연주의적인 차원에서만 바라보게 될 것이고, 반대로 초자연적인 세계관만을 고집한다면 성경의 내용들을 비역사적 문서로 이해하게 될 위험성이 있다. 성경에는 하나님의 놀라운 이적적 역사들의 기록들로 가득 차 있지만, 동시에 성경을 가현설적(Docetic) 관점으로 바라보아서는 안 되기 때문이다.109)

(3) 관련된 주제를 설명해주는 단어들에 대한 연구와 함께, 연구자는 그 주제에 대해서 교훈해주는 본문들도 함께 연구해야 하며, 또한 그 주제에 대한 직접적인 가르침이 본문에 나타나지 않더라도 그 주제와 관련된 이야기들을 담고 있는 본문들이 있는 경우에는 그것들도 함께 분석해야 한다. 예를 들면 "믿음"에 대해 연구하려 할 때, 먼저는 용어색

---

108) Wayne Grudem은 요한복음에서 기도에 관한 연구를 했던 학생들의 보고서를 예로 들고 있다. 그들은 용어색인을 통하여 요한복음에는 '기도'라는 단어는 없고 단지 '기도하다'라는 단어만 14, 16, 17장에 나온다고 생각하며 연구하였으나, 요한복음에는 '기도하다'라는 단어보다는 '구하다'라는 단어가 여러 개의 중요한 구절들 속에서 사용되고 있음을 간과하고 있다고 지적한다. Wayne Grudem, *Bible Doctrine* 『성경핵심교리』 김광열, 곽철근 공역(기독교문서 선교회, 2004) 44쪽.

109) 4장 성경관의 논의 속에서도 지적한 바 있지만, 성경은 신적 저자의 중요성과 아울러 인간 저자의 중요성도 간과되어서는 안 된다. 누가가 자신의 복음서와 사도행전의 서두에서 (눅 1:1-4; 행 1:1-2) 밝힌 바와 같이, 인간차원의 역사적 연구작업 과정들도 함께 인정되어야 할 부분이다. 성경을 하늘에서 떨어진 책이라고 간주하는 가현설적 성경관은 개혁신학이 받아들일 수 없는 성경관이기 때문이다.

인과 신학사전을 통해서 신구약에서 "믿음"이라는 단어들이 사용된 본문들을 찾아 연구할 뿐 아니라, 믿음의 주제를 직접적으로 언급하고 있는 히브리서 11장과 같은 본문들, 그리고 더 나아가 믿음의 주제를 가지고 전개되는 이야기가 담긴 본문들, 즉 창세기 15장과 22장에서의 아브라함의 이야기들도 함께 살펴보아야 한다는 말이다.110)

(4) 끝으로, 본문을 해석함에 있어 연구자는 그 본문이 기록되었던 당시의 시대적·문화적 배경 속에서 해석하는 일이 우선되어야 한다. 그러기 위해서 역사적·문법적 해석이 선행되어야 하며, 관련된 본문이 주어졌던 당시의 독자들과 청중들에게 의도되었던 메시지들을 먼저 찾아낸 후에, 오늘의 상황에서 주어질 수 있는 교훈으로 발전시켜야 한다.

2. 성경의 자료들을 통일화하는 작업

연구하려는 주제와 관련된 성경용어들 그리고 그 주제와 관련된 본문들에 대한 수집과 기본적인 연구가 진행되었으면, 그러한 연구의 결과들을 모아 하나의 통일된 진술로 세워나가는 작업이 요구된다. 때로는 성경의 각각의 본문들이 제시하는 설명들이 서로 상충되거나 혹은 불일치하는 것처럼 여겨질 때도 있기 때문이다.

그러므로 바울의 신학, 누가의 신학 혹은 요한의 신학만을 언급하는 단계를 넘어서서 성경신학의 다양한 관점과 이해들을 연결시켜 하나의

---

110) Grudem은 기도에 대한 연구를 예로 들면서, 기도, 간구, 중보, 고백, 찬양, 감사와 같은 단어들에 대한 연구뿐 아니라, 하나의 기도(삼상 1장), 솔로몬의 기도(왕상 8장), 예수님의 기도(마 26장 등)와 같은 본문들도 함께 연구해야 한다고 설명한다. 『성경핵심교리』 43쪽.

통일된 진술로 세워가야 한다. 성경의 계시는 궁극적으로 신적 저자인 한 분 하나님이 주신 것이기 때문이다(히 1:1-2a).111)

성경의 다양한 관점들을 하나의 통일된 진술로 세워가는 작업을 위해서는 1) 서로 다른 설명들을 제시하는 본문들 중에서 공통으로 일치되는 내용들을 먼저 정리해주어야 한다. 2) 그러고 나서, 그 공통분모의 내용을 기초로 하여 나머지 불일치하는 내용들을 설명하는 방식을 취하는 것이 좋다.

물론 여기에서 연구자는 독단적인 결론에 이르지 않도록 주의해야 하지만, 또한 다른 신학자들의 결론을 무조건적으로 추종할 필요는 없다. 연구자는 성령님의 조명하심 속에서 지난 신학자들이 제시하지 못했던 교훈들을 새롭게 세워갈 수도 있기 때문이다. 다른 이들이 성경의 내용들 속에서 간과했던 관점들을 새롭게 이해할 수도 있을 것이며, 혹은 좀 더 일관된 방식으로 그 주제를 설명해줄 수도 있을 것이기 때문이다.112)

---

111) "옛적에 선지자들을 통하여 여러 부분과 여러 모양으로 우리 조상들에게 말씀하신 하나님이 이 모든 날 마지막에는 아들을 통하여 우리에게 말씀하셨으니"의 본문이 주는 메시지들 중의 하나는 하나님의 계시의 통일성이다. 구약에 여러 인간 선지자들을 통해서 계시하셨던 하나님은 바로 신약에 아들 예수님을 통해서 인류에게 계시를 전달해주신 동일한 하나님이시기 때문이다. 예를 들면, 바울서신의 강조점이 "이신칭의"의 원리에서 강조되는 "믿음"에 있다면, 야고보서의 신학적 강조점은 "행함"에 놓여 있다고 볼 수 있다. 그러나 사실상 그 두 서신들이 공통으로 가르치는 바는, 행동으로 역사하는 "살아 있는 참 믿음", "구원하는 참 믿음"이다. R. C. Sproul, 『개혁주의 은혜론』 (기독교문서선교회, 1999) 75-80쪽.

112) 이러한 신학작업의 임무를 "비평적, 창조적 임무"라고 말할 수 있다. Robert L. Reymond, *A New Systematic Theology of the Christian Faith*(Nashville, Thomas Nelson Publishers, 1998) xxxii. 현대자유주의 신학과 종교다원주의적 혼돈의 시대 속에서 성경적인 개혁신학의 정체성을 지켜가는 임무도 필요하지만, 개혁신학의 발전을 위해서는 기존의 신학의 내용들을 더욱 성경적인 관점들로 보완하거나 발전시키는 신학작업이 요청된다고 하겠다. 11세기의 신학자 Anselm이 그리스도의 속죄이론에 관해서, 초대교부 Origen이 제시한 사탄배상설을 극복한 것도, 미국의 개혁주의 변증학자 C. VanTil이 선배교수들의 변증학 이론을 전제주의 변증학의 관점으로 보완시킨 것도 모두 이러한 비평적·창조적 임무를 성실히 수행한 결과라고 할 수 있다. VanTil은 구 프린스턴의 변증학과 차별화된 전제주의 변증학을 그의 주저인 *Defense of Faith*에서 정립해주었다. 한

3. 역사적 자료들의 검토: 역사 신학적 고찰

역사 신학의 자료들을 검토해보는 것은 신학연구자에게 몇 가지의 유익을 가져다준다. 먼저, 성경의 어느 한 교리나 신학내용에 대한 다양한 관점들과 해석의 가능성이 있어 왔음을 깨닫게 해준다. 역사 속에서 제시되어 온 여러 가지 관점들을 고려해볼 때, 오늘의 나의 방법이나 관점에 대해서 겸손한 자세를 가지게 될 수 있다. 우리는 누구나 자신이 자라온 교단이나 신앙생활을 해온 교단의 신학에 영향을 받기 마련이다. 그러므로 누구나 어느 정도는 자신의 관점의 한계를 극복하기 어려울 수도 있다. 그러나 기독교 역사 속에서 제시되어 온 다양한 견해들을 접하게 될 때, 신학연구자는 자신의 관점의 한계를 완전히 극복하지는 못하더라도, 적어도 최소화할 수는 있을 것이다.

또한 역사 속에서 제시되어 온 다양한 해석들을 고찰함으로써, 그 교리의 중심적 혹은 본질적 요소가 무엇인지를 알게 되고, 또 어떤 부분들이 시대에 따라서 다양성을 지닐 수 있는지에 대해서도 구별할 수 있는 안목을 세울 수 있다.

더 나아가 역사 신학의 자료들 중에서 오늘의 연구자가 처한 시대와 유사한 특징을 지녔던 시대의 교리형식을 고찰함으로써 오늘의 시대의 신학형성의 모델을 발견할 수도 있으며,113) 또한 그러한 신학들이 그

역 『변증학』(기독교문서선교회, 1997) 외에 VanTil의 후계자인 J. Frame의 『하나님의 영광을 위한 변증학』(*Apologetics to the Glory of God*)(영음사, 1997)도 참고할 수 있다.

113) 예를 들면, 18세기 영국에서 사회적으로 부패하고 비윤리적인 시대 상황은 J. Wesley로 하여금 성화를 강조하는 신학으로 나아가게 했으며, 미국의 대각성운동의 신학자였던 C. Finney도 복음의 사회적 의미를 강조하면서 완전주의 신학을 사회적 성화와 연결시켜 설명하려 하였다. 김광열, 『총체적 복음: 한국교회 이웃과 함께 거듭나라』(부흥과개혁사,

시대 속에서 가져온 결과들을 고찰해봄으로써 그러한 형식의 신학들이 지니는 신학적 의의와 함축성에 대해 검토해볼 수 있다.114)

4. 성경 외의 자료들에 대한 연구: 자연계시의 도움을 얻는 단계

신학의 주 자료는 하나님의 특별계시인 성경이다. 그러나 하나님의 계시 중에는 피조세계를 통해 주어지는 자연계시도 있다. 특별계시가 없어도 자연인의 자율적 이성을 통해 신학 진리에 이를 수 있다고 보는 자연신학은 인정될 수 없으나,115) 자연계시 그 자체는 성경이 인정하는 바이고 그 가치가 신학연구의 영역에서도 제한적으로 인정될 수 있다.

구원론의 논의 속에서 우리는 심리학이나 종교심리학의 연구들의 도움을 얻을 수 있다. 왜냐하면 구원론에서 논의되는 인간의 회심이나 성화와 같은 주제들은 인간의 심리적 측면의 변화와 관련이 있는 내용이

2010) 247-263쪽. 그와 같은 신학자들의 신학작업들을 무조건 다 수용할 수는 없겠으나, 그것들을 참고하여 오늘의 한국교회에 필요한 신학작업의 방향성을 세우는 데 도움을 얻을 수 있을 것이다. 개혁신학의 관점에서 사회적 성화를 논하는 논문으로는 필자의 "총체적 복음의 관점에서 바라본 성화론"을 참고하라. 제16호 『조직신학 연구』 한국복음주의 조직신학회 2012 봄-여름호, 30-57쪽.

114) 위의 각주에서 언급했던 J. Wesley의 신학이나, C. Finney의 신학들이 나름대로는 자신들이 처한 시대적 상황에 대한 반응이고 신학적인 작업의 결과이었다고 말할 수 있겠으나, 전자는 신율법주의적(neonomeanism)인 약점을 지니게 된 것으로 평가되며, 후자는 알미니안적인 오류를 범하게 되었다고 평가할 수 있다. 따라서 우리 시대의 성화론을 세우려 할 때 그러한 점들이 고려되어야 할 것이다. 김광열, 『그리스도 안에 있는 구원과 성화』(서울: 총신대학교출판부, 2000), 110-152쪽; 178-179쪽.

115) 자연신학이 문제가 되는 것은 인간의 이성이 아담의 타락 이후에 정상적인 기능을 발휘할 수 없는 전적 부패의 영향 아래 놓여 있기 때문이다. 그러나 자연계시는 성경이 명백히 가르치는 내용 중 하나인 것이다(시 19:1 이하, 롬 1:18 이하). 이 부분에 대한 대표적인 오해는 칼 바르트의 신학에서 찾아진다. 자연신학에 대한 지나친 반응 속에서 바르트는 자연계시를 분명히 말해주는 성경구절까지도 다소 의문스러운 주해를 시도하게 되었다고 볼 수 있다. 에릭슨, 『서론』 255-272쪽.

므로 그러한 연구들을 참고자료로 활용할 수 있는 것이다. 물론 일반 학문의 결과들을 무비판적으로 받아들일 수는 없다. 그러나 특별계시인 성경의 계시의 빛 아래서 검토와 비판을 거친 후에는 일반계시 속에서 얻어지는 지혜들도 신학의 내용을 더 풍성하게 해주는 자료로 사용될 수 있을 것이다.

인간론 논의에서 살펴본다면 행동과학의 연구들도 하나님의 형상 이해에 도움을 줄 수 있다고 말할 수 있다. 하나님의 형상에 대한 개혁신학의 가르침은 주로 칼빈의 가르침에 의존한다.[116] 하나님의 형상을 협의의 형상과 광의의 형상으로 구분하는데, 후자의 경우 그 의미는 "다른 피조물들과 구별되는 인간의 모든 특성들"이라고 설명될 수 있다. 그러한 의미에서 광의의 형상 안에는 인간에게 주어진 인격성, 언어적 능력, 역사성, 통치권 등과 같은 다양한 요소들이 포함되는데, 행동과학의 연구들을 통해서 인간의 존재의 특성들이 추가적으로 새롭게 발견되고 확인될 경우 광의의 하나님의 형상에 관한 의미들은 그만큼 더 풍성해질 수 있기 때문이다. 따라서 행동과학의 연구결과들은 부분적으로 하나님의 형상이해에 도움을 줄 수 있다.

그 외에 역사학 연구도 하나님의 섭리교리에 도움을 줄 수 있다. 인류의 역사는 하나님의 섭리 아래 진행되고 있으므로 역사에 대한 연구 결과들은 하나님의 섭리의 성격이나 의미들에 대해 빛을 던져줄 수 있을 것이다. 또한 자연과학이나 생물학에 대한 연구들도, 그것들이 하나님의 창조의 신비들을 깨닫게 해준다는 점에서 창조과학이나 창조론 연구에 도움을 줄 수 있을 것이다.[117]

---

116) Robert L. Reymond, *A New Systematic Theology of the Christian Faith*, 426쪽.

117) 여기서 언급된 내용 외에도 신학연구의 과정 속에서 검토되어야 할 부분 중에는, 교리내
용을 현대적으로 표현하는 작업, 해석상의 종합적인 주제들을 결정하는 일, 그리고 신학
적 진술들을 권위의 정도에 따라서 구분하는 작업 등이 있다. 에릭슨,『서론』112-125쪽
을 참고하라.

제 6 장 신학에는 어떠한 분야들이 있나?

하나님에 관한 학문뿐만 아니라, 일반 학문의 영역들도 근본적으로는 그 모든 진리의 내용이 하나님께로부터 주어진다고 볼 수 있다. 성경의 하나님은 눈에 보이는 것뿐 아니라 보이지 않는 것까지도 다 자신의 지혜와 지식으로 창조하셨기 때문이다(골 1:16). 그러한 의미에서 역사의 모든 사실과 우주 만물에 대한 지식은 모두 계시적이라고 할 수 있다. (롬 1:18 이하; 시 19:1 이하) 혹은 인간의 모든 지식은 신학적이라고 할 수 있다. 학문의 모든 진리가 하나님의 지식을 반영해주기 때문이다. 그러나 일반적으로는 신학의 영역에서만이 하나님을 직접적으로 제시해준다고 말할 수 있다. 일반 학문의 내용들은 하나님을 단지 간접적으로 드러내주고 있을 뿐이다.

여기에서는 하나님과 그분의 계시말씀을 직접적으로 연구하는 신학의 영역들에는 어떠한 분야들(Loci)이 있는지 살펴보고자 한다.

1. 성경신학과 조직신학

먼저 성경신학과 조직신학을 생각해볼 수 있는데, 그 두 영역의 성격들은 그 둘 사이의 관계에 대한 설명 속에서 이해될 수 있다. 성경신학의 연구를 통해서는 성경의 각 권들의 관점을 살펴볼 수 있다. 다시 말하면, 성경신학은 숲속에 있는 각각의 나무를 살피는 작업이라고 할 수 있다. 반면에 조직신학은 성경신학의 연구의 결과들을 함께 모아 체계적이고 종합적인 진술로 정리하는 작업이므로 나무들이 모여 있는 숲 전체를 조망하는 작업인 셈이다. 그러한 점에서 성경신학은 조직신학 논의에 필요한 자료를 제공해주는 기능을 지니고 있다. 성경신학이 원자재를 제공하는 것이라면, 조직신학은 그 원자재를 가지고 작업하여 건물을 세우는 것이라고 볼 수 있기 때문이다. 그러나 물론 여기에서 성경신학의 의미는 신정통신학과 비슷한 성격을 지닌 운동을 가리켰던 의미에서의 '성경신학'을 말하는 것도 아니며,118) 혹은 그 이전에—정확히 말하면—18세기 후반부에 독일의 계몽주의적 합리주의의 배경 속에서 성경의 영감과 정경적 단일성을 거부했던 '성경신학'을 가리키는 것도 아니다.119)

여기에서 말하고자 하는 성경신학이란 프린스턴의 성경신학 교수였던 게할더스 보스(Geerhardus Vos)가 그의 책에서 제시했고, 또 그를 이

---

118) M. J. Erickson, 『서론』(기독교문서선교회, 1993) 27-29쪽. 이러한 의미에서의 성경신학이란, 1940년대에 시작되어 1950년대에 번성했으며 1960년대에 쇠퇴해버린 신학운동으로서, James Barr가 그의 책 *The Semantics of Biblical Language*에서 비판했던 운동인데, 이는 현대신학의 흐름 중 하나인 것이다.

119) Richard B. Gaffin Jr., "Systematic Theology and Biblical Theology", *Westminster Theological Journal*(1976, Spring) 282-284쪽. 그들의 관점에서 성경신학은 역사적이고 순수하게 서술적이나, 반면에 교의학이란 성경에 근거하지 않고 철학과 이성을 활용하여 신앙을 설명하는 과목으로만 이해된다.

어 웨스트민스터에서 가르쳤던 머레이(J. Murray), 클라인(Meredith G. Kline), 그리고 리처드 개핀(Richard B. Gaffin Jr.) 등에 의해서 지속적으로 발전되어 온 학문의 분야로서의 개혁신학적 성경신학이라고 말할 수 있다.[120]

이 전통 안에서, 성경신학과 조직신학 사이의 구별에 대한 최초의 언급은 찰스 핫지(Charles Hodge)에게서 발견되는데, 그는 성경신학이란 성경의 사실들을 찾아 진술하는 것이나 조직신학이란 그 사실들을 가지고 다른 관련된 진리들과의 관계를 규정하고 조화와 일관성을 제시하는 것이라고 했다.[121] 핫지가 성경신학을 단순한 석의(exegesis) 정도의 학문으로 제시했던 방식을 넘어서서 워필드는 성경신학이란 주경신학의 잘 익은 열매이며, 조직신학의 기초와 원천이 된다고 보았다.[122] 그러나 개혁주의 전통 속에서 성경신학에 대해 체계적인 학문전개와 발전을 이룩한 이들로는 역시 게할더스 보스, 그리고 그를 계승한 존 머레이를 들 수 있다.

---

120) 이러한 성경신학적 관점에서, 계시의 역사성과 종말론적 특성을 강조한 Vos의 작품으로는 *Biblical Theology*(Grand Rapids: Wm. B. Eerdmans Publishing Company, 1948)가 있으며, John Murray도 *The Imputation of Adam's Sin*(1959), *Principle of Conduct*(1957) 등 많은 저술과 논문들을 남겼으나, 그의 성경신학에 대한 견해는 Collected Writings Vol. 4(Edinburg: The Banner of Truth Trust, 1976)의 제1장 "Systematic Theology"에서 제시되었다. Meredith G. Kline은 *The Treaty of the King*(1963), *By Oath Consigned*(1968), *The Structure of Biblical Authority*(1972) 등을 저술했고, Richard B. Gaffin Jr.도 *The Centrality of the Resurrection*(Grand Rapids: Baker Book House, 1978), *Perspectives on Pentecost*(Phillipsburg, NJ: Presbyterian and Reformed Publishing Company, 1979) 등과 같은 책들의 내용들을 주경적 논의에 기초하여 조직신학적 주제들을 저술하는 방식을 택하고 있는데, 성경신학과 조직신학의 관계에 대한 그의 논문은 *Westminster Theological Journal* 38(Spring 1976)에 나타나 있다.

121) Charles Hodge, *Systematic Theology*(1893) Gaffin의 글에서 재인용.

122) B. B. Warfield, "The Idea of Systematic Theology" *Studies in Theology*(New York: Oxford University Press, 1932) 재인용. 같은 책, Gaffin, 285-286쪽.

그들은 모두 '성경신학'이란 용어를 싫어하여 "특별계시의 역사"(History of Special Revelation)라는 표현을 선호했는데, 그들은 성경신학을 통하여 하나님의 특별계시란 역사적 성격을 지니고 있음을 강조했다. 그러한 면에서 성경신학과 조직신학의 관계란 결국 계시역사와 조직신학과의 관계라는 의미로 이해될 수 있으며,123) 따라서 전자는 역사적인 접근방식이나 후자는 논리적인 접근방식을 지니는 것이다. 또한 전자는 계시를 발전과정의 관점에서, 후자는 완료된 것으로서 간주하고 연구하게 되는데, 보스는 이를 직선을 그리는 것과 원을 그리는 것에 비유했다.124) 또한 그 두 분야를 구별하는 또 다른 요소로는 후자는–전자와는 달리–일반계시도 포함하여 종합적인 진술을 이끌어내려 한다는 것이라고 볼 수 있다.

그러나 그와 같은 차이점에도 불구하고, 그 두 분야는 밀접한 관계를 맺고 있다. 우선, 양자 모두가 다 같은 성경의 자료들을 취급하는 학문의 분야들이기 때문이기도 하나 좀 더 적극적으로 표현하여 그 양자의 분야들이 불가분의 관계를 맺고 있다고 보게 되는 이유가 있다. 그것은 조직신학의 임무가 성경의 교훈들을 상호 결합하여 적절한 주제로 종합하는 것이라고 할 때, 성경의 일정한 개개의 단락들을 올바로 이해하도록 돕는 주경신학은 그 임무를 위하여 필수적으로 요청되는 것이며, 그 단락들 속에 함축된 의미들을 이끌어내는 데에도 주경신학은 매우 유익한 학문이 되기 때문이다. 그러한 의미에서 머레이는 조직신학이 주경적 열매들로부터 멀어지면 멀어질수록 생명력을 잃고 그 본연의 임무를 감

---

123) Gaffin 288-289쪽.

124) Vos, *Biblical Theology*(Grand Rapids: Wm.B.Eerdmans Publishing Company, 1948) 16쪽.

당치 못하게 되는 것이라고 지적하기도 했다.125)

그는 판에 박힌 교의학 논의를 벗어나는 것은 그것이 항상 하나님의 말씀으로부터 이끌어낸 성경신학적 열매들을 통하여 더욱 더 심화되고 풍부해지며 확장됨으로써 가능한 것이라고 보았다. 하나님의 말씀이란 살아 있고 능력이 있는 말씀이므로 성경신학적 열매들은 그 살아 있는 말씀의 동력들을 조직신학에 공급해주는 일을 하게 된다고 보았다. 따라서 조직신학은 그것이 올바르게 형성된 개혁신학적 성경신학의 열매들에 얼마나 뿌리내리고 있느냐에 따라 그 본연의 임무를 제대로 감당할 수 있게 되는 것이라고 주장했던 것이다.126)

그렇다면 성경신학적 논의들의 열매들은 성경적 동력을 조직신학에 상당히 제공해줄 수 있는 것이 사실인데, 그것은 보스나 머레이의 신학 작업들을 통해 입증되어 왔다. 보스의 경우 그의 구속역사적 연구를 통한 성경신학적 통찰력이 있다면 그것은 전통적인 의미에서의 종말론 개념을 예수님의 초림에서부터 시작하는, 즉 교회의 현재의 상태를 포함하는 종말개념으로 보게 해준 일이다.127) 보스의 이러한 새로운 성경신학적 통찰력은 종말론에서뿐 아니라, 기독론 그리고 구원론과 같은 논의들 속에서 또한 성경적 시각의 새로운 회복을 기대할 수 있게 하였다. 즉, 구원론의 경우도 이미 시작된 하나님의 구원역사의 열매들이 풍성히 진행되고 있는 측면에 대한 바른 이해들이 요청되게 되었고, 이미 도래한 하나님의 종말론적 나라의 백성으로서의 삶에 대한 풍성한 이해를 가능

---

125) J. Murray, *Collected Writings* Vol. 4(Edinburg: The Banner of Truth Trust, 1976) 17쪽.

126) 같은 책, 17-19쪽.

127) Gaffin, 298-299쪽.

하게 해 주는 원동력이 되었던 것이다.128)

머레이의 경우 그의 성경신학적 논의의 열매들을 통한 조직신학적 공헌 중 하나를 "결정적 성화교리"에서 찾을 수 있는데,129) 그 교리는 로마서 6장, 베드로전서 2, 4장 그리고 요한일서 3, 5장 등과 같은 성경본문에 대한 주경적 연구의 열매들을 통하여 확립된 가르침이기 때문이다.130) 그의 결정적 성화론이 여러 가지 중요한 신학적 의의들을 지니고 있으나131) 특히 현재의 논의와 연관하여 볼 때, 전통적인 성화론 논의의 중심을 이루고 있는 점진적 성화개념의 보완적 대안을 제시한 것일 뿐만 아니라, 이는 보스에 의해 출발된 관점인 이미 도래한 하나님의 종말론적 나라의 백성으로서의 삶의 풍성한 모습의 한 단면을 분명히 제시해주었다는 점이다.

신자의 신앙생활이 단지 끊임없는 갈등과 투쟁의 연속적 과정으로만 이해될 수 없으며, 아담의 타락 이후에 죄의 세력 아래에서 고통하며 좌절하고 그래서 내세에 주어질 그 나라만을 바라보는 신앙에 머물러 있기만 해서는 안 된다는 사실을 깨우쳐주는 성화론인 것이다. 오히려 신자는 그리스도 안에서 시작된 하나님 나라의 통치 안으로 들어온 것이며 그분 안에서 시작된 새창조의 역사(고후 5:17)의 구조 안에서 제공된

---

128) 같은 책.

129) 김광열, "J. Murray의 결정적 성화교리 연구" 신학지남 제240호, 1994, 393-415쪽.

130) J. Murray *Collected Writings* Vol. 2(Edinburgh: The Banner of Truth Trust, 1977) 277-284쪽. 머레이 교수는 그 밖에도 고전 1장, 6장, 엡 5장, 살후 2장 등의 많은 성경본문들에 대한 연구들에 기초하고 있다.

131) 김광열, "결정적 성화교리의 신학적 의의" 신학지남 제253호, 1997, 226-265쪽. 복음주의 성화론 논의에 있어서, 루터교적인 경향과 웨슬리적인 경향의 치우친 신학적 문제점들을 극복하되, 특히 제2축복 신학적인 오류에 대한 성경적 대안을 제시한다는 점에서 그 신학적 의의를 말할 수 있다.

성화를 소유하게 되었기 때문이다. 그러한 관점에서 머레이의 결정적 성화론은 1) 그리스도의 구속사역으로 말미암아 근본적으로 전 우주적인 변동이 발생했음을, 즉 우주적인 죄의 세력이 패배되었음을 명확히 인식하게 해주며, 2) 따라서 아담 안에서 그의 범죄로 인하여 인류에 임했던 죄의 통치가 무너졌음을 밝혀주는 가르침이 됨으로써 죄와의 싸움 속에서 패배와 좌절을 겪는 신자들에게 성경적 동력을 제공해주는 역할을 수행하게 되는 것이다.

위와 같은 개혁주의 신학자들이 성경신학적인 통찰들을 통하여 조직신학 연구에 던져주었던 새로운 빛들은, 전통적인 조직신학의 내용들을 더욱 말씀의 동력에 가깝게 이끌어주고 있으며 생명력 있는 조직신학의 전개가 이루어지도록 도와주었던 것이다. 물론 20세기 초에 신학수업을 한 박형룡 박사에게서 이러한 최근의 개혁신학 안에서의 발전이 충분히 반영될 수 있을 것으로 기대한다는 것은 무리일 것이다.[132] 그의 교의신학의 내용들은 성경의 구절들을 꾸준히 인용하면서 전개되었다는 점에서 성경중심적 신학원리를 확립한 매우 귀하고 값진 신학작업이었으며, 특히 성경의 권위를 거부하는 당시의 현대 자유주의 신학의 물결에 대항하여 성경을 신앙과 신학과 생활의 궁극적인 준거점(final reference point)으로 간주하는 개혁주의 성경관에 일치되는 신학접근법이었다는 점에서 총신의 조직신학 연구의 귀한 전통을 확립하였다고

---

132) 박형룡 박사도 그의 『교의신학: 구원론』의 성화론 논의 속에서 Murray가 말하는 "결정적 성화론"과 연관된 언급들을 하고 있는 것을 볼 수 있다. "성화의 실제"를 논하는 대목(339-340쪽)에서, 1) 죄는 주관하지 못한다, 2) 원칙상 성화된다,라는 설명을 전개하며, 특히 후자와 관련하여 롬 6:2을 지적하고, "우리가 죄에 대하여 죽었으면서, 오히려 죄 가운데 살기는 불가능하기 때문이다"라는 언급을 하고 있다. 그러나 그러한 설명들은 부분적인 언급에 머물렀으며, 그 개념을 성경 전반에 걸쳐서 제시되는 가르침으로 확인할 수 있도록 주경적으로 입증하거나 하나의 성경적 교리로서 발전시키지는 못했던 것이다.

볼 수 있다.[133]

그러나 위에서도 언급하였듯이 성경신학의 역사적 통찰들이 충분히 고려되지 못할 때 조직신학은 그 본연의 임무를 실패하게 될 수도 있다는 사실이 지적될 필요가 있는 것은—머레이가 지적했듯이—계시역사에 관심을 기울이는 성경신학적 관점은 조직신학의 잠재적 위험성인 "추상화의 경향"을 극복시켜 주기 때문이다.[134] 그러한 머레이의 지적을 달리 표현한다면—개핀의 설명과 같이—바로 비역사화(de-historicize)의 경향이며, 비시간적(timeless) 진술로 전락되는 경향이다. 따라서 그것은 성경의 역사적·언약적 동력(dynamic)을 약화시키는 신학진술로 떨어질 가능성을 내포하기 때문이다.[135] 그렇게 된다면 우리는 성경이 교리학의 핸드북이 아니라 극적인 흥미로 가득 찬 역사책이라는 보스의 통찰력을 놓치고 말 것이다.

물론 여기에서 우리가 중요시하는 조직신학 연구를 위한 성경신학적 통찰력에 대한 강조가 성경신학이 조직신학의 틀을 벗어나서 독자적으로 그 임무가 수행될 수 있음을 의미하는 것은 아니다. 오히려 그 둘 사이의 관계는 상호보완적이라고 해야 한다.[136] 성경신학적인 연구들은 조직신학의 포괄적인 틀과 주제별 논의의 틀과 관련 속에서 진행되어야 한다. 이러한 점에서 개핀 교수는 현재 영어권 안에서의 복음주의 성경학자들 가운데는 그러한 조직신학에 대한, 무관심 내지는 불확실하거나 혹은 조심성 없는 태도로 말미암아 목회자들과 교회 안에 신학적 혼동

---

133) 권성수, "박형룡 박사의 성경해석" 『죽산 박형룡 박사의 생애와 사상』 277쪽.

134) Gaffin, 291쪽.

135) 같은 책, 292쪽.

136) Gaffin, 295쪽.

과 교리적 무질서를 초래하는 경향이 있다고 지적했는데[137] 이는 한국 교회 안에서도 배제되기 어려운 분석이라고 사료된다.

2. 역사신학(Historical theology)

역사 신학이란 지난 교회 역사를 통해서 전개되어 온 여러 신학자들의 조직신학 논의들을 정리하고 연구하는 학문의 영역이라고 할 수 있다. 먼저 역사신학의 접근방법 2가지를 살피고 난 후, 역사신학이 주는 유익들에 대해서 살펴보려 한다.

(1) 접근방법

1) 공시적(synchronic) 접근방법 혹은 수평적(horizontal) 접근방법이라고도 불리는 이 방법은 역사 속 어느 한 시기나 어느 한 학파 혹은 신학자를 택하여 그에 속한 여러 가지의 교리들을 정리하고, 그다음에 다음 시기 혹은 다른 학파에서 주장되는 교리들을 함께 연구하는 방법이다. 이와 같은 연구의 대표적인 예로는 아돌프 폰 하르낙(Adolf von Harnack)의 *History of Dogma*(1886-1889) 혹은 켈리(J. N. D. Kelly)의 *Early Christian Doctrine*(1960)을 들 수 있다.[138]

2) 통시적(diachronic) 접근 방식 혹은 수직적(vertical) 접근방식이라고도 불리는 이 방법은 하나의 교리만을 선정하여 그 교리의 시작에서부터 그 이후에 발전되어 온 모든 과정을 연구하고, 그다음에 또 다른

---

137) 같은 책, 298쪽.

138) Adolf von Harnack, *History of Dogma*(N.Y.: Russell & Russell, 1958); J. N. D. Kelly, Early Christian Doctrine(N.Y.: Harper & Row, 1960).

교리를 차례대로 같은 방법으로 연구해 나가는 방법이다. 이와 같은 연구방법의 대표적인 예로는 쉐드(W. G. T. Shedd)의 *History of Christian Doctrine* 혹은 루이스 벌코프(Louis Berkhof)의 *History of Christian Doctrine*을 들 수 있다.[139]

(2) 역사신학 혹은 신학역사 연구의 유익들

1) 앞 장에서도 언급하였지만[140] 신학연구자는 과거 교회역사 속에서 제시되어 왔던 다양한 견해들을 살펴보면서 자신이 가지고 있는 전제나 편견을 평가해볼 수 있는 기회를 얻을 수 있다. 모든 신학도는 자신이 속해 있고 혹은 자라난 역사적·문화적 상황에 의해서 형성된 나름대로의 관점을 갖게 된다. 그는 그 관점으로 성경을 연구하며, 신학의 내용들을 평가하게 될 것이다.

그러므로 누구나 자신만의 문화적·시대적 한계를 가질 수밖에 없는 것이 사실이지만, 교회 역사를 통해서 주장되어 온 여러 가지 다양한 해석들을 접해봄으로써 자신의 관점의 한계를 최소화할 수 있도록 도움을 얻을 수 있는 것이다.

2) 신학하는 방법을 배울 수 있다. 성 어거스틴이 플라톤의 철학을 활용하여 기독교의 진리를 제시하는 데 도움을 얻었다면, 토마스 아퀴나스는 아리스토텔레스의 철학을 기독교 진리에 적용하여 신학을 세워갔다고 볼 수 있다. 마찬가지로 오늘의 신학도들도 과거 기독교 역사 속에서

---

139) Louis Berkhof, *History of Christian Doctrine*(Grand Rapids: Eerdmans, 1949); W. G. T. Shedd, *History of Christian Doctrine*(Edinburgh: T. & T. Clark, 1836-1888).

140) 제5장 C 항목에서도 여기에서 지적하는 역사신학의 유익에 대해서 언급한 바 있다.

등장했던 위대한 신학자들의 신학을 연구하는 가운데, 좋은 모델들을 찾아내어 오늘의 신학을 연구하는 데 필요한 좋은 원리들을 얻을 수 있을 것이다.[141]

3) 역사신학연구를 통해서, 오늘날 제시되는 특별한 신학사상이나 왜곡된 신학들의 오류들이 무엇인지를 진단해낼 수 있는 안목을 얻을 수 있다. 역사는 신학의 실험실과 같다고 말할 수 있다. 지난 2,000여 년 동안의 교회역사는 수많은 신학적 실험들을 통해 비성경적인 왜곡된 신학들을 걸러낼 수 있었기 때문이다. 왜곡된 성경해석들을 통해서 주장된 신학적 오류들에 대해서 정통신학자들은 언제나 성경적인 바른 신학을 세우는 일에 정진해 왔다.

그런데 과거 교회 역사 속에서 나타났던 많은 교리적 오류들은 오늘날 새로운 옷으로 갈아입고―그러나 같은 신학적 오류를 내포한 채로―나타나는 경우가 많다. 그러므로 역사신학의 연구를 통해서 오늘의 이단들을 분별할 수 있는 기본적인 안목을 얻게 되는 것이다.

3. 철학적 신학(philosophical theology)

일반적으로 신학이란 하나님의 특별계시인 성경말씀으로 그 내용들을 정리해가는 것이지만, 철학적 신학이라는 것은 철학의 내용들도 활용하여 신학적 작업을 세워가려 한다. 따라서 여기에서 우리는 철학적 신학

---

141) 예를 들면, Anselm의 신학의 원리로 "Faith seeking understanding"을 들 수 있는데, 그것은 신학연구가 믿음으로 출발해야 하지만 이성으로 이해하는 부분을 배제하는 것은 아님을 말해준다. 죽산 박형룡 박사도 같은 관점을 피력한 바 있다: "이 신앙의 발생적 원인은 이성의 증명에 있지 않다 하더라도…이성의 작업이 전혀 무관하다고 생각할 수 없다. 신학이…이성의 작업 없이는 전진하지 못할 것이 분명하다. 그러므로 신학 지식의 내적 원리는 이성을 전혀 배제한다고 보기 어렵다." 『교의신학 서론』 150쪽.

의 기능에 대한 적절한 구분과 평가를 내릴 필요가 있다.

먼저 철학이 신학의 내용들을 제공해줄 수 있는 기능을 주장하는 입장에 대해서는 개혁신학의 관점에서 평가되어야 할 부분이 있다. 이러한 관점의 대표적인 예는 자연신학의 접근방식을 들 수 있다. 중세 신학의 아버지로 불리는 아퀴나스는 자연신학의 관점에서 성경의 특별계시 없이도 인간의 자연이성만으로도 하나님의 존재를 논하고 혹은 하나님의 속성들을 세워갈 수 있다고 보았다.

아퀴나스에게 이성이란 하나님께서 인간에게 주신 "자연의 빛"이기 때문에, 철학이나 신학의 체계를 세우기 위해 사용될 수 있는 믿을 만한 도구로 이해되었다.142) 그러므로 철학도 하나님의 계시의 도움이 없이 진리의 지식을 세워갈 수 있는 기능을 수행할 수 있다고 본 것이다. 여기에서 아퀴나스는 개혁신학이 가르치는 인간의 죄의 심각성을 간과하고 있다고 볼 수 있다. 그에게 있어 이성의 한계는 전적 부패한 죄성으로 말미암는 문제가 아니고 단지 그것이 유한하기 때문에 야기되는 것으로 이해되었다. 즉, 이성도 주어진 한계 안에서는 진리에 이를 수 있다고 본 것이다.

그렇다면 이성적인 추론을 통해 하나님의 존재를 설명하는 방법(신존재증명)이 가능하고 더 나아가 하나님의 속성에 대해서도 논할 수 있다고 보았다.143) 그러나 하나님의 계시말씀을 제외한 채 인간의 자연적 이성만으로 하나님의 존재나 속성들을 논한다는 것은 그것들이 진정으로 초월자이신 하나님의 참 모습과 속성들을 정확하게 제시할 수 있을

---

142) Bernard Ramm, 『변증학의 본질과 역사』 김종두 역(도서출판 나단, 1993) 205-209쪽.

143) Bernard Ramm, 209-213쪽.

것이라는 보장을 할 수 없는 것이다.[144]

　다음으로 철학의 역할을, 신학을 변호하거나 혹은 신학의 진리성을 확립시켜주는 기능으로 이해하는 방식이다. 이러한 기능은 제한적으로 수용될 수 있으며 주로 변증학의 영역에서 적용된다고 볼 수 있다. 이러한 관점에서 철학적 논의들은 신학의 개념이나 주장들을 검토해서 좀 더 명확한 진술로 표현될 수 있도록 도와줄 수 있다. 그러므로 이와 같은 기능은 철학의 "도구적 기능"이라고 말할 수 있는데, 이것은 제한적 의미에서만 그 기능을 인정할 수 있다.

　자연인의 이성적 기능이란 근본적으로 하나님의 계시에 관한 바른 이해와 해석을 하기 어려운 상태에 있으므로 성경적인 신학진리를 바르게 판단하거나 세워갈 수 없을 것이기 때문이다. 타락한 인간의 부패한 이성으로서는 철학적 신학의 역할을 제대로 기대할 수 없다는 말이다. 그러므로 두 번째 관점에서 제시되는 도구적 기능으로서의 철학의 역할도 그것이 기독교적 이성 즉, 중생한 이성이 전제될 때에야 정상적인 역할을 기대해볼 수 있을 것이다.

---

144) Via Negativa(부정의 방법)와 같은 예를 들어볼 수 있다. 이것은 피조물의 상태를 부정함으로 하나님의 속성을 설명하는 방법이다. 예를 들면, 하나님은 시간적인 차원에 속하지 않으므로 하나님의 영원성을 말할 수 있고, 피조물들은 가변적인 존재이므로 하나님의 불변하심을 말할 수 있으며, 피조물들은 의존적인 존재이므로 하나님의 자존성을 말할 수 있다고 보는 것이다. 그러나 이와 같은 접근방식의 문제점은 하나님의 속성을 피조물의 상태로부터 출발하여 설명하므로 그 설명이 초월자 되신 하나님의 속성을 바르게 제시해 준다는 보장을 하기 어렵다. Bernard Ramm, 213-214쪽.

4. 변증학

변증학이란 "신자의 소망에 관한 이유"를 연구하는 방법을 가르치는 학문이라고 정의해볼 수 있다.[145] 기독교 신앙에는 하나님에 관한 참된 지식이 있음을 제시하고 또 변호하는 지적인 작업을 세워가는 학문인 것이다. 미국의 개혁주의 변증학자 존 프레임(John Frame)은 변증학에 3가지 기능들이 포함된다고 설명했다.[146]

(1) 변증학의 3가지 기능들

1) 변증학은 증명(proof)의 기능을 가지고 있다. 신자의 믿음에 대한 합리적인 근거를 제시하여 불신자들에게 기독교가 진리임을 증명하는 기능이다. 예수님도 의심하는 도마에게 손에 못자국과 허리에 창 자국을 제시하면서 예수님의 메시아 되심을 증명해 보이셨다.[147] 기독교 진리에 관한 증거들을 제시함으로써 기독교 진리를 인정하도록 설득시키며 궁극적으로는 복음전도의 사명을 수행하는 기능이라고 말할 수 있다.

2) 변증학은 변호(defense)의 기능을 가진다. 이것은 불신자로부터 주어지는 반대들에 대하여 답변하는 기능을 말한다. 바울은 자신의 사역의

---

145) 변증학에 관한 주제성구를 예로 들어본다면 벧전 3:15-16을 생각해볼 수 있다: "너의 마음에 그리스도를 주로 삼아 거룩하게 하고 너희 속에 있는 소망에 관한 이유를 묻는 자에게는 대답할 것을 항상 예비하되 온유와 두려움으로 하고 선한 양심을 가지라."

146) John Frame, 『하나님의 영광을 위한 변증학』 (영음사, 1997) 23-26쪽. John Frame은 미국의 개혁주의 변증학자 Cornelius Van Til의 대표적인 후계자로 Van Til의 변증학을 대변하는 저술들을 많이 남겼다. 대표적인 저서로서, *Van Til: The Theologian*(Chattanooga, Tenn: pilgrim pub., 1976)와 *Cornellius Van Til: An Analysis of His Thought*(phillipsburg, N. J.: presby & reformed pub., 1995)를 들 수 있다.

147) 요 20:24-31.

성격을 복음을 변호하고 또 확증하는 것이라고 설명하였다. 로마서의 많은 부분들은 복음 주요 내용에 대하여 반대자들이 제기하는 반론들에 대한 바울의 답변들을 제시해준다.[148] 이러한 관점에서 변증학을 기독교의 진리에 대한 믿음과 복음적 가르침들을 변호해주는 기능의 측면에서 설명할 수 있다.

3) 변증학은 비판(offense)의 기능을 가진다. 이것은 불신자의 사고의 어리석음을 지적하고 비판하는 기능이다. 성경은 신자들에게 불신자들의 반대에 대해서 답변해줄 뿐만 아니라 그들의 오류적 사고에 대해서도 지적할 것을 요구한다. 고후 10:5에서 바울은 "모든 이론을 파하며 하나님 아는 것을 대적하여 높아진 것을 다 파하고 모든 생각을 사로잡아 그리스도에게 복종하게 할" 사명에 대해서 말해준다. 이러한 관점에서는 변증학의 영역 안에 세상 사람들의 불신앙에 대한 비판의 기능도 포함해서 이해할 수 있다.

물론, 이러한 3가지의 기능들은 서로 연결되어 있다. 증명으로서의 기능을 잘 수행하기 위해서는 믿음에 대한 변호와 불신앙에 대한 비판이 함께 주어지게 된다. 또한, 변호적 기능을 수행하거나 비판의 기능을 수행할 때에도 마찬가지로 다른 2가지의 기능들이 함께 주어져야 효과적인 변증이 이뤄지기 때문이다.

(2) 변증학의 2가지 접근방식들

개혁주의 변증학을 제시함에 있어서, 일반적으로 크게 두 가지의 서로

---

148) 예를 들면, 롬 6:1 이하의 내용은 반율법주의적인 복음이해에 대한 답변이라고 말할 수 있다. 칭의의 복음은 성화의 삶을 배제하는 것이 아니며, 오히려 그 둘은 불가분리의 관계를 지님을 가르치기 때문이다.

다른 강조점을 지닌 방법론들을 생각해볼 수 있다. 하나는 구 프린스턴의 전통적인 변증학의 방법이며, 또 다른 하나는 웨스트민스터의 반틸 박사에 의해 제시된 전제주의적 변증학의 방법이다. 그런데 우리는 그 양자의 방법론적 차이점에 대한 일반적이 오해를 넘어서서, 그 두 가지 방법론 사이의 연속성을 파악할 필요가 있다. 그럴 경우, 이 문제가 양자택일의 문제라기보다는 서로 불가분의 관계로서 상호보완적인 성격을 지닌 개혁주의 안에서의 다양성의 문제로 인식될 수 있을 것이다.

일반적으로 전자의 방법은 핫지, 워필드 등에 의해 대표되고, 메이첸에 의해서도 강력하게 추진되었던 방법으로 "성경적 합리주의" 혹은 "증거주의(Evidentialism)"라고 불릴 수 있다. 이 전통적이 변증학의 방법이란, 하나님이 존재하시며 성경이 하나님의 말씀이라는 사실에 대한 합리적인 논증은 너무나도 확실하고 설득력이 있는 사안이므로 불신자들은 그 논증들을 통하여 기독교를 거부할 수 없게 된다는 입장 아래서 다양한 증거와 논증들을 제시하려는 접근방식이다. 따라서 그러한 변증학의 방법은 기독교의 신학의 내용을 제시하기 전에 불신자와의 중립적인 공동지반 위에서 변증학을 논의하게 된다.[149]

반면 후자의 방법은 웨스트민스터 신학교의 변증학자인 반틸에 의해서 제시된 전제주의적(presuppositional) 변증방법으로서 전자의 전통적인 변증학의 방법은 비기독교적 전제들에게 도전을 주기보다 오히려 그들의 전제들을 인정하고 수용하는 입장을 취하게 된다고 보았다. 그러한 관점에서 반틸은 알미니안의 방법이나[150] 카톨릭의 변증학적 접근방식

---

149) 김광열, "기독교윤리의 기초", 『총신대학교 교수 논문집』 제13집(1995) 49쪽 이하.

150) Van Til, *Defense of Faith*(Presbyterian & Reformed Pub.Co., 1980) 139쪽 이하. 그러한 중립적인 공동지반을 말한다는 것은, 불신자와 신자가 함께 인정할 수 있는 자연인

들은[151] 모두 불신자의 세계관 속에서 논의를 시작하는 것이므로 결국 그들의 해석원리와 전제를 인정하는 결과를 가져오고, 따라서 자연인의 자율적 이성능력을 부분적으로라도 인정하는, 즉 불신자 자신이 모든 사물과 진리척도의 기준이 된다는 사실을 인정하는 입장에 서게 된다고 비판했다.[152] 그리고 반틸은 한걸음 더 나아가 그와 같은 관점에서 기존의 구 프린스턴의 변증학적 입장을 따른 이들도 부분적으로는 불신자의 전제와 연속선상에 있게 되므로 일관성이 결여된 변증방법을 취하게 된다고 지적했던 것이다.[153]

그런데 개혁신학계 안에 존재하는 이러한 변증학적 방법들 중에서 총신이 먼저 접할 수 있었던 것은 전자의 접근방식이었다. 평양신학교에서 변증학을 가르쳤고 평양 숭실대학에서 신학을 가르쳤던 플로이드 해밀턴(Floyd E. Hamilton) 교수는 구 프린스턴 출신의 선교사였다. 그는 핫지, 워필드, 메이첸의 전통을 이어 받아 성경의 권위 및 무오사상을 프린스턴의 변증학의 전통 아래서 맹렬하게 변호하였다.[154] 자신의 스승이었던 워필드에게 헌정하고 있는 *The Basis of Christian Faith*(1927)와 같은 그의 저서들은 구 프린스턴의 변증학적 방법을 따라 논의한 책들이었다.[155] 그는 당시의 자유주의자들의 문제란 기독교 혹은 성경에 대하여 역사적인 방법들을 정직하게 활용하지 못함으로 말미암은 것이

의 이성, 상식, 합리적인 논리의 영역들이 있다고 말하는 것이기 때문이다.

151) 같은 책, 69쪽 이하, 132쪽 이하.

152) 김광열, 같은 책, 50쪽.

153) Van Til, 같은 책, 260쪽 이하. C. Hodge, B. B. Warfield 등과 같은 개혁신학계의 거성들에 대한 비판이 제시된다.

154) 박용규, 『한국 장로교 사상사』 201-202쪽.

155) Hamilton, "Preface" *The Basis of Christian Faith* xiii-xiv.

라는 메이첸의 입장을 그대로 수용하여 역사적 기독교와 성경의 권위를 변호하였다.156) 그리고 이러한 변증학적 접근방식은 초기 총신의 변증학 방법으로 자리 잡게 되었다. 그것은 이눌서 교수의 뒤를 이었던 구례인 교수도 프린스턴의 변증학의 방법을 따랐었다는 사실 외에도157) 해밀턴 선교사는 바로 박형룡 박사가 숭실대학에서 교육받을 당시에 그에게 개혁주의 신학 전통의 영향을 강하게 끼쳤던 분이였으며, 따라서 해밀턴 선교사에게 신학적으로 상당히 영향을 입은 박형룡 박사도 그의 변증학 저서들 속에서 구 프린스턴의 변증학적 방법들을 수용하여 사용한 사실에서 확인될 수 있다.158)

그러나 여기에서 우리는 박형룡 박사의 변증학적 접근방식을 평가함에 있어서, 물론 그가 인본주의적 합리주의에 서 있지 않았음을 지적해야 할 뿐만 아니라, 구 프린스턴의 변증학적 방법도 그대로 답습하지만은 않았다고 해야 할 것이다.159) 그는 그의 저서에서 워필드의 변증학

---

156) Stanford Reid, "Gresham Machen" ed. David Wells, 『웨스트민스터 신학과 화란 개혁주의』 64쪽.

157) 간하배 교수는 현대신학들에 대한 구례인교수의 비판들을 분석하면서, "신앙과 이성의 관계, 인식론, 자유의지에 대한 구례인의 연구는 평양신학교의 전통을 결정지은 것 같은 인상을 주는 프린스턴의 변증학 전통을 잘 따르고 있다"고 평가하고 있다. 『한국장로교 신학사상』 35-36쪽.

158) 박형룡, 『기독교변증학』(서울: 성암출판사, 1961). 박아론 교수도 죽산의 변증학적 방법이 구 프린스턴적 입장에 서 있었음을 지적했다(같은 책, 박아론, 『21세기 총신』 245쪽). 위의 『기독교변증학』은 후에 한 장만 삭제된 후 『박형룡 저작전집 XI: 변증학』으로 편집, 출판되었는데, 그 책의 서론 제2장 5절 "변증학의 임무"를 언급하는 부분에서도 위의 사실을 확인될 수 있다: 박형룡 박사는 변증학이란 신론의 서론적 역할을 하는 것으로서, 철학을 도구로 하여 기독교의 기초를 놓는 학문임을 지적했으며, 또한 같은 항목의 끝부분에서는 신앙을 일으키는 역사에 있어서 지적변론을 무시하는 이들을 반박하면서, 지적변론의 중요성을 강조한 점들이 이를 뒷받침해준다.

159) 차영배 교수는 박형룡 박사가 '신앙의 수위'를 강조한 점을 들어, 심지어 그가 구 프린스턴의 방법론보다는 화란학파의 입장을 따르고자 했었다고 주장하기까지 한다. 『죽산 박형룡 박사의 생애와 사상』 433쪽.

에 대한 설명을 긍정적으로 제시하면서도 워필드가 '증거와 변증학'의 중요성에 대해서 강조했으며 따라서 변증학을 모든 신학과목이 제시되기 전에 제시되도록 설명했던 것은 단지 "이성의 고위를 단언한" 것일 뿐이며, 결코 이성의 "수위를 단언한" 것은 아님을 애써서 지적했다.160) 워필드가 기독교의 진리성을 위한 증거는 객관적으로 견실하며 따라서 신앙은 증거에 기초한 합리적 확신이라고 함으로서 이성의 수위를 단언한 것 같으나, 그는 동시에 "아무리 증거가 견실할지라도 죄로 죽은 영혼은 그것에 응합하지 못한다는 것을" 말하였음을 간과해서는 안 된다고 했음을 지적했다.161)

박형룡 박사는 "이성의 종속성"에 대해서 분명히 언급했다.162) 신앙이란 하나님의 초자연적인 특별은사이나 이성이란 자연적인 인간의 작용이므로 이성의 작용이 아무리 고위에 있더라도 신앙에 대해서는 종속적일 수밖에 없다고 보았다. 더욱이 이성은 윤리적으로도 타락의 영향 아래 있으므로, 제대로 그 기능을 감당해낼 수 없음을 분명히 하여 이성에 끼쳐진 죄의 영향의 심각성을 강조하고 있음을 볼 수 있다.163)

이러한 박형룡 박사의 언급들이 의미하는 바는 그가 구 프린스턴의 변증학방법인 성경적 합리주의 혹은 증거주의를 따랐다는 사실 때문에 동시에 그가 기독교의 진리나 성경의 권위에 대한 역사적·합리적 논증과 증거들이 사람으로 하여금 사실을 사실로 받아들이게 할 수는 있겠으나,

---

160) 박형룡, 『교의신학 서론』 182-183쪽. 교의신학의 인식론에 대한 항목 중 '신앙과 이성'의 관계를 논의하는 부분에서 언급되고 있다.

161) 같은 책.

162) 같은 책, 184쪽 이하.

163) 같은 책, 185쪽.

그렇다고 그러한 사실들에 대한 자신의 주관적 해석 혹은 영적 수용이나 영적 태도변화까지도 자동적으로 이루어지도록 할 수 있는 것으로 이해하지는 않았다는 점이다.

이러한 평가는 메이첸에 대한 스탠포드 리드(Standford Reid)의 평가와도 맥을 같이한다.[164] 박형룡 박사가 프린스턴에서 수학할 당시, 그의 스승으로서 그에게 구 프린스턴의 신학전통을 심어주었던 메이첸 교수도 역시 구 프린스턴의 변증학의 입장에 서 있었던 인물이었다. 그러나 그의 합리주의적 증거주의가 반틸의 전제주의적 입장을 전적으로 무시하거나 거부하도록 한 것은 아니었다. 그가 반틸처럼 전제론의 문제들을 해결한 것은 아니지만, 반틸의 전제주의를 허용하는 입장에서 활동했음을 기억해야 한다. 메이첸이 역사가적 측면에서 자유주의적 현대주의 사상을 대항하여 기독교의 진리를 수호하려 하였다면, 그가 볼 때 반틸은 철학적인 측면에서 같은 작업을 수행하려 한 것임을 깨달았기 때문이었다.[165]

메이첸은 믿음의 역사적 기초를 위한 과학적 증거들의 확보에 능숙하여 기독교 신앙이란 역사적 지식에 확고히 기초한 신앙임을 명확히 제시하려는 시도를 한 개혁주의자였다면, 반틸은 역사적 지식이란 철학적 전제를 지니고 있음을 강조했던 것이다. 즉, 반틸은 역사적 사실들에 대한 철학적 전제를 배제하고 단지 역사적 사실들(facts)만을 언급할 수는 없는 것이라고 보았다.[166] 그레그 반센(Greg L. Bahnsen)은 메이첸이

---

164) Stanford Reid, "Grasham Machen" 61-64쪽.

165) 같은 책, 61-62쪽; Greg L. Bahnsen, "Machen, Van Til, and the Apologetical Tradition of the OPC" ed. by Charles G. Dennison & Richard C. Gamble *Pressing Toward the Mark*(The Committee for the Historian of the Orthodox Presbyterian Church, Philadelphia; 1986) 260쪽.

구 프린스턴의 전통에 서 있는 다른 이들과는 달리, 전제주의적 통찰력의 중요성과 그 개혁신학적 일치성을 파악하고 있었다고 보았다.[167] "Machen, Van Til, and the Apologetical Tradition of the OPC"라는 논문 속에서, 그는 결국 OPC의 전통 안에는 두 개의 상충되는 변증학적 체계들이 있는 것이 아니라, 단지 두 개의 서로 보완적인 강조점을 지니고 있는 하나의 통일된 개념이 있을 뿐이라고 결론짓고 있다. 하나는 메이첸이 추구했던 것으로서, 기독교의 진리란 역사적·과학적 논의와 연구가 정직하게 수행될 때 이르게 되는 확실한 결론이라는 점을 강조하는 방식이고, 또 다른 하나는 반틸이 추구했던 것으로서 기독교의 진리만이 모든 학문 연구에 있어서 의미 있는 진술과 해석을 위한 철학적 전제를 제공해준다는 점을 강조하는 방식이다.

그 두 개의 강조점은 상호보완적인데, 후자의 강조 때문에 전자의 작업은 의미를 지니게 되고 확신 있게 수행될 수 있으며, 전자의 작업이 일관성 있고 효과적이 되기 위해서는 후자의 논의가 필수적이기 때문이다. 역사의 사실들에 대한 고려 없이 기독교의 진리가 변호될 수는 없는 것이나, 동시에 그러한 사실들에 대한 의미 있는 해석이 주어지기 위해서는 철학적인 전제에 대한 논의가 불가피한 것이기 때문이다.[168]

이러한 점들을 고려해볼 때, 개혁주의 신학에서 언급되는 전통적인 변증학 방법과 반틸의 전제주의 변증학 방법에 대한 이해는 서로 배타적

---

166) C. Van Til, *The Psychology of Religion* vol.4 in the series "In Defense of Biblical Christianity"(den Dulk Christian Foundation, 1971) 87쪽.

167) Bahnsen, 같은 책, 262쪽 이하. 그는 메이첸과 반틸의 접촉과 학술적 교류 등을 분석하면서, 그 두 사람 사이의 밀접한 관계가 인격적으로 뿐만 아니라 학문적, 특히 변증학적 논의에 있어서도 이루어져 왔음을 확인해준다.

168) 같은 책, 285-286쪽.

이 아님을 인지할 필요가 있다. 그것은 메이첸이 감지했고 반틸이 수행했던 전제주의적 접근방식인 것이다. 그 둘은 서로 배타적인 접근방식이라기보다는 개혁신학 안에서 서로 보완적인 성격을 지닌 방법들인 것이다. 후자의 접근방법은 구 프린스턴의 전통적인 사실(facts) 중심의 증거들과 논의들의 기초를 확고하게 하는 작업이 되기 때문이다. 그것은 "뿌리 없는 나무"가[169] 되게 하는 과정이 아니라, 총신의 변증학적 뿌리를 개혁신학 안에서 더욱 확고하게 내리도록 하는 작업이 될 것이기 때문이다.[170]

---

169) 박아론 박사는 21총신의 미래를 염려하면서, 최근의 총신의 흐름이 자칫 잘못하면 "뿌리 없는 나무"로 전락할 위험성에 대해서 언급한다(같은 책, 박아론, 『21세기 총신』). 그러나 이 논문에서 반틸의 전제주의적 방법의 수용의 가능성을 열어놓고 있다.

170) 미국 개혁신학계에서 반틸이 죽은 이후, 그의 신학에 대한 관심이 다소 저조해지는 경향이 있기는 하나, 그래도 그의 신학에 대한 광범위한 영향과 연구들이 지속되고 있음도 사실이다. 최근에 출간된, 반틸에 대한 건설적인 분석 및 평가서로는 John M. Frame의 *Cornelius Van Til: An Analysis of His Thought*(Presbyterian & Reformed Pub., 1995)와 Greg. L. Bahnsen의 *Van Til's Apologetics: Reading & Analysis*(Phillipsburg, N.J.: Presby. and reformed Pub., 1998)를 들 수 있다. 최근에는 미국의 웨스트민스터 신학교에서는 그 학교 Journal(1995, Spring)을 통해서, 특집으로 반틸의 사상을 깊이 있게 논의한 바 있다.
　지금까지 설명한 신학의 분야들 외에도, 모든 신학의 꽃이라고 할 수 있는 실천신학의 영역도 있으나, 지면관계상 생략한다. 실천신학이란 기독교의 보존과 전파를 위한 여러 가지 기능과 방법들에 관한 연구를 하는 분야로서, 설교학, 목회학, 교회교육, 선교학, 상담학, 교회 정치 등이 포함된다. 성경신학이나 조직신학, 역사신학 등은 모두 결국 교회와 성도를 섬기기 위한 실천신학의 기초와 기본적인 원리들을 제공해주고, 그 토대 위에서 실천신학은 교회와 성도가 바른 교회생활과 목회사역을 감당할 수 있도록, 그 필요한 성경적 원리들과 실천방법들을 연구하는 분야라고 할 수 있을 것이다.

제 2 부
교회를 위한 개혁신학 논의

서언에서도 지적했듯이, 개혁신학은 신학자들의 추상적인 논의와 사변적인 논쟁에만 머물지 않고, 신자의 삶과 교회의 현장에서 그 신학의 빛을 비추어야 한다. 그런데 성경적인 바른 신학을 정립해가는 일도 중요하고 힘든 작업이지만, 신자가 자신의 삶의 현장에서 성경적 신학을 살아내는 일 또한 중요하고 더욱 힘든 과제인 것이 사실이다.

　제2부의 내용은 바로 그러한 작업을 시도한 결과물이라 할 수 있다. 크게 3가지 주제로 구분할 수 있는데, 첫째 주제는 한국교회의 회복을 위한 개혁신학의 대안논의, 둘째는 예배회복, 중생, 회심, 성화를 위한 교회교육, 그리고 21세기 성화론의 주제들을 개혁신학의 관점에서 논의한다. 셋째 주제는 세상 속에서의 개혁신학의 영성에 관한 논의들이 될 것이나, 본서에서는 첫째 주제에 관한 글들로 한정했다. 그리고 둘째와 셋째 주제는 증보판에 포함하여 발행하기로 했던 처음의 계획을 변경하여, 그 내용들을 별도로 정리한 후, "총체적 복음"의 범주로 새롭게 구성하여 출판할 계획이다.

　본서에서 논의되는 첫째 주제 "한국교회의 회복을 위한 개혁신학의 대안논의"는 3개의 장들로 구성되었다. 제7장은 오늘 한국교회가 잃어가고 있는 하나님의 영광을 회복하기 위한 대안은 무엇인가에 대해 토의하고, 제8장은 한국교회의 부흥을 위한 개혁신학의 관점은 무엇인가에 대해 논의한다. 특히 8장과 9장의 내용은 각각 전국 목사장로 기도회, 그리고 총회 교육부 심포지엄에서 발제했던 것들인데, 일부 중복되는 부분이 있는 점에 대해서는 독자의 양해를 구한다. 2부 전체의 결론은 제9장에서 요약으로 제시된다고 하겠다. 결국 21세기 한국교회가 지향해야 할 방향성은 "성숙과 섬김"의 교회이다.

제 7 장 21세기 한국교회의 회복을 위한 대안 연구

1. 한국교회의 부흥과 회복을 소망하며[160]

교리사적으로 볼 때, 기독교의 모든 교리들은 그 각각의 교리가 시대적으로 관심과 초점을 받아 왔던 시점들이 서로 다르다는 것을 알 수 있다. 초대교회에서의 주된 관심사 중 하나는 신론 혹은 기독론(예수 그리스도의 위격)에 관한 부분이었다. 기독교의 다른 여러 교리 중에서도, 예수님의 온전하신 신성의 문제 그리고 그분의 온전한 인성의 문제와 같은 그리스도의 위격에 관한 논의들, 그리고 그와 관련하여 삼위일체교리에 관한 논의들이 일반적으로 그 시대의 주된 교리적 관심이었던 것이다. 중세로 넘어오면서 교회는 인죄론으로 그 관심이 옮겨지게 되었다고 볼 수 있다. 대표적으로 어거스틴과 펠라기우스 사이의 논쟁 속에서, 인간의 전적부패와 자유의지에 관한 논의가 활발히 전개되었다.

---

160) 본 장은 필자의 저서 『이웃을 품에 안고 거듭나는 한국교회』(총회출판부, 2002)에서 발췌/편집한 내용임을 밝힌다.

신론 내지는 기독론, 그리고 인죄론에 대한 교리적 정리가 이루어지게 되자, 세계교회는 구원론의 문제에 관심을 모으게 된다. 그 시기는 중세의 암흑을 깨웠던 종교개혁시대이다. 종교개혁자들의 이신칭의 교리는 당시의 로마 카톨릭이 제시했던 행위의 공로를 강조한 구원관에 대한 성경적 반응이라고 볼 수 있다. 물론 당시의 카톨릭도 하나님의 은혜를 말하지 않았던 것은 아니었다. 그러나 종교개혁자들과 같이 "믿음만"을 말하지 않았다는 데 문제가 있었다.161) 어쨌든 종교개혁시대에 세계교회는 어거스틴의 전통을 따라 인간의 전적부패와 하나님의 무궁하신 은총의 교리에 기초하여 제시되는 구원관을 재확립하기 위해 몸부림쳤었던 것을 알 수 있다.

몇 세기를 지나, 18세기 이후에 영국의 대부흥운동이나 미국의 대각성운동이 전개되었던 시기에 교회가 지녔던 교리적 관심사 중 하나는 성령론 혹은 성화론이었다고 여겨진다. 18세기 영국의 대부흥운동을 주도했던 웨슬리는 '완전성화교리'와 같은 가르침을 통하여 신자가 믿은 후 성화의 삶에 더욱 박차를 가해야 할 것을 강조했고, 그의 부흥운동은 19세기 미국의 성결운동이나 완전론 및 그 이후 제2의 축복교리 등을 주장하는 많은 은사운동 및 오순절주의 신학의 기초가 되었던 것이 사실이다.162) 이들의 신학과 성령운동은—적어도 수적으로는—세계교회 속에서 주도적인 흐름이 되고 있는 가운데163) 여전히 성령론 및 이 주제에 관한 논의는 오늘날까지도 계속되고 있다고 볼 수 있다.

---

161) R. C. Sproul, 『개혁주의 은혜론』(기독교문서선교회, 1999) 72쪽.

162) B. B. Warfield, *Perfectionism* ed. Samuel G. Craig(Philadelphia: Presbyterian & Reformed, 1958) 350쪽.

163) 김광열, 『그리스도 안에 있는 구원과 성화』(총신대학교출판부, 2000) 254쪽.

그런데 지난 한 세기가 흘러오는 동안에 교회는 세계선교운동과 교회연합(혹은 일치)운동의 진행 속에서 교회론의 문제에 집중해 왔다. 어떤 의미에서 교회연합운동은 세계선교사역이 진행되던 현장 속에서 출발되었다고도 볼 수 있다. 교파 간의 경쟁적인 선교사역이 선교현지에 있는 원주민들의 불평을 불러왔고, 세계선교를 위한 모임 속에서 제기되었던 그와 같은 문제에 대한 일반적인 반응은 선교지에서의 교회연합이 이루어져야 한다는 결론이었다.164) 이런 점에서 교회연합운동은 세계선교운동과 맞물려 출발되고 전개되었다고 볼 수 있다. 그 이후로, 지난 한 세기 동안 세계교회는 선교운동과 교회연합운동의 흐름 속에서 교회론의 주제에 깊이 발을 들여놓게 되었던 것이다.

전호진 교수는 지난 세기 동안 세계교회가 교회론에 관심을 모으게 되었던 이유들을 몇 가지 지적하고 있다.165) 우선, 성경해석학의 발전을 통하여 전통적인 교회구조에 대한 비판이 제기되었다는 점을 언급한다. 물론 종교개혁도 교회의 개혁을 말하기는 하였지만 그들이 신앙생활이나 구원론의 신학문제에 대한 개혁을 말했던 것이라면, 이제 제기된 문제는 전통적인 제도적 교회구조에 대한 비판이었다는 것이다. 그는 특히 에밀 브루너(Emil Brunner)의 *The Misunderstanding of the Church*의 내용을 언급하면서, 브루너가 신약성경에서 말하는 교회(Ecclesia)는 현재의 제도적 교회가 아님을 지적한 사실 등과 같은 주장을 통해서, 에큐메니컬 운동의 교회론 논의를 촉진했다고 보았다.166) 그다음으로, 전 교수는 교회론에 관심을 모으게 된 원인으로

---

164) 김광열, 『이웃을 품에 안고 거듭나는 한국교회』 26-29쪽.

165) 전호진, "현대교회론과 선교사상", 『교회문제연구』 제1집, 28쪽 이하.

166) 전호진, "현대교회론과 선교사상", 같은 책, 29-30쪽.

20세기 동안에 전개되어 온 교회 외적인 상황들을 지적한다. 특히 세계대전을 전후로 기독교가 세속권력과 너무 근접하게 된 나머지 선지자적 기능을 감당하지 못했던 점에 대해 반성하게 되었고, 그러는 가운데 교회론에 대한 새로운 논의들을 유발시켰다는 것이다. 그 한 예로, 1937년 개최되었던 '신앙과 직제(Faith and Order)'의 옥스퍼드 회의에서는 나치정권이 독일교회에 대해 억압한 사실을 지적하며 "교회를 교회되게 하라"는 슬로건을 내세웠던 것을 언급했다.[167] 그와 같은 흐름 속에서 진보적인 입장을 견지하는 교회운동들은 세속권력과 투쟁하는 교회가 되어야 한다는 주장을 제기하게 되었고, 그러한 주장은 또한 전통적인 교회들로 하여금 급진적인 교회론에 대해서는 물론이고 자신들의 교회론도 다시 한 번 재고하는 계기를 갖도록 하였던 것이다.

이와 같은 세계교회의 상황들이 직간접적으로 한국교회에 영향을 미친 것도 사실이지만, 20세기 후반에 이르러 한국교회는 현실적으로 좀 더 긴급한 상황에 처하게 된 것을 우리 모두는 기억하고 있다. 그것은 20세기 후반기에 이르러 한국교회가 당면한 과제 중 하나로, "교회성장둔화"라는 좀 더 실제적인 문제에 직면하게 된 사실이다. 그리고 21세기가 시작된 후에도 어떤 분명한 새로운 변화의 조짐은 여전히 확인되지 않고 있으며, 따라서 그 과제는 여전히 조국의 그리스도인들의 마음속에 무거운 짐으로 남아 있다.

그동안 이 문제에 대하여 여러 차례의 논의들이 있어 왔는데, 여러 교회유관기관을 통해서 지적되어 온 회복의 대안들은 크게 두 가지로

---

167) 같은 책.

나누어볼 수 있겠다. 그 하나는 그리스도인의 사회적 책임의 사명 회복에 관한 것이요,[168] 또 다른 주된 논제는 교회에서 드려지는 예배의 갱신에 관한 논의라고 사료된다. 전자는 한국교회 신자들의 수평적 차원의 신앙생활에 있어서의 회복에 관한 논의라고 할 수 있다면, 후자는 하나님과의 수직적 차원의 신앙생활에서의 회복을 위한 논의라고 할 수 있을 것이다. 전자의 주제는 물론이거니와, 이 성경적 예배 회복에 관한 주제도 한국교회 안에서만 국한된 관심사는 아니다. 최근에 집필되어 관심을 모으고 있는 미국의 트리니티 신학교의 웨인 그루뎀 (Wayne Grudem) 교수의 조직신학서에서 제시되는 교회론의 내용 중에서도 그 주제가 하나의 독립된 장(章)으로서 구분되어 취급되고 있다는 사실도 이를 증명한다.[169]

이러한 예배갱신에 대한 교회적인 관심은 우리나라 안에서도 지속적으로 표출되어 왔다. 예를 들면, 한국복음주의 신학회에서는 지난 1998년 4월에 아세아연합신학대학원에서 "21세기 교회와 예배의 갱신"이라는 주제로 논문발표를 하고, 『성경과 신학』 제24권에 그 논문들을 개재하였다. 그 전에도 일찍이 1987년 10월과 1988년 4월에

---

168) 김영한, "성장둔화에 대한 요인분석과 그 대안에 관한 논구" 30-35쪽. 『한국교회 성장둔화 분석과 대책』(한국기독교 문화연구소, 1998) 김영한 교수는 한국교회 성장둔화의 요인을 크게 교회 내적요인과 외적요인으로 구분하는데, 후자에 관해서는 교회가 대사회적 의의를 상실한 점에서 분석하고 있다.

169) Wayne Grudem, *Systematic Theology: An Introduction to Biblical Doctrine*(I.V.P., 1994) Grudem은 그 책의 제51장을 "Worship"이라는 제목으로(1003-1015) 할당했는데, 그것은 그 주제가 전통적인 조직신학서에서 단지 하나의 소주제 정도로 간략히 취급했던 것과는 전혀 다른 방식인 것이다. 그 밖에도 미국의 Westminster 신학교 교수인 John Frame의 *Worship in Sprit and Truth*(Presbyterian and Reformed Pub. Co., 1996; 김광열 역, 『신령과 진정으로 드리는 예배』, 총신대학출판부, 2001)도 예배갱신에 대한 세계신학계의 관심을 반영해준다. 필자가 신학지남에 기고했던 "개혁신학적 예배원리에 기초한 한국교회의 예배갱신"이라는 논문 [신학지남 제67권 1집(통권 262호) 2000년 봄호, 47-67쪽]도 바로 J. Frame의 논지를 반영하려 했던 논문이다.

"예배와 신학"이라는 주제로 각각 제10회와 11회 논문발표회를 개최하고 새로운 방향모색을 시도한 바 있다. 월간지인 『목회와 신학』에서도 1995년 10월호에, 그리고 1997년 4월호에 찬양예배, 열린예배 등의 주제들을 특집으로 다루어 전 교회적인 관심을 반영해주었다.

필자가 소속된 대한예수교 장로회 합동교단에서도, 이미 교단 산하 전국 지교회들 속에서는 부분적으로라도 소위 "열린예배"가 시도되어 오고 있는 가운데, 1999년 5월 경기노회에서는 예배모범 연구위원회가 열린예배에 대한 연구와 분석을 한 연구보고서를 접수하여 총회에 헌의키로 한 바 있으며, 총회신학부의 열린예배 연구위원회에서도 같은 달에 보고회를 가져 열린예배에 대한 점검을 통하여 총회적인 입장과 대안 마련을 강구한 바도 있다.

그러나 이 글에서 논의의 초점으로 삼는 주제는 주로 전자의 문제에 관한 것이다. 한마디로 요약한다면 "복음의 사회적 의의" 즉, 그리스도의 복음이 오늘 이 땅에서 살고 있는 우리의 이웃들에게도 의미 있는 복음이 됨을 드러내는 문제에 관한 것이다. 한국교회 특히 보수교단에서 그동안 복음의 영향이 교회 안에서만 맴돌았고, 그 복음의 사회적 의미와 그 중요성을 이웃과 사회와 국가 앞에 드러내는데 있어서 한계성을 지녀왔다는 지적이 사실이라면, 이제 우리는 교회의 예배회복을 통하여 하나님의 백성들의 수직적인 차원의 삶 속에서의 교회회복을 이루어내야 함과 동시에, 그리스도인의 사회적 책임의 과제 또한 효과적으로 수행함으로서 수평적인 차원에서의 신앙생활 속에서 교회회복을—물론 수직적인 차원과 수평적인 차원의 신앙생활은 그리스도의 복음 안에서 하나로 연결된 것이 사실이지만—이루어가야 할 것이다.

21세기를 맞이하여, 이제 한국교회는 성장정체라는 어두운 늪의 수렁에서 벗어나야 할 것이다. 그런데 그 회복의 열쇠 중 하나는 "하나님의 사랑으로 우리의 이웃을 품에 안는 자세를 회복하는 것"일 것이다. 이제까지 대부분의 교회와 신자들은 자기들에게 허락된 구원의 축복의 기쁨과 감격을 교회당의 담장 안에서 자기들끼리만 누리고 즐겨 왔는지 모른다. 우리들에게 거저 주어진 은총의 복음 안에 담겨진 축복들이 교회당 밖의 이웃들에게는 아무런 매력적인 축복으로 제시되지 못하고, 오히려 혐오의 대상이 되기까지도 했던 상황들은 우리의 오류를-그리스도의 복음의 오류가 아니라-고발하는 대목인 것이 사실이다. 그러나 우리 주님의 복음은 교회 안에서만이 아니라 온 세계와 조국현실 그리고 자신이 속한 지역사회에 사는 이웃과의 삶 속에서도 기쁜 소식이어야 하고, 또 그렇게 빛나야 하는 것이다.

이 글은 과연 21세기를 시작하는 오늘의 한국교회의 진로가 모색되어져야 한다면, 그것은 우리가 그동안 효과적으로 감당하지 못했던 이 수평적 차원의 신앙의 정체성 회복을 통하여 찾아질 수 있다는 확신 속에서 작성되었다. 그리스도의 복음은 영육이원론이나 성속이원론의 한계를 뛰어넘어 역사하는 복음인 것이다. 그것은 전포괄적인 능력을 소유하고 있다. 성경의 복음은 개인의 영혼구원을 주된 목표로 하지만, 그럼에도 인간의 육신의 활동과 사회적 생활도 중요시하는 관점을 잃지 않는다.[170] 그리스도의 복음은 개인의 영적 갱신을 이루어낼 뿐만 아니라, 공동체적·사회적 갱신도 이루어내는 능력이 되는 것이다. 그리고 그 복음의 능력은 주의 재림 때에 가서만 그 진가를 나타내는 것이

---

170) 김광열, 『장로교 기본교리』(대한예수교 장로회 총회, 1998) 30-31쪽.

아니라, 이미 이 땅 위에서 시작된 그분의 나라를 누리고 있는 그리스도인들의 삶의 모습들 속에서도 생명의 역사들을 일구어갈 수 있는 현재적 능력인 것이다.171)

2. 복음적 유산의 발자취를 찾아서: 진리실천의 현장사례들

지난 세기 동안 전개되었던 세계교회연합(일치)운동의 역사 속에서 배운 교훈 중 하나는 복음전도와 사회적 책임의 불가분성의 진리일 것이다.172) 이제 이 글에서 제시하려는 것은, 그와 같은 역사적 교훈을 따라 확인되어진 진리를 실천하는 삶을 살아가려는 이들을 돕기 위한 "성경적 사회봉사 모델"을 찾는 작업이다. 그것은 보크무엘이 지적했듯이,173) 다른 모든 그리스도인들 사이에 상호격려와 자극을 주는 효과를 가져올 수 있을 것이기 때문이다. 과거의 기독교회의 역사 속에서 진행되어 온 복음주의적 사회봉사의 위대한 유산을 살피는 가운데, 우리들은 기독교적 사회적 책임 수행의 다양한 모델들을 바라보며 배우게 될 것이며, 또한 그 사명 자체에 대해서도 다시 한 번 확인할 수 있는 기회를 얻게 될 것이다.

그런데 그것은 무엇보다도 이 땅에 오신 예수 그리스도의 행적들과 사역들 속에서 확인될 수 있다.174) 복음서를 포함한 신약성경에 나타

---

171) 김광열, 『그리스도 안에 있는 구원과 성화』 307-312쪽.

172) 김광열, 『이웃을 품에 안고 거듭나는 한국교회』 50쪽.

173) 보크무엘은 그의 저서에서 로잔언약 제5항의 내용들을 성경적으로 분석한 후에, 마지막 장에서 "우리 앞에 남겨진 과제"들에 대해서 언급하는데, 그중 하나가 바로 복음주의적 사회봉사의 위대한 유산들을 찾아내는 작업이라고 지적한다. Bochmuehl, *Evangelicals and Social Ethics: A Commentary on Article 5 of Lausanne Covenant,* trans. by David T. Priestly(I. V. P., 1979) 44쪽.

난 예수님의 행적을 보면, 이 땅에서 천국복음을 전파하실 때 두루 다니시면서 천국복음을 말로 가르치셨을 뿐만 아니라, "모든 병과 모든 약한 것들을 고치셨"던 것이다(마 4:23; 9:35). 또한 사도행전 10:38에서는 예수님께서 "두루 다니시며 착한 일을 행하시고 마귀에게 눌린 모든 자를 고치셨다"고 설명한다. 즉 예수님의 전도사역은 사람들의 영혼구원에만 국한되었던 것이 아니라, 그들의 육적 질병의 문제를 비롯하여 삶 속의 모든 연약하고 고통스러운 모든 부분 속에서도 "복된 소식"으로 다가가셨던 사역이었다.

그리고 그러한 예수님의 모범적인 행적들은 초대교회의 성도들의 삶 속에서도 구제사역, 혹은 가난한 교회를 위한 헌금모금사역 등의 형태로 실천되어 왔고,175) 더 나아가 그러한 성경의 가르침을 따라 신앙생활을 살아온 과거 교회역사 속의 수많은 신앙인들의 삶 속에서도 계속적으로 실천되어 왔음을 보게 된다. 사실상, 성경의 교리적인 혹은 신학적인 설명과 논의들이 체계적으로 확립되기 전에도, 기독교회의 역사 속에서 그와 같은 예수 그리스도의 복음의 진리를 바로 이해했던 신앙인들은 이미 복음전도와 사회적 책임의 삶을 함께 감당하는 모습으로 그들의 삶을 살아갔던 것을 알 수 있다. 단지 우리들은 지난 세기 동안에 세계교회연합운동이 전개되면서 제기되어 온 신학적 논쟁들을 통하여 그것을 이론화하고 체계화하게 되었지만, 그들은 무의식적으로 혹은 이러한 부분들에 대해 논리적이거나 체계적인 정의를 내리지 않은 채 그러한 성경의 진리들을 실천해 왔던 것이라고 볼 수 있

---

174) 『이웃을 품에 안고 거듭나는 한국교회의 내용』 중 교리적 논의를 제시하는 제3부에서 취급되는 기독론 항목을 참고하라.

175) 『이웃을 품에 안고 거듭나는 한국교회의 내용』 중 제2부의 7항의 내용을 참고하라.

다.176) 이제 이 글에서 우리는 그러한 삶을 살아왔던 대표적인 실례들을 세계교회와 한국교회의 과거 역사, 그리고 오늘의 모습 속에서 찾아 정리해보려 한다.177) 초대교회 이후로 현대에 이르기까지 지난 2,000년 동안 세계교회역사 속에서 그와 같은 진리를 실천하는 삶을 살아온 이들의 발자취를 간략히 개관해보려 한다.

초대교회 교부들로부터 중세와 종교개혁시대까지의 기독교회 역사 속에서 실천되어 온 모습들을 간략히 개관한 후, 종교개혁시대 이후부터 20세기 초에 복음주의자들이 "영혼구원"의 영역으로 움츠러들기 전까지 약 2-3세기 동안에 교회역사 속에서 왕성하게 전개되어 온 진리실천 사례들을 중점적으로 살펴보려 한다.

(1) 초대교회에서 종교개혁시대까지

예수님께서 승천하신 이후에 믿음의 길을 걸어갔던 속사도 교부들의 글들 속에서, 우리는 예수님의 마지막 지상명령을 온전히 지키려는 사명에 불타 있었던 그들의 마음들을 읽어볼 수 있다. 주님의 재림에 대한 단순한 믿음 속에서, 재림 후에 임할 심판을 준비토록 하기 위하여, 이방 사람들을 모두 그리스도의 복음 안으로 인도하려는 열정을 읽을 수 있다.178) 그러나 또한 그러한 신앙은 말에서만 그치는 것이 아니

---

176) J. Stott 책임편집, 『보고서: 복음전도와 사회적 책임』(도서출판 두란노, 1982) 28쪽.

177) 이 글에서는 초대교회 이후로 현대에 이르기까지 지난 2,000년 동안의 세계교회역사 속에서 그와 같은 진리를 실천하는 삶을 살아온 이들의 발자취를 간략히 개관해보려 한다. 지면관계상, 오늘날 세계교회와 한국교회 안에서 전개되고 있는 진리실천의 다양한 현장에 대한 소개는 이 글에서 생략하였다. 참고하기를 원하는 사람은 『이웃을 품에 안고 거듭나는 한국교회』의 내용 중 제4부를 참고하라.

178) Bong Rin Ro, "The Perspective of Church History From New Testament Times to

라, 그들 주변의 가난한 이들을 돌보는 행동으로 표현되어야 함이 강조되었던 것을 볼 수 있다.

특히 사회적 행동들에 대한 그러한 강조는 칭의와 선행의 관계를 논하는 문맥 속에서 표현되었는데, 예를 들어 클레멘트(Clement of Rome)나 허마의 목자(The Shepherd of Hemas)에서, 믿음에 대해 설명하는 내용들 속에서, 참된 믿음이란 약한 자들을 돌보고 가난한 자들을 도와주는 삶으로 나타나야 한다는 논지로 강조되었던 것을 볼 수 있다.179)

속사도교부들의 뒤를 이은 2-3세기의 변증가들의 글 속에서도, 초대교회 성도들이 사회적 봉사사역에 관심을 가졌었다는 사실을 확인해 볼 수 있다. 단지 그 시기에 있어서는 그러한 자선의 사역에 대한 동기가 미래적인 상급에 대한 바람 속에서 진행되기 시작했던 것을 볼 수 있으나, 어쨌든 그들도 고아와 과부, 병든 자, 실업자에 대해 자선을 베푸는 선행의 삶을 감당했던 것을 볼 수 있다. 예를 들면, 저스틴 마터(Justin Martyr)의 『변증서』(The First Apology)에서 저스틴은 기독교회를 변증하는 가운데, 초대교회 성도들이 기금을 마련하며 자신의 물품과 음식 등을 어려운 처지에 있는 이들에게 나누는 삶을 살았다는 사실에 근거하여 교회를 변호하고 있는 것을 보게 된다. 그는 또한 자신의 시대에 공적으로 시행되었던 매춘행위를 심각한 사회적 불의로 강력히 비판하기도 했다. 터툴리안(Tertullian)도 그리스도인들

1960" in In Word & Deed: Evangelism and Social Responsibility ed. by Bruce Nicholls(The Paternoster Press, 1985) 14-15쪽. 본 항목의 내용들은 로봉린 교수의 논문의 내용들을 주로 참고하였다.

179) 1 Clement of Rome 33:4; 34:1; 38:2; 그 밖에도 여러 장(章)들 속에서 그리스도인의 선행에 대해 논하고 있다. Ro의 논문에서 재인용(같은 책).

은 매월 어떤 특정한 날을 정해서 자신의 능력에 따라 가난한 자들을 돕기 위한 적은 양의 기금이라도 준비하도록 권면하기도 했다.180)

콘스탄틴 대제의 밀란 칙령에 의해 로마제국이 기독교화 된 이후에 (A.D. 313) 기독교는 경제적인 능력을 갖추게 되었으나, 그 반면에 교회 안에는 또한 명목상의 신자들이 늘어나게 되었다. 그리고 그러한 상황 속에서 복음전도와 사회적 책임의 문제는 교회와 국가 모두의 사역으로 이해되고 추진되었다.

우리는 이 시기에 라틴교회를 대표하는 인물로 어거스틴(Augustine of Hippo)을 생각해볼 수 있다. 어거스틴은 자신의 암울했던 젊은 시절을 회고하며, 불신영혼을 주께로 인도하려는 복음전도의 강한 열정을 그의 고백록에서 표현해 주었으며, 또한 가난한 자들에 대한 관심도 가지고 있었다. 그러나 노예제도에 관해서 어거스틴은 그 제도를 폐지하거나 사회적 구조에 변화를 가져오려는 시도보다는 단지 복음 안에서 노예와 주인 사이에 올바른 관계를 유지할 것을 강조했을 뿐이었다.181)

또한 같은 시기에 동방교회를 대표했던 바실(Basil of Cappadocia) 감독의 경우, 그는 복음의 의미를 사회 속에 적용시키는 일에 있어서 더욱 적극적이었던 것을 볼 수 있다. 그는 자기 시대에 빈부 격차가 매우 심각했던 사실과, 그로 인하여 가난한 이들이 자기 자녀를 노예로 팔아 생계를 유지하기까지 했었던 사실들을 인식하고 있었다. 그리고 그러한 무책임한 부자들을 "도적들 그리고 강도들"이라고 간주하고

---

180) 같은 책, 16쪽.

181) 같은 책, 18쪽.

정죄했다. 뿐만 아니라, 바질은 자신이 한 벌의 옷과 몇 권의 책들만을 소유했던 것으로도 유명하다. 그의 윤리책에 그는 자신의 기본적인 소유물 이외의 것들은 가난한 이들을 위해서 사용하라고 권면하기도 했다. 더 나아가, 그는 가난한 자들과 나그네들을 위한 병원과 거처들을 세우는 기독교 사회사역을 개발하기도 했다.[182]

중세로 넘어오면서 교권은 급속도로 강화되기 시작했다. 교황 그레고리(Gregory) 7세가 카놋사에서 황제 헨리(Henry) 4세에게 강제했던 굴욕적인 사건이(A.D. 1077) 상징적으로 보여주듯이, 교황청의 위치는 로마제국의 세속왕권까지도 좌지우지하는 자리에 오르게 되었고, 그러한 과정 속에서 침투해 들어온 교회의 세속화 현상은 새로운 수도원운동을 불러왔다. 그러한 상황 속에서 시행된 중세시대에 선행들은 금욕행위와 함께 구원을 위한 공로적 차원에서 이해되는 문제점을 안고 있었다. 그럼에도 이 시대에서 우리는 뛰어난 "사랑의 사도"를 만날 수 있다. 그는 바로 아시시의 성자 프란시스(Francis of Assisi, 1182-1226)이다. 그는 프란시스칸 수도회의 창시자로서 가난한 자들을 위한 사랑의 사도로 살았다. 프란시스 전기작가들 중 하나인 토마스(Thomas of Celano)는 프란시스에 대해 이렇게 묘사하고 있다: "길거리를 지나가다가 어떤 가난한 사람이 도움을 요청하면 그는 그에게 돈을 주기도 했고, 만일 돈이 없을 경우에는 자신의 모자나 벨트라도 벗어서 주었다. 그는 어느 구석진 어두운 곳으로 가서 옷을 벗은 후 그 가난한 사람에게 하나님의 사랑으로 그 옷을 받으라고 말했다. 또한 아버지나 형제가 집에 없을 때에 집에서 그들의 음식까지 준비되는

---

182) 같은 책, 19쪽.

것을 보면…그 여분의 음식은 가난한 형제들을 위해 사용되어야 한다고 말하기도 했다."183)

그리스도인의 선행 개념에 대한 종교개혁자 루터의 공헌이 있다면, 그것은 두 가지로 요약될 수 있다. 첫째로 그리스도인들이 사회적 책임의 부분을 감당함에 있어, 그는 그것이 죄의 용서를 가져다주게 된다는 중세의 관점을 거부한 사실이며, 둘째로는 진정한 선행이란 영적인 회심 이후에야 주어질 수 있다는 사실을 지적해준 점이다. 스위스의 종교개혁자 칼빈은 하나님의 전적 주권사상 아래서, 제네바 도시 안에서 성경의 신학적 도덕적 기준들이 적용될 수 있도록 노력했었던 것을 볼 수 있다. 또 다른 스위스의 개혁자 쯔빙글리도 제네바에서의 칼빈의 개혁과 같은 관점에서의 개혁작업을 취리히에서 추진하려 하였다. 특히 그의 개혁작업들 중에는 1524년에는 거리의 걸인들을 없이 함과 동시에, 설교자들의 수도원을 가난한 사람들의 아침밥을 제공해주는 식당으로 개조한 일, 또한 다른 수도원들도 학교, 병원, 그리고 고아원 등으로 개조하는 작업, 그리고 병든 자와 임신부들에게 음식을 제공해주는 자선(慈善)국을 설립한 일 등이 포함된다.184)

(2) 종교개혁시대 이후로부터 19세기까지

종교개혁시대 이후로, 우리는 기독교회의 사회적 봉사사역의 역사 속에서 가장 위대한 시기를 만나게 된다. 그것은 바로 17세기에 독일을 중심으로 전개된 경건주의 운동과 18-19세기에 걸쳐서 영국과 미

---

183) Michael de Labedoyere, *St Francis*(Garden City, N.Y.: Image Books, 1964) 52쪽, Ro의 논문에서 재인용 21쪽.

184) 같은 책, 24-25쪽.

국에서 전개된 부흥운동 내지는 대각성운동의 시기를 가리킨다. 데이비드 보쉬(David J. Bosch)에 의하면,[185] 그 시기에 경건주의자들과 복음주의자들이 가난한 자들과 비특권층들을 위해서 노력한 것이 의미 있는 것은 특히 당시에 유럽과 북미의 자유주의자들조차도 아직 그러한 일들에 대해서 무관심했던 시기였기 때문이라고 했다.

먼저 경건주의 운동은 독일에서 필립 슈페너(Philip Spener, 1635-1705)에 의해서 시작되었는데, 그들은 복음의 능력과 성령의 임재 속에서 개개인을 변화시키는 가운데 사회적 변화를 가져올 수 있다고 믿었다. 그러한 관점에서 할레 대학교를 세우고, 그 학교의 교육 사역을 통해서 후에 독일에서 수많은 복음적 지도자들을 배출하기도 하였다. 슈페너의 제자 프랑케(August Francke, 1663-1727)는 할레 대학교 교수로 사역하고 있을 때, 또한 술집과 댄스장과 같은, 사회에 버려진 이들을 유혹하는 유흥업소들로 가득 찬 할레 근처의 글라우하(Glaucha)라는 곳에서 설교하기 시작했고, 그들을 상대로 한 프랑케의 전도사역은 그 전 지역의 변화를 가져왔다. 그는 또한 고아원, 가난한 집 아이들을 위한 학교, 라틴어학교, 출판사, 그리고 가난한 이들에게 싼 가격으로 성경을 나누어주기 위한 성경원 등을 설립했던 것을 볼 수 있다.[186]

다음 세기인 18세기에 영국과 미국에서 전개되었던 복음적 부흥운동은 단지 죄인들을 그리스도께로 인도하는 복음전도 운동이었을 뿐만 아니라, 광범위한 이웃사랑실천 및 사회개혁 운동으로서 당시의 영국

---

185) David J. Bosch, "In Search of a New Evangelical Understanding" in *In Word & Deed*, 68쪽.

186) 같은 책, 27쪽.

과 미국사회에 큰 영향력을 끼쳤던 운동이었다. 영국에서의 그러한 총체적 복음 사역의 핵심에는 존 웨슬리(J. Wesley, 1703-1791)가 서 있었다. 그는 물론 복음전도자임에 틀림없다. 그러나 그의 복음전도사역은 그가 전한 복음을 통하여 청중들로 하여금 그리스도의 이름으로 사회적 문제들을 제기하도록 만들었고, 결국 복음의 능력으로 그 문제들을 극복할 수 있도록 했던 총체적 복음운동으로 평가되고 있다.[187]

브레디(J. Wesley Bready)가 쓴 *England: Before and After Wesley*라는 책은, 바로 그러한 웨슬리의 부흥운동이 영국사회에 끼친 광범위한 사회적 영향력에 대해서 잘 기술해주고 있다. 그 책의 부제가 가리키듯이[188] 웨슬리의 부흥운동은 단지 영혼구원사역에서만 머물지 않고 광범위한 사회적 변화까지도 가져오는 총체적 복음운동이었음을 알 수 있다. 이와 같은 웨슬리의 사회적 관심에 대해서, 노봉린(Ro Bong Rin) 교수는 하워드 스나이더(Howard A. Snyder)의 글을 다음과 같이 인용하면서 설명하였다:

---

187) J. Stott, *Decisive Issues Facing Christian Today*(Grand Rapids, A Division of Baker Book House, 1990) 2쪽.

188) Hodder & Stoughton 출판사가 1939년에 출간한 이 책의 부제는 The Evangelical Revival and Social Reform이다. 전체내용은 3부로 나누어져 있는데, 제1부에서 저자 Bready는 당시 18세기에 야만스러웠던 영국의 상황을, 스포츠를 위해서 동물들을 학대하는 일, 일반 대중의 타락한 음주문화, 아프리카의 흑인들을 매매하는 일, 시골사람들을 납치하여 노예로 팔아넘기는 일, 도박행위, 사창가의 비도덕적인 행위들, 그리고 정치적인 뇌물이나 교회의 타락상 등으로서 묘사해주고, 제3부에서는 19세기에 이르러 찾아온 변화들을 제시해준다. 노예제도 및 노예매매행위는 폐지되었고, 감옥제도도 개선되었으며, 공장과 탄광의 노동조건들도 향상되었으며, 교육의 기회가 가난한 이들에게까지도 제공되는 사회적 변화가 발생되었다는 것이다. 그런데 그러한 사회적 변화를 가져온 원인으로서, 저자는 웨슬리를 중심으로 전개된 부흥운동을 제2부에서 제시하고 있다. 웨슬리를 중심으로 한 영국에서의 영적 대부흥운동은 영국사회 속에 신약성경의 윤리를 기초로 한 새로운 사회적 양심을 회복시키는 결과를 가져왔기 때문이라고 주장하는 것이다.

웨슬리는 사회개혁에 대해서 단지 말하는 것 이상의 일을 했다. 그러한 일들 중에는, 감옥제도, 음주문화, 그리고 노동제도에 대한 개혁을 위한 노력들, 가난한 자들을 위한 대출기금을 마련하는 일, 의무실을 개설하여 가난한 자들에게 약을 나눠주는 일, 실업문제를 해결하기 위한 노력들, 그리고 개인적으로도 궁핍한 자들에게 상당한 금액의 돈을 나누어주는 일 등이 포함된다.189)

이와 같은 웨슬리의 복음적 사회개혁운동은 웨슬리의 부흥운동에 영향을 받았던 수많은 당시의 복음적 신앙인들에 의해 계승되었다. 그러한 총체적 복음운동에 헌신했던 신앙인 중에는, 영국과 유럽에서 감옥제도의 개혁을 위해 일했던 존 하워드(John Howard), 1844년과 1855년에 각각 Y.M.C.A.와 Y.W.C.A.를 창설한 조지 윌리엄(George Williams), 1859년에 구세군을 창설한 윌리엄 부스(William Booth)와 캐서린 부스(Catherine Booth) 부부,190) 그리고 25세에 영국에서 국회의원으로 당선되어, 제7대 샤프츠베리(Shaftesbury) 백작으로서 하원과 상원의원으로 활동했던 안토니 애슐리 쿠퍼(Anthony Ashley Cooper)를 들 수 있다.191) 특히 쿠퍼의 경우에, 그는 영국에서 공장

---

189) Howard A. Snyder, *The Problems of Wineskins*(Downers Grove, Ill., Inter Varsity Press, 1975) 172쪽. Ro의 논문에서 재인용 27쪽.

190) William Booth의 총체적 사역에 관한 내용은 그의 책, *In Darkest England and the Way Out*(Salvation Army, 1890)에서 찾아볼 수 있다. 1부와 2부로 나뉘어져 있는데, 1부에서는 어두움 속에 잠겼던 영국의 상황을, 빈곤과 실업, 기아와 노동착취, 질병과 술취함, 빈민가와 백인노예, 매음 등에 대한 이야기로 묘사해준다. 그리고 그들에게 복음을 전하려 하지만, 극도의 기본적인 생존문제에 짓눌려 있는 그들에게는 그들이 예수님에게로 나아가는 일을 더욱 쉽게 하기 위하여 어떤 일들이 필요하지 않는가 하고 반문하면서, 여러 가지 일들을 제안하는데, 바로 그 제안들이 제2부에서 소개되고 있다: 이동병원, 윤락여성들을 위한 갱생원, 위험에 처한 소녀들을 위항 예방의 집, 거리의 아이들을 위한 피난처, 교외의 시범마을, 빈민은행, 빈민을 위한 법적 구조계획. Stott, 『현대를 사는 그리스도인』 442-443쪽.

191) 같은 책, Ro, 27-28쪽.

의 근로조건을 개선하는 일에 헌신하며 정신병자나 공장의 어린 직공들, 광산의 부녀들과 어린이들, 그리고 빈민가의 어린이들의 삶을 개선하기 위한 사역을 수행하였다. 그러한 이들 중 3만 명 이상이 런던에서 집 없이 살고 있었고, 수백만의 사람들이 교육의 혜택을 누리지 못하고 있었다. 그러한 이들을 위한 빈민가의 학교를 설립하는 등, 비참한 인간의 삶의 현장들 속에서 그리스도의 이웃사랑의 계명을 온전히 실천하고자 노력했었던 것을 볼 수 있다.[192]

그러나 그 시대에 사역했던 다른 뛰어난 총체적 복음 사역자들 중에서, 우리는 무엇보다도 노예제도 폐지를 위해 일생을 헌신했던 윌버포스(Wilberforce)를 빼놓을 수 없다.[193] 그는 1784년 자신의 교장 선생님이었던 이삭 밀러(Issac Miller)와의 대화를 통하여, 그리고 종교 서적 및 성경을 읽는 가운데 회심을 경험했다. 그러나 그 이후의 삶 속에서 그가 자신이 정치적 야심과 복음적 요구 사이에서 갈등하고 있을 때 그리스도의 부르심을 따라 노예들을 위한 운동을 택하도록 확신을 넣어준 사람은 존 뉴턴(John Newton)이었다. 당시 영국에서 웨슬리를 비롯한 많은 복음적 지도자들은 영국의 사회적 양심을 깨우치기 위해 노력하고 있었으나, 구체적으로 노예제도 폐지에 영향을 줄 수 있는 사람은 정계에 몸담고 있는 사람들이었다.

윌버포스는 노예제도 폐지를 위한 사역이 바로 그리스도께서 자신에게 허락하신 소명이라고 생각하기 시작했다. 그리고 1787년 법안을

---

192) Stott, *Decisive Issues* 4쪽.

193) 그의 삶과 사역에 관한 내용은 위에서 소개했던 J. Wesley Bready의 책 제16장에서도 요약적으로 제시되고 있으며, 번역서로는 가트린이 저술하고 송준인이 번역한 『부패한 사회를 개혁한 영국의 양심』(두란노출판사)이 있다.

제출하는 데 동의하였으며, 그를 중심으로 노예제도 폐지를 위한 위원회를 구성하였다. 웨슬리도 자기가 죽기 3일 전에 윌버포스에게 편지를 써서 '하나님께서 그 일을 위하여 그를 이 땅에 보내셨으며, 낙심하지 말고 그 영광스러운 일을 잘 감당하라'는 내용으로 그를 격려하기도 하였다.194) 윌버포스를 중심으로 그의 주변에 모여든 그리스도인 정치인들로 구성된 클래펌(Clapham) 당의 활발한 움직임을 통하여 결국 리온(Leone)에서는 최초로 자유노예제도가 정착되었고, 1807년 2월 23일 영국하원은 그에게 유례없는 열광과 존경을 보내는 가운데 노예무역 폐지를 결정하였으며, 1833년에는 그들의 해방을 이루어냈다. 그 외에도 윌버포스는 그리스도의 복음전파를 위하여 성서공회나 교회선교를 위한 기관들도 설립하였고, 그 사회 속에 만연된 결투, 도박, 폭음, 풍기문란, 그리고 잔인한 동물경기와 같은 비도덕적 문제들까지도 폐지하는 운동들도 전개했던 것을 볼 수 있다.

이와 같이 18세기와 19세기에 영국에서 전개된 총체적 복음운동 사역은 19세기 영국이 활발히 세계를 향하여 파송했던 선교사들의 선교사역에까지도 영향을 미치게 되었다. 윌리엄 캐리(William Carey), 데이비드 리빙스턴(David Libingstone), 로버트 모리슨(Robert Morrison), 허드슨 테일러(Hudson Taylor)와 같은, 당시에 영국이 파송했던 뛰어난 선교사들은 아시아와 아프리카, 그리고 라틴 아메리카에 가서 열정적으로 복음을 증거했을 뿐만 아니라, 그들이 파송받은 지역에서의 사회개혁에 있어서도 선구자적인 역할을 감당하였다. 예를 들면, 윌리엄 캐리는 인도에서의 카스트 제도에 항거하였고, 노예들에

---

194) Stott. *Decisive Issues* 3-4쪽.

의해서 재배된 설탕수입을 거부하는 운동을 전개하였으며, 인도의 교육 및 농업 분야에서의 개선을 위한 많은 사역들을 감당했던 것으로도 유명하다.[195]

같은 시기에 미국에서도 그와 같은 총체적 복음사역의 역사들이 전개되었던 것을 우리는 보게 된다. 그것은 주로 1726년에 프릴링하이젠(Frelinghuysen)의 부흥운동을 통해서 시작되고, 후에 조나단 에드워드(Jonathan Edwards)에 의해서 강력히 추진되었던 제1차 영적 대각성운동과, 장로교 목사였던 라이맨 비처(Lyman Beecher)와 예일대학교 학장이었던 티모시 드와이트(Timothy Dwight)에 의해서 시작되고 후에는 찰스 피니(Charles Finney)에 의해서 더욱 힘 있게 전개되었던 제2차 영적 대각성운동의 모습들 속에서 찾아볼 수 있다. 뉴잉글랜드에서 부흥의 불길을 당겼던 조나단 에드워드는 조지 휫필드와 함께 위대한 영적 부흥의 역사를 일으켰을 뿐만 아니라, 사회적 참여의 부분에 있어서도 적극적인 모습을 보여주었다. 특히 그는 복음의 변화시키는 능력 속에서 하나님의 나라가 이 땅 위에 세워질 수 있다는 확신 아래서, 섬김과 사회봉사의 사역들을 강조하였다.[196]

복음전도와 사회적 책임이 함께하는 총체적 복음사역의 모습은 또한 제2차 영적 대각성운동, 특히 찰스 피니의 복음 사역에서도 확인되고 있다. 법률을 공부하다가 복음사역자로 소명을 받았던 피니는, 어떤 점에서 2차 대각성운동을 먼저 일으켰던, 조나단 에드워드의 손자 티모시 드와이트의 사역의 열매였다. 드와이트가 예일 대학교의 학장이 되

---

195) 같은 책, Bosch, 68쪽.

196) Ro, 28-29쪽.

면서부터 전개하였던 순수신앙회복운동의 결과로 1802년의 대부흥운동의 역사가 일어났었는데 피니는 바로 그때에 주어진 회개운동에 영향을 받았다. 피니는 복음에 접하는 기회를 갖고 난 후에 또한 성령의 강력한 역사를 체험하게 되었고, 그 이후에 자신의 교회로부터 여러 지역으로 강력한 부흥의 역사가 번져가게 되었다.

그는 대학교의 조직신학교수로 초빙을 받고 후에 학장으로 사역하면서 또한 순회부흥사로서 자신의 설교와 가르침, 그리고 *The Oberlin Evangelist*와 같은 출판물들을 통하여 영적 각성의 역사를 이루어갔다. 그는 평생에 100만 명을 전도하고 회심시킨 것으로 알려진다. 그러나 그를 중심으로 전개되었던 제2차 영적 각성운동은 영혼구원의 역사에서 머물지 않고 각종 대학의 설립과 사회정화운동 등으로 전개되었던 것을 볼 수 있다. 그 운동은 결투 금지, 주류 판매금지, 매음과 도박의 금지, 안식일준수운동, 금주법 등이 제정되는 일에까지 참여하게 되었으며, 그러한 사역들을 통하여 사회의 도덕률이 향상되는 결과를 가져왔으며, 또한 이러한 영적 각성운동으로 말미암아 회복된 사회적 양심은 감옥제도, 공공교육제도, 세계평화, 그리고 노예제도 폐지와 같은 문제들에 대해서도 관심을 모으게 하였다.[197]

찰스 콜(C. C. Cole)은 그의 책 *The Social Ideas of the Northern Evangelists*에서, 제2차 영적 대각성운동을 통하여 전개되었던 총체적 복음사역의 내용들을 다음과 같이 5가지 부분들로 정리해 주었다: 1)

---

197) Finney의 총체적 복음사역운동에 대해서는 Donald W. Dayton의 *Discovering an Evangelical Heritage*(Harper & Row, 1976) 제2장을 보라. Finney의 부흥운동을 통해 변화된 회심자 중 하나인 Theodore Weld가 일생동안 노예제도 폐지를 위해 헌신한 이야기는 제3장에서 소개되고 있다. 그가 Finney의 사역 아래서 회심하였으며, 얼마동안 그의 조력자로서 사역했다는 사실은 Finney의 복음전도 사역이 얼마나 폭넓게 사회 변화에 영향력을 끼쳐 왔는지를 말해주는 대목이 된다.

국내외적으로 선교기관들이 조직되고 2) 기독교문서사역들이 확대되었으며 3) 교회교육기관들의 확장 및 갱신이 이루어지고 4) 생활의 개혁, 즉 부패한 사회 속에서 기독교의 도덕적 기준들을 다시 회복하려는 시도들이 전개되었으며, 끝으로 5) 노예제도나 전쟁, 그리고 방종과 같은 사회악들에 대해서 항거하는 개혁운동들이 추진되었다.[198]

(3) 퇴보와 재도약: 20세기 이후

17세기부터 계속되어 온 복음주의자들의 이러한 총체적 복음사역의 역사는 20세기 초에 이르러 새로운 국면을 맞이하게 된다. 그것은 바로 미국의 역사학자 티모시 스미스(Timothy L.Smith)가 "대반전(大反轉/Great Reversal)"이라고 명명했고, 데이비드 모버그(David O.Moberg)가 자신의 책의 제목으로 삼고 연구했던 현상으로,[199] 복음주의자들이 사회적 책임의 부분을 등한히 여기게 되었던 것을 가리킨다. 1830년대 이후로 계속 되어진, 사회적 책임을 함께 감당해 왔던 복음주의자들의 대반전의 원인은 다음과 같이 몇 가지로 분석된다.

노봉린 교수는 사회적 책임을 감당하던 복음주의자들의 연합전선이 무너지게 된 원인으로서, 금주(temperance)의 의미를 재정의 하는 문제, 노예제도, 그리고 종말론 등과 같은 주제들에 대해서 복음주의자들 사이의 견해가 갈라진 것을 그 주요 원인들로서 제시한다. 예를 들면, 노예제도에 대해서는 즉각적인 폐지를 주장하는 복음주의자들, 준비를 하여 점진적으로 폐지할 것을 주장하는 이들, 그리고 폐지반대론자들

---

198) Bosch, 68-69쪽.

199) Stott, 6쪽.

로 나뉘어졌는데, 그러는 가운데 복음주의자들은 그리스도인들이 영적 문제들에만 관여해야 하고, 사회적 정치적 문제들은 무시해도 된다는 식의 태도를 갖게 되었다는 것이다.[200]

특히 종말론의 주제는 이러한 대반전에 지대한 영향을 끼쳤던 항목이었다. 1850년대까지만 해도 전천년론자들과 후천년론자들, 그리고 무천년론자들은 모두 다 힘을 합해서 문화적·사회적 발전을 위해 노력해 왔었다. 그러나 1850년대 이후로는 후천년론자들 중에 세속화 현상이 나타났고, 그들은 성령님의 역사 대신에 인간의 노력으로 그 일들을 추진하려는 태도를 견지하였다. 그리스도인의 사회적 참여에 있어서 그와 같은 초자연적 차원의 상실은 결국 복음주의자들로 하여금 사회개혁에 대해 흥미를 잃게 만드는 결과를 가져왔던 것이다. 결국, 개신교회의 큰 흐름은 에큐메니컬 운동의 방향에서 사회개혁을 부르짖는 좌익들과 역사적 기독교회의 정통신앙과 복음전도만을 강조하는 우파로 갈라지게 된 것이다.[201]

19세기 이후로 미국과 유럽에 영향을 끼치게 되었던 자유주의 신학의 물결은 바로 전자의 흐름에 결정적인 영향력을 행사해 왔다.[202] 그리고 복음주의자들은 자유주의 신학자들이 사회적 관심에 깊이 관여해 있음을 보고 그 둘을 밀접히 연관시켜서 바라보기 시작했으며, 점차적으로 복음주의자들 가운데서는 어떠한 형태의 사회적 책임의 부분들도

---

200) Ro, 30쪽.

201) Bosch, 69쪽.

202) 여기에서 대표적인 신학자로서 우리는 Walter Rauschenbusch를 들 수 있다. 뉴욕에 있는 Rochester 신학교의 역사신학교수였던 그는 *Christianity and Social Crisis(1907), A Theology for the Social Gospel*(1917)과 같은 저서들을 통해서 사회복음을 외쳐 왔던 것을 볼 수 있다.

발견하기 어려운 상황으로 나아가게 되었다. 결국 17세기부터 강력히 추진되어 왔던 복음주의자들의 총체적 복음사역의 역사는 "대반전"의 국면을 맞이하게 되었던 것이다.

그러나 복음주의의 역사는 거기에서 끝나지 않았다. 복음주의자들 중에서 성경의 복음과 그 복음을 전해주신 그리스도께서는 그러한 편중된 복음사역을 말하지 않는다는 사실을 주장하는 이들이 나타나기 시작했다. 그들은 '대반전'의 흐름을 또다시 역전시키려는 시도를 하였는데, 그들 중에 최초의 인물로 우리는 칼 헨리(Karl Henry)를 들 수 있을 것이다. 그는 1947년에 저술한 *Uneasy Conscience of Modern fundamentalism*라는 책을 통하여 복음주의자들의 회복을 부르짖기 시작했고, 그 이후 약 30년이 흘러서 세계 복음주의자들은 공식적으로 사회적 책임에 관한 복음적 선언문인 로잔언약(1974)을 작성하게 되었다. 물론 그 사이에도 1967년에 개최되었던 성공회 복음주의자들의 모임과 같은 사회적 책임의 사역을 위한 모임들이 전개되었던 것이 사실이다. 그러나 로잔언약 이후에 가서야 우리는 그랜드 래피즈(Grand Rapids)에서의 "복음전도와 사회적 책임의 관계 협의회"를 비롯하여 그와 같이 그리스도인의 복음전도와 사회적 책임을 균형 있게 이해하려는 복음주의자들의 모임이 지속적으로 전개되었고, 점진적으로 복음주의자들은 사회적 책임의 부분을 적극적으로 감당하려는 방향으로 나아가게 되었던 것이다.[203]

---

203) 이 부분에 대한 자세한 설명은 『이웃을 품에 안고 거듭나는 한국교회』 제1부의 "
(마) 균형 잡힌 성경적 교회연합 및 선교운동의 방향성"의 내용을 참고하라.

3. 총체적 복음사역[204]

이제까지 우리는 21세기에 한국교회가 나아갈 방향성 중 하나가 복음의 사회적 의의를 밝히는 일이라는 명제 아래서 몇 가지의 논의들과 사례들을 검토하며 살펴보았다. 오늘날 그리스도인들이 안고 있는 과제들 중의 하나는 바로 예수 그리스도의 복음이 오늘 이 땅에서 함께 살아가고 있는 우리의 이웃들에게 얼마나 복된 소식으로 제시될 수 있는가에 관한 일인 것이다. 그리고 오늘 우리가 그 과제를 얼마나 효과적으로 풀어가느냐의 여부에 따라, 21세기에도 여전히 한국의 그리스도인들의 마음을 누르고 있는 '교회성장정체'라는 어두운 늪의 수렁에서 벗어날 수 있는 길이 열리게 될 것이다. 21세기 교회 성장의 열쇠는 바로 '우리들의 이웃을 하나님의 사랑으로 품에 안는 자세를 회복하는 것'에서부터 찾아질 수 있기 때문이다.

그것은 바로 성경의 하나님께서 요구하고 있는 그리스도인의 삶의 자세이며, 구약의 가르침들과 제도들 속에서 제시되고 있는 교훈이었을 뿐 아니라, 예수님의 삶과 사역과 말씀들 속에서도 확인되는 진리이며, 또 초대교회 사도들과 성도들의 삶 속에서도 구체적으로 실천되어 온 진리였음을 우리는 제2부에서 확인하였다. 또한 제3부(증보출간 예정)에서 우리는 그러한 복음전도와 사회적 책임의 불가분성의 진리가 역사적 기독교회의 성경적 교리들 속에서도 드러나고 있음을 재확인해볼 수 있었으며, 초대교회 이후에 계속된 세계교회 역사 속에서도 신실한 하나님의 백성들은 사회적 섬김과 봉사의 삶을 실천해 왔음을

---

204) "총체적(Holistic)"이라는 용어는 전체론이라는 철학적 개념에 기원하지만, 그것은 진정한 선교가 복음전도와 사회적 책임을 포함하는 포괄적인 행위라는 점을 강조하고, 또 그 둘을 분리시키는 것을 거부하기 위해 제시된 표현이다. J. Stott, 『현대를 사는 그리스도인』(I.V.P., 1993), 429쪽.

우리는 제4부의 앞부분에서 확인해보았다.

단지 최근의 기독교회 역사 속에서 어두웠던 부분이 있었다면, 그것은 18세기와 19세기 초까지도 강력하게 추진되어 왔던 그와 같은 총체적 복음사역의 흐름이 19세기 후반에 이르러, "대반전(大反轉)"의 현상에 직면하게 되었다는 사실이다.205) 그러나 그때부터 사회적 책임에 대해 소극적인 태도를 보이기 시작했던 복음주의자들의 그 "대반전"의 모습이―하나님의 섭리 속에서―지난 세기 교회연합운동의 역사를 거쳐 오는 동안에 또다시 역전되는 과정을 거치게 되었고, 마침내 "총체적 복음사역"의 관점을 다시 회복하는 방향으로 나아가게 된 점은 우리 주님께 감사드려야 할 부분이 아닐 수 없다.

이제 지난 몇 십 년 동안에 세계 속에 있는 복음적 그리스도인들과 교회들 속에서, 그리고 특히 한국교회 안에서도 복음전도의 중요성을 잃지 않는 채 그리스도인의 사회적 섬김과 봉사의 사역을 적극적으로 감당하려는 방향으로 나아가는 움직임들이 일어나기 시작한 것은 매우 고무적인 현상이 아닐 수 없다. 그러나 아직도 더 많은 교회들과 그리스도인들이 그러한 성경적 복음사역의 관점, 즉 총체적 복음사역의 방향으로 나아가야 할 필요 아래 있는 것도 사실이다. 그러면 우리 가운데 왜 아직도 그러한 진리를 실천하는 방향으로 나아감에 있어서 소극적인 태도를 갖는 이들이 남아 있는 것인가? 우리에게 과연 무엇이 극복되어야 한단 말인가? 어떻게 하면 우리를 가로막는 장애물들을 뛰어넘어, 그러한 성경적 진리실천의 현장으로 달려갈 수 있겠는가? 19세기 말에 있었던 "대반전"의 현상이 20세기 초부터 극복되기 시작하여

---

205) 위의 2.의 "(3) 퇴보와 재도약: 20세기 이후" 부분을 보라.

많은 교회들과 그리스도인들이 온전한 복음을 총체적 복음사역의 관점에서 전하려고 애쓰고 있는 것이 사실이지만, 그래도 한국교회 안에서 아직은 전반적으로 미흡한 상황에 머물러 있음을 보게 된다.

앞에서도 언급하였듯이, 19세기에 전개되었던 "대반전" 현상은 당시에 금주, 노예제도, 종말론의 주제들에 관하여 복음주의자들 사이의 견해가 갈라지면서 사회적 책임을 감당하던 복음주의자들의 연합전선이 무너지게 됨으로써 야기되었던 것이다.206) 그러나 그러한 주제들은 이제 더 이상 복음주의자들이 사회적 책임을 감당하는 데 직접적인 방해물들이 되지는 않는 것 같다. 더욱이 종말론의 주제에 대해서 생각해 볼 때, 후천년론자들을 세속주의자들이라고만 간주하여 자유주의자들과 함께 후천년설을 배척하는 오류는 더 이상 걸림돌이 되고 있지 않다. 자유주의자들의 인본주의적 후천년설의 관점이 아니더라도, 역사적 기독교회의 신앙 안에서 이해되는 후천년설주의도 얼마든지 가능하기 때문이다. 즉, 이제는 사회적 관심과 참여에 적극적인 태도를 견지하는 것이 반드시 자유주의자들의 입장에 서는 것을 의미하는 것으로 간주될 필요가 없음을 우리는 모두 인정할 수 있는 것이다.

그러면 이제 우리가 극복해야 할 문제들은 무엇인가? 19세기 말에 있었던 "대반전"이 또다시 역전되어 세계교회들이 총체적 복음사역의 방향으로 전환하기 시작했는데도 아직도 우리를 머뭇거리게 만드는 장애물들은 무엇인가?

특히 한국교회 성도들에게 종말론의 주제는 복음주의자들의 대사회적 연합전선을 전개하는 데 있어 직접적인 걸림돌이 되지는 않는다고

---

206) 같은 책.

하더라도, 사회적 섬김의 사역을 수행하는 데 어느 정도의 부정적인 영향을 끼치고 있는 것이 사실이다. 우리가 한국교회의 보수진영에서 죽산 박형룡 박사의 위치를 고려해본다면, 그가 취했던 종말론에 대한 입장과 태도가 오늘 보수성이 강한 한국교회 성도들의 대사회적 태도에 영향을 미쳤을 것이라는 점을 생각해볼 수 있다. 물론 죽산이 '이미 시작된 하나님 나라의 현존'을 간과하는 입장이었다고 볼 수는 없다.207) 그럼에도 그의 내세론이 "그리스도의 재림과 관련하여 발생할 마지막 일들에만 치중한 타계주의"라는 평가를 받게 되는 것은, 그가 하나님 나라의 현재성을 부인한 것은 아닐지라도 내세의 영광의 나라에 더욱 흥미와 관심을 갖고서 그것을 강조하려는 입장을 지니고 있었기 때문이다. 그리고 그러한 가르침들은 오늘날까지도 한국교회의 보수적인 성도들의 삶 속에서 어느 정도라도 내세지향적인 신앙의 태도가 남아 있도록 만드는 원인 중 하나가 되었던 것이다. 따라서 오늘의 삶의 현장에서 하나님 나라의 백성으로서의 모습을 드러내려는 시도를 소극적으로 만드는 결과도 가져오게 되었다고 여겨진다.

물론 이러한 현상은 한국교회만의 현상은 아니다. 그것은 또한 오늘날 현대 복음주의자들에게서도 공통적으로 나타나는 현상으로 평가되고 있다.208) 그렇다면 이제 우리는 전천년설의 영향 아래서 형성된 내

---

207) 김광열, 『그리스도 안에 있는 구원과 성화』(총신대학교출판부, 2000) 307-308쪽. 죽산은 그의 『내세론』(260쪽 이하)에서 '왕국연기론'을 주장하는 세대주의적 전천년설을 비판하고 신자들은 이미 이 땅에서 임한 천국에서 살고 있으며, 영생이 원칙적으로 실현되고 있음을 주장하고 있기 때문이다.

208) David J. Bosch, "In Search of a New Evangelical Understanding" in In Word & Deed 71-72쪽. Bosch는 현대 복음주의자들 안에서 발견되는 전천년설적인 성향들을 지적해준다. 그러한 입장은 사회적 불의나 부패에 대해서 무관심해하거나 혹은 오히려 그것들을 그리스도의 임박한 재림의 징조들로 보려는 경향이 있다는 것이다. 그리고 그것은 결국 그들로 하여금 비관주의적인 역사관으로 떨어지게 한다는 점도 지적한다.

세지향적인 신앙의 편중된 신앙자세에서 벗어나, 보스가 제시해주었던 관점,209) 즉 이미 도래한 종말론적 하나님 나라를 인정하고 그 안에서의 현재적 풍성한 삶을 추구하는 신앙자세로 나아갈 수 있어야 한다. 21세기에 우리가 전개해야 할 신학적 방향성이 있다면, 그것은 복음의 현재적 의의를 강조하는 신학이어야 한다. 구원의 완전한 성취가 그리스도의 재림 때에 가서야 온전히 주어질 것이지만, 원리적으로 그것은 이미 신자들의 삶 속에서 시작되었으며, 그 나라의 능력은 이미 그리스도인들을 통해 이 사회 속에서 역사하기 시작하였음을 밝혀주는 관점들이 강조되어야 한다는 말이다.210) 분명히 신약시대를 살아가는 오늘의 성도들은 앞으로 주의 재림 시에 들어가게 될 영원한 하나님 나라에 대한 소망으로 살아가야 한다. 그러나 동시에 오늘 여기 교회의 현재적 삶 속에서 이미 시작된 천국의 축복들을 일구어내는 작업의 중요성을 인식해야 할 것이며, 또 그러한 사역들을 전개해 나가야 하는 것이다.211)

이 땅 위에서 이미 전개되고 있는 하나님 나라의 삶을 추구하기 위해 다음으로—종말론의 문제 이외에—우리가 극복해야 할 과제가 있다

---

209) 김광열, 『그리스도 안에 있는 구원과 성화』 303쪽.

210) 같은 책, 310-312쪽. 우리는 J. Murray의 결정적 성화론도 바로 그러한 관점을 밝혀주는 교리로 이해해볼 수 있다.

211) 같은 책. 물론 여기에서 복음의 현재적 의의를 강조해야 한다는 말은 해방신학이나 정치신학이 말하는 사회복음을 추구해야 함을 의미하는 것은 아니다. 우리가 추구하는 하나님의 나라가 초월성의 성격을 지니고 있음을 우리가 잊어서는 안 될 것이다. 주님의 재림에 가서야 이 땅에 진정한 평화의 나라가 온전히 성취될 수 있음을 소망하는 것이 성경의 가르침인 것이다. 그러나 주님의 복음은 그분의 재림에 가서야만 그 진가를 발휘할 수 있는 제한성을 갖고 있지 않다. 하나님의 나라의 능력은 오늘 우리의 삶 속에서부터 의미 있는 능력으로 역사하고 있으며, 그 능력은—비록 제한적일지라도—또한 사회 속에 드리워진 죄의 잔영들도 걷어낼 수 있는 역사를 일으킬 수 있는 것이다.

면, 그것은 우리 신앙의 좀 더 기본적이고 근본적인 부분에 관한 것들이라고 사료된다. 오늘 현대 그리스도인들에게서 발견되는 개인주의적이고 자기중심적 사고를 극복하는 일이며, 또한 더 나아가 자기중심적인 영적 생활을 극복하는 일이라고 볼 수 있다.

김세윤 교수는 그의 저서 『그리스도인의 현실참여』에서[212] 하나님의 자녀로서 오늘의 사회현실에 접근하는 방법에 대해서 논의하는 가운데, 한 가지 중요한 요소를 지적해주었다. 그리스도인의 현실참여의 방법은 자기주장에의 의지를 극복하고 자기를 버리는 삶의 원칙을 회복하는 가운데 찾아진다는 것이다.

그의 논지는 제1장에서 "그리스도인은 현실에 적극 참여해야 한다"는 명제로부터 출발한다. 그리스도의 복음은 영적 영역에서만 복음인 것이 아니라, 현실사회 속에서도 의미 있는 복음으로 주어진 것이기 때문이다. 사회 현실 속에서 하나님 나라의 정신을 거부하는 모든 대상은 우리의 선교사역지가 되어야 하는 것이다. 그리고 제2장에서는 그리스도인들이 현실에 적극적이어야 하지만, 그 말이 결코 '우리가 지금 여기에서 하나님 나라를 이룰 수 있음'을 의미하는 것은 아님을 강조한다. 즉, 하나님의 자녀들이 추구하는 하나님 나라는 근본적으로 인간에 의해서는 궁극적인 해결이 불가능함을 전제로 해야 한다는 것, 다시 말하면 하나님 나라의 초월성을 강조해주었다. 그러나 제3장에서는 그러한 불가능성에도 불구하고 신자들이 현실참여에 적극적이어야할 이유를 말하는데, 그것은 우리가 하나님의 백성이 되었다면 오늘 여기에서의 삶 속에서 그 나라의 실체를 반영하는 삶을 살아야 하기

---

212) 김세윤, 『그리스도인의 현실참여』(I. V. P., 1989).

때문이라는 것이다.

그런데 여기에서 중요한 것은 그러한 하나님 나라의 실체를 반영하는 방법에 관한 그의 설명 속에서 찾아진다. 그리스도인의 현실참여의 방식은 결코 폭력이나 파괴의 방법일 수 없고, 오히려 자기주장으로 자기 이익을 도모하려는 의지를 극복하려는 결단에서부터 시작되어야 한다고 보았다.[213] 그 근거로 바로 예수님의 사역의 성격을 제시하는데, 예수님은 이 땅에 계시는 동안 하나님 나라를 선포하셨지만 그것을 지상에서의 어떠한 제도나 이데올로기와 동일시하지 않았는데, 그것은 현세의 어떠한 제도도 '자기주장에의 의지'를 완전히 극복해낼 수 있는 근본적인 방안을 제시해주지 못하기 때문이었다.

사탄은 에덴에서부터 인간에게 하나님 중심의 삶을 버리고 자기중심으로 살아가려는 자기중심에의 의지를 심어주었고, 오늘날 우리가 진정으로 '이웃사랑'이라는 예수님의 계명을 이 사회 속에서 실천하기 위해서는 바로 그 "자기중심에의 의지"가 극복되어야 하기 때문이다. 바로 그 부분이 오늘 현대 그리스도인들이 극복해야 할 가장 기본적이고 근본적인 과제라고 사료된다.[214] 그러한 자기중심적인 사고방식은 세속적인 기원을 가지고 있음에도, 복음을 받아들인 그리스도인도 쉽게 끊어버리지 못하는 성향을 지니게 되기 때문이다.

오늘날 현대교인들이 추구하는 영적 열심 혹은 영적 부흥이란 교회

---

213) 같은 책, 33쪽 이하.

214) David J. Bosch, "In Search of a New Evangelical Understanding" 72쪽. Bosch도 바로 이 개인주의적인 성향을 그리스도인의 사회적 책임을 가로막는 요인 중 두 번째의 장애물로 지적한다. 오늘날 미국에서 강력한 영향력을 행사하고 있는 T.V. 복음전도자들에 의해서 전파되는 복음이 바로 그러한 성향을 띄고 있다고 지적하면서, 그는 그것을 "pious egocentrism"이라고 부른다.

내적으로만 혹은 자기 개인적인 차원에서의 영적 생활에서만 머물고 만다는 지적을 우리는 쉽게 들을 수 있다. 그것은 어떤 의미에서 자기 중심적인 사고가 예수님을 믿는다는 신자들 속에도 여전히 남아 있어 "영적 형태"를 띈 자기중심적 영성으로 표출되기 때문이라고 볼 수 있다.

16세기 중세의 신비주의자로 알려진 요한(John of the Cross)은 '세속적 이기주의가 중생자에게도 영적 형식의 가면을 쓰고 침투해 들어왔으며, 그 결과 영적 형태의 교만, 질투, 탐욕 등을 교회 안에 난무하게 만들고 있다'고 지적했다.215) 신자는 중생 후에도 세속적 관점(세속적 이기주의), 즉 아담이 에덴에서 사탄으로부터 전달받았던 "자기중심적 삶의 방식"을 여전히 보유하기 쉬운 것이다. 그리고 그러한 삶의 자세는 결국 그리스도인들로 하여금 이웃을 섬기라는 예수님의 계명을 수행하는 것을 어렵게 만드는 요소로 작용한다.

그러나 사실 그러한 삶의 원리는 중생하기 전의 옛사람의 삶의 방식일 뿐이다. 다시 말하면, 그것은 은총의 복음밖에 있던 옛사람의 옛 자아가 아직 온전히 죽음에 이르지 못한 경우일 뿐이다. 자기 성취와 자기를 주장하려는 의지의 추구란 불신자들의 삶의 핵심적인 원칙이기 때문이다. 인간을 억누르는 모든 사회의 억압에서 벗어나려는 삶의 목표는 사회정의를 부르짖는 모든 이들에게서 발견되는 태도일 것이다. 그러나 같이 사회정의를 부르짖고 있다고 하더라도, 하나님의 자녀가 추구하는 목표와 불신자의 그것은 서로 다를 것이다. 후자의 경우는 그들의 모든 봉사의 일들도 결국은 옛사람의 생활원리인 "자기주장에

215) Richard F. Lovelace, *Renewal as a Way of Life*(I. V. P., 1985) 18쪽.

의 의지"를 추구하는 자기집착적인 생활로 귀착하게 되기 때문이다. 그런데 중요한 것은 신자도 중생 후에 여전히 그러한 세속적인 관점에서 살아가게 될 때, 요한(John of The Cross)이 지적한 바와 같이 영적 형태로 채색되어진 욕망의 삶, 영적 차원에서의 자기중심적인 생활로 떨어지게 될 수 있다는 점이다.216)

월스트리트저널 1980년 7월호에 보면, 복음적 부흥운동이 전국을 휩쓸고 지나갔지만 수많은 교인들은 죄악 된 사회 속에 복음의 빛을 비추는 일보다 교회의 벽 안에 있는 자기들에 관해서만 관심을 갖는 교회들에 대해 실망하였으며, 결국 그곳으로부터 떠나고 있다는 사실이 지적되었다.217) 18-19세기에 발생된 미국의 대각성운동(Great Awakening)이 그 결과 사회 속에서 여러 가지 방향으로 지대한 영향력을 미쳤던 경우와는 매우 다른 양상을 보이고 있는 것이다.218)

오늘의 한국교회는 어떠한가? 1,200만의 성도를 자랑하는 한국교회는 과연 이 사회를 얼마나 정화시킬 수 있는 내실을 갖추고 있는가? 얼마나 사회를 변화시킬 수 있는 영향력을 지니고 있는가? 사회의 범죄는 더욱 극성을 부리며, 그 가운데 오히려 그리스도인들이 포함되는 현실을 우리는 안타깝게 바라볼 뿐이다. 그러나 이제 우리는 다함께 이 사회 속에 희망을 심어주는 교회로 다시 거듭나야 한다. 앞의 제4

---

216) 오늘 한국교회의 문제점들 중의 하나는 "개교회주의"라고 지적되는데, 그것도 역시 "세속적 이기주의"가 영적 형태를 띠고 나타난 경우 중 하나라고 볼 수 있다.

217) *Renewal as a Way of Life* 17.

218) Ibid.,미국 정치에 영향력을 미치고 있는 Moral Majority의 지도자들도 (예를 들면, Robert Billings) 지적하기를, "처음에는 모두들 흥분하여 열띤 토의를 하다가도, 3주 정도만 지나면 교회의 건물 안으로 숨어버린다"고 꼬집는다. 앞의 II 의 "ㄴ) 종교개혁 시대 이후부터 19세기까지"에서 언급된 미국의 대각성운동의 결과들을 정리한 부분과 비교해보라.

부에서 살펴본 바와 같이, 지난 몇 십 년 동안에 세계적으로 또 한국 교회 속에서도 증가하고 있는 사회적 섬김과 봉사와 희생의 사역에 적극적으로 참여하는 교회들과 그리스도인들의 대열에 나와 우리 교회도 동참할 수 있어야 한다. 그럴 때에 우리는 21세기에 조국교회의 새로운 희망찬 미래를 기대할 수 있을 것이다.

중생한 이후에도 여전히 "자기중심적인 영적 생활"을 영위하고 있는 나약한 모습에서 이제 우리는 일어서야 한다. 어쩌면 아직도 대부분의 복음적 교단에 소속된 한국교회들과 교인들의 영적(?) 관심은 "내가 어떻게 더 좋은 신자가 되는가?" 혹은 "우리 교회가 얼마나 크게 성장할 것인가?"에만 초점이 맞춰져 있는 건 아닌지 모르겠다. 그들 중의 많은 이들의 최종 목표는 "그리스도께 영광" 그리고 "하나님 나라를 구하는 것"이라기보다는 "자기 발전의 수단으로서의 영적 생활"일 뿐이다. 아직도 영적 거듭남이나 신앙성숙, 그리고 교회의 성장의 과제가 자기 발전을 위한 수단의 관점에서만 이해되고 있다면, 우리는 어서 속히 영적 형태로 포장된 "자기주장에의 의지"를 버리고, 진정한 "하나님 나라 중심에의 삶"으로 나아가야 한다.[219]

오늘날 한국교회는 자기중심의 복음 혹은 인간 중심의 복음에서 그리스도 중심의 복음, 하나님 나라 중심의 복음으로 이동해야 한다.[220] 예수님께서 나의 죄를 위해 나를 구원하시려고 십자가에 죽으셨다는

---

219) 이러한 점에서, 자기중심적 신앙 즉, 구원의 주되신 그리스도에게로 우리의 초점을 맞추기보다, 그 구원의 열매들에만 집착하는 실용주의적(?) 신앙태도는 오늘의 한국교회가 극복해야 할 과제 중 하나다. 김광열, 『그리스도 안에 있는 구원과 성화』, 7-8쪽.

220) 후안 카를로스 오르티즈, 『제자입니까』(Discipline, 도서출판 두란노, 1989) 제1장 "내가 복음서"라는 항목에서 저자가 지적하는 바도 이와 같은 맥락에서 이해될 수 있을 것이다.

은혜의 선포에 감격할 줄은 알지만, 아직도 우리 자신들 각자가 구원 받은 **신자로서 이제 그리스도와 함께 십자가에 못 박혀 죽었고, 그와 함께 '자기주장에의 의지'도 함께 십자가에 못 박혔으며, 자기 안에는 오직 그리스도께서만 살아가시는 존재가 되었음을 가르치고 있는 갈라디아서 2:20의 진리**에 이르기 위해서, 우리는 더욱 부단히 노력해야 한다. 그럴 때에야 우리는 주님께서 명하신 '이웃사랑'의 계명을 "설교하고 전파하는 교회"에서, 그것을 "실천하는 교회"와 신자로 거듭날 수 있게 될 것이다.

진정한 복음의 정신은 개인주의적이고 자기중심적인 사고를 극복할 뿐만 아니라, 영적 차원에서 표출되고 있는 "자기중심에의 의지"까지도 벗어버리고, 진정한 하나님 나라 중심의 삶의 원리를 회복하는 것이어야 한다. 그분의 나라의 핵심적인 정신이 하나님의 사랑이라면 그 하나님의 사랑 받은 자들은 이제 자기집착, 자기주장의 의지를 극복하고, 거저 받은 하나님의 사랑으로 도움이 필요한 이웃에게로 나아가야 한다.

오늘날 전개되는 많은 현대의 세속적 사회운동, 심지어는 기독교의 이름으로 수행되는 여러 사회사업운동들이 지니는 문제점 중에서, 우리는 그들이 하나님과의 수직적인 영적 관계성의 중요성을 간과한 채 단지 희생하며 봉사하는 일에만 몰두한다는 점을 지적하곤 한다. 그 이유는 하나님과의 깊은 영적 기초가 결여된 채 전개되는 사회참여 운동들, 혹은 성경이 말하는 영적 생명의 출생(요 3:3, 5)의 중요성이 간과된 채 민중의 인권회복만을 부르짖는 민중신학이나 해방신학 등은 모두 진정한 하나님 중심의 삶의 회복을 추구하고 있는 것이 아니기 때문이다.221) 비록 그들도 사회정의나 혹은 타인을 위한다는 명분들을 갖고 있으며 때로는 하나님 나라를 위한 행동을 하고 있다고 주장한다 할지라도, 궁극적으로 그들의 운동은 인간을 위한 투쟁의 범주에 머물고 마는 것이다. **하늘 보좌에 앉아 계신 그분 중심의 삶에서 출발된 운동은 아니기** 때문이다. 다시 말하면, 세속적 사회봉사나 사회운동의 근저에는─아무리 그들이 좋은 명분과 목표를 내세운다 하더라도─"인간중심/자기주장에의 의지"가 놓여 있는 것이나, 그리스도인의 이웃사랑의 사역에는 하나님 사랑으로 인하여 "자기주장의 의지가 극복되는 역사"가 그 기초를 이루고 있는 것이다.

그러나 그와 동시에 우리는 보수주의자들이 저지르기 쉬운 영적 이기주의의 오류에 대한 지적도 겸허히 받아들여야 한다. 앞에서 지적한 바와 같이 하나님과의 수직적인 관계의 중요성을 인식한다고 하면서도, 자기중심적인 영적 생활에서 벗어나지 못하는 명목상의 신자들이 있을 수 있기 때문이다. 그렇다면 그들의 신앙생활도 여전히 하나님(나라) 중심의 삶은 아닌 것이다. 그들이 하나님을 바라보는 삶을 산다고 하면서 사회적 섬김과 희생의 사역을 소홀히 하게 되는 것은 아직도 그들이 "자기중심적 사고"를 온전히 극복하지 못하고 영적 이기주의(pious egocentrism)에 머무른 채, **진정으로 "하나님 나라 중심적 사고와 삶"으로 나아가지 못했기** 때문이리라. 어거스틴이 말한 대로,

---

221) 그와는 대조적으로, 진정한 성경적 사회운동의 출발은 하나님 나라 운동이어야 한다. 따라서 그 원동력은 하나님과의 깊은 영적 만남의 사건에서부터 주어진다고 볼 수 있다. 우리는 복음의 사회적 영향력을 분명하게 끼쳐 왔던 운동들 중에 대표적인 것으로 미국의 대각성운동을 들 수 있는데, 그 운동의 핵심에 있었던 J. Edwards는 바로 하나님의 사랑에 대한 충만한 경험을 통해서 영적 비전을 얻었으며, 사회의 변화까지도 일으킬 수 있었던 진정한 기독교 영적 운동의 원동력을 얻게 되었던 것으로 평가된다. 같은 책, *Renewal as a Way of Life*, 28-29쪽.

우리가 **하나님으로부터 주어지는 어떤 축복들은** 갈망하면서도, 그 **하나님 자신에 대해서는, 그래서 그분의 나라를 구하는 일에** 대해서는 도무지 관심이 없는 신앙을 살게 되기 쉬운 것이다.

이제 우리 앞에는 희망찬 21세기의 지평이 열리고 있다. 그것은 우리 모두가 함께 우리를 기다리며—영적으로 그리고 사회적·물질적·정신적으로—도움받기를 원하고 있는 이웃들에게로 달려가 그들을 우리 품에 안는 그리스도인들과 교회로 거듭나게 될 때 더욱 멋지게 펼쳐질 것이다. 그것은 구약의 가르침과 제도들 속에서부터 제시되었고, 예수님과 그의 사도들, 그리고 초대교회 성도들 이후의 기독교회 역사 속에 수많은 믿음의 선진들에 의해 실천되어 왔던 총체적 복음사역의 대열에 동참하는 길이 될 것이다. 우리가 상처 입은 이웃들을 우리 주님과 같이 우리의 품에 안으며, 그래서 또한 주님의 품안에 안기도록 도와줄 수 있게 될 때, 21세기 한국교회의 회복과 부흥의 소식은 들려오기 시작할 것으로 확신한다.

제 8 장 개혁신학에서 본 부흥신학

-성경적 부흥은 "총체적" 회개로부터-

1907년 평양대부흥운동의 100주년이었던 2007년 전후 몇 년 동안에 한국교회는 평양대부흥 100주년을 기념하는 행사들을 꾸준히 전개해왔다. 2006년 2월에 있었던 비전선포식에 이어 3월에는 장충체육관에서 전국대회가 있었고, 계속해서 각종 세미나 및 집회 등이 개최되고 있다. 한국교회의 이러한 행사들은 단지 지난 평양대부흥을 기념하기만 하려는 것이 아니라, 그러한 부흥의 물결을 다시 한 번 한국교회에 일으키려는 소망 가운데서 추진되고 있는 것이다.

2007년 5월 개최되었던 제44차 전국 목사장로 기도회에서의 강의 주제가 부흥에 초점을 맞추고 있는 것도 같은 맥락에서 이해될 수 있다.[222] 전국 교회들과 교단들마다 "어떻게 교회가 다시 한 번 부흥의 물결을 경험할 수 있을 것인가?"라는 과제를 안고 기도하면서 의논하

---

[222] 본장의 내용은 2007년 5월에 광주 겨자씨 교회에서 개최되었던 제44회 목사장로 기도회에서 특강한 논문의 내용을 일부 수정한 것이다.

고 여러 가지 행사들을 추진해 왔다. 교단 산하 전국교회를 섬기는 기둥과 같은 주의 일군들이 전국 목사장로 기도회 장소인 광주 겨자씨교회에 모여 뜨겁게 주께 기도드리며, 교회의 부흥을 위해 마음을 모으는 일은 정말 귀하고 아름다운 일이라 하겠다. 그런데 더 중요한 질문, 그래서 선행되어야 할 질문은 "과연 성경적 부흥의 의미가 무엇인가?"에 관한 것이다. 특별히, 개혁신학의 관점에서 부흥의 의미를 어떻게 이해할 것인가에 대한 논의가 필요하다. 목표와 방향성이 바로 설정되지 못한다면, 열심히 달려갔어도 헛된 경주가 될 수 있기 때문이다.

현대 그리스도인들에게 있어 극복되어야 할 신앙적 과제 중 하나는 이원론적 신앙자세이다. 헬라적인 영육이원론 혹은 중세적인 성속이원론223) 등과 같은 "구분 짓기"의 신앙태도는 우리가 극복해야 할 왜곡된 신앙태도들이다. "영적 영역들"에 대한 강조가 신앙생활 속에서 전인적인 회복의 비전을 축소시켜 왔고(영육이원론), 또한 사회적이고 우주적인 회복의 비전까지도 간과하는 결과들을 가져왔기 때문이다(성속이원론).

이제 이러한 구분 짓기의 이원론적 접근방식은 부흥을 추구하는 우리의 시도들 속에서도 여전히 잠재되어 있다가 그 모습을 드러내곤 한다. 한국교회가 꿈꾸는 부흥의 모습 속에서─과연 개혁신학이 강조하는 바대로─하나님의 주권이 온 세상에 미치고 있으므로, 그 세상 속에서 드리워져 있는 죄의 모든 세력들을 무너뜨리고 그 가운데 고통하

---

223) 이원론적 오류의 대표적인 2가지 형태로서, 전자는 정신적이고 영적인 것은 하나님과 가까운 거룩한 일이고 귀한 일인 반면, 물질적이거나 육신적인 것들은 죄악 된 일로서 구분 짓는 방식이며, 후자의 경우는 교회 안의 일들과 세상의 일들을 각각 거룩하고 속된 일들로서 구분 짓는 방식이다. 반면에, 개혁신학은 하나님께서 창조하신 인간은 영혼과 육체를 포함한 그 전인이 하나님의 보시기에 "심히 좋았더라(very good)"는 하나님의 평가를 강조하며, 또한 온 세상을 다스리시는 하나님의 주권적 통치를 강조한다.

는 이웃들을 하나님 나라의 통치 아래로 이끌어오려는 비전이 얼마나 충실하게 반영되고 있는가? 우리는 좀 더 진지하게 검토해볼 필요가 있다.

1980년에 발행된 월스트리트저널의 한 칼럼에는 당시의 복음적 부흥운동에 대해 평가하는 기사내용이 실려 있다.224) 부흥운동의 집회들이 전국을 휩쓸고 지나갔지만 과연 사회 속에는 얼마나 영향을 주었는가? 라는 물음을 던지고 있다. 야단법석하며 군중들을 끌어들이는 행사는 진행되었지만, 아니 정말로 교회의 부흥과 자신의 영적 갱신을 위한 진지한 모습들도 찾아볼 수는 있었지만—18, 19세기의 대각성운동의 모습과는 다르게—그들의 부흥운동 속에서는 이 세상에 드리워져 있는 죄의 세력, 그리고 그 아래에서 고통하는 이웃들과 사회 곁으로 다가서는 모습을 찾아보기 어려웠다는 것이다. 그들은 부흥의 의미를 단지 자신의 내적 영성에만 초점을 맞추거나, 혹은 교회의 잔치 정도로 만족해하는 "교회 행사"의 차원으로 축소시키고 말았다는 지적으로 해석될 수 있다.

과연 19세기 미국의 영적 대각성운동은 "교회 행사"로만 끝나지 않았고 사회적 영향력을 끼쳤던 운동으로 평가된다. 찰스 콜(C. C. Cole)의 지적과 같이,225) 19세기 대각성운동은 당시의 선교기관들과 기독교문서사역들의 활성화를 가져왔고, 교회교육기관들도 새로워졌을 뿐만 아니라, 부패한 사회 속에서 기독교의 도덕적 기준들이 다시 회복되는 일들이 전개되었으며, 더 나아가 노예제도나 전쟁, 혹은 방종과

---

224) *Wall Street Journal*, 11 July 1980, 1쪽.

225) 김광열, 『이웃을 품에 안고 거듭나는 한국교회』(총회출판부, 2002) 182쪽.

같은 사회악들에 대해 항거하는 개혁운동으로 이어졌던 것이다. 복음의 변화시키는 능력을 통해서 이루어지는 참된 부흥이란, 성도와 교회를 회복시킬 뿐 아니라 이 땅위에 드리워져 있는 모든 죄의 영향력들을 걷어내는 총체적 변화와 회복을 지향해야함을 그들은 깨닫고 있었던 것이다.

지난 2월부터 계속되고 있는 "1907년 평양대부흥 100주년 기념대회"의 다양한 행사들은 조국의 교회들 모두가 기대하면서 주목해온 행사였다. 이제 앞으로 계속될 집회들과 행사들을 통해서—그리고 오늘 개최되는 2007년 총회교육주제 심포지엄을 통해서도—명목상의 그리스도인들이 참 하나님의 백성으로 거듭나며 이 땅의 교회들이 새로워지는 부흥과 회복의 역사가 있기를 기도해야 할 것이다. 그러나 1907년 평양대부흥운동은 교회와 성도들이 자신의 "내적 영성"의 회복만을 추구하는 부흥운동, 혹은 교회들만 야단법석 대는 "교회행사"로만 멈추지 않았다. 그것은 교회 담을 넘어서는 부흥운동이었다. "기생과 환락의 도시였던 평양을 동방의 예루살렘으로 바꾸는" 총체적 부흥운동이었다.[226] 주님의 통치가 임하므로 성도들은 교회 안에서 복음으로 말미암아 주어지는 영적 축복들을 누리게 되었지만, 거기에서 멈추지 않았다. 더 나아가 우리 주님의 통치란 이 사회와 온 세상에까지도 미치므로, 사회 구석구석에 드리워져 있는 죄의 영향력들을 걷어내는 총체적 회복의 역사에까지 나아가려 했던 것이다.

본고에서 우리는 개혁신학에 기초한 참된 부흥의 방향성을 검토해보려 한다. 먼저 **하나님 중심의 신학, 특히 하나님의 주권적 통치와 주되**

---

226) 박용규, 『평양 대부흥운동』(생명의 말씀사, 2000). 특히 제11장 "대부흥운동과 사회개혁"을 참고하라.

심(Lordship)을 강조하는 개혁신학의 관점들을 지적한 후, 그러한 관점들 아래서 볼 때 성경적 부흥이란 총체적 복음에[227] 기초한 총체적 부흥의 방향성을 견지하는 가운데 이뤄질 수 있다는 점을 밝히려 한다. 결국, 참된 성경적 부흥이란 "총체적" 회개운동에서부터 출발되는 것이며, 이로써 한국사회와 이웃들 속에서도 복음의 빛을 밝게 비추고 복음의 능력으로—영적 생활과 교회 안에서의 생활뿐 아니라—이 땅과 사회까지 회복시키는 성경적 참된 부흥을 불러오게 되는 것이다.

1. 개혁신학의 관점 몇 가지

개혁신학의 특징 중 기본적인 원리들 가운데 하나는 신본주의적(Theocentric) 접근방식이다.[228] 이 세상을 살아가는 그리스도인들에게 주어지는 끊임없는 도전들 가운데 하나는, 신본주의적 신앙을 버리고 인본주의적 신앙으로 들어가도록 하는 유혹들이다. 우리는 쉽게 우리의 신앙이나 구원의 의미를 자기 자신의 어떠한 개인적인 욕구나 세속적인 욕심을 채우기 위한 수단으로 전락시키는 인본주의적(man-centered) 접근방식으로 떨어진다. 그러나 성경적 신앙은 우리

---

227) 그리스도의 복음은 원래 "총체적" 복음이다. 그러므로 "총체적"이란 수식어는 동어반복적일 수도 있다. 그러나 그 수식어가 필요한 것은 앞에서 지적한 "이원론적" 신앙태도들로 해석된 왜곡된 복음이해들이 아직도 현대 그리스도인들의 신앙 속에서 여과되지 못하고 있으므로, 그 부분을 강조하려는 수식어일 뿐이다. 총체적 복음에 대한 좀 더 구체적인 논의들을 위해서는 총체적복음사역 연구소 연구지 『총체적 복음의 신학과 실천』(창간호, 제2호)나 연구소 홈페이지(www.hgm.or.kr)를 참고하라.

228) R. C. Sproul, *Grace Unknown: The Heart of Reformed Theology*, 한역 『개혁주의 은혜론』(기독교문서선교회, 1999) 25쪽 이하. Sproul은 개혁신학의 핵심적인 원리들을 1) 하나님 중심 2) 오직 하나님의 말씀으로 3) 오직 믿음으로 4) 예수 그리스도에 대한 헌신 5) 언약신학적 원리라는 5가지 항목들로 설명한다.

자신으로 하여금 하나님께로 향하게 하며, 그분께 영광 돌리는 삶의 원동력으로 삼는 신본주의적(God-centered) 접근방식인 것이다.

믿음생활을 처음 시작하는 어린 신자의 경우라면 모르겠으나, 깊은 신앙의 자리에 이르려는 그리스도인의 경우에는 더 이상 자신의 건강과 행복과 축복만을 추구하는 신앙태도에 머물러서는 안 된다. 성경이 요구하는 성숙한 신앙인의 모습은 하나님만으로 만족하며, 오직 그분만을 즐거워하고 그의 나라와 의를 추구하는 삶을 통하여 그분께만 영광 돌리는 모습이어야 하기 때문이다. 그러나 우리가 어린아이의 신앙에서 벗어나지 못할 때, 그래서 여전히 인본주의적인 신앙의 울타리에 머물게 될 때, 우리는 불만 혹은 낙심의 웅덩이에서 헤어 나오지 못하는 신앙생활을 하게 될 것이다.

이처럼 신본주의적 신앙자세를 놓치게 될 때 구원을 나의 욕구만을 채워주는 어떤 축복이라고만 생각하게 되며, 결국 그는 인본주의적인 구원이해에 머물게 된다. 그것이 영적인 것이든 물질적인 것이든 상관 없이 나의 소원을 이뤄주는 어떤 무엇이라고만 생각하게 될 때, 우리는 주께서 베푸신 구원을 통해 나에 인생에 주어지는 어떤 유익들과 열매들만을 관심하는—때로는 그 안에 세상적인 욕심들까지도 포함시키면서—"인본주의적" 신자의 삶으로 전락되기 쉽다.[229]

이러한 점에서 개혁신학이 강조하는 하나님 중심의 구원관은 그 중요성을 지니게 된다. 구원이란—물론 내가 얻는 무엇이라고 할 수도 있겠지만—개혁신학의 관점에서 그것은 근본적으로 나 자신이 변화되는 사건이다. 소위 축복이라는 용어를 굳이 붙인다면, 그것은 **하나님**

---

229) 김광열, 『그리스도 안에 있는 구원과 성화』(총신대학교 출판부, 2004) 7-8쪽.

제 2 부 교회를 위한 개혁신학 논의 213

중심(God-centered)의 존재로 변화되는 축복의 사건이다. 하나님의 통치 아래 살기에 적합한 존재로 변화되는 사건인 것이다. 그리고 그 구원의 역사 속에서 주어지는 변화란, 일차적으로 하나님과의 영적인 관계 속에서 주어지는 영적 존재의 변화인 것이 사실이지만, 그것은 또한 중생자의 육적·정신적·사회적 삶까지도 그분의 통치 아래 놓여 새로운 방향성을 갖게 되는 변화까지도 포함하는 사건이다. 그리고 더 나아가 그리스도의 구원 안에서 주어지는 회복의 역사는 온 우주 만물까지도 그분의 새로운 통치의 변화 아래 놓이게 한다. **그러한 의미에서 우리는 성경이 말하는 구원을 "총체적 구원"이라고 말할 수 있다.**230)

이러한 구원의 총체적 성격은 개혁신학의 또 다른 강조점인 "하나님의 주권적 통치", "주되심"(Lordship)에 대한 가르침에서도 확인될 수 있다. 미국의 웨스트민스터 신학교에서 실천신학교수이셨던 에드먼드 클루니(Edumund P. Clowney) 박사는, 신자의 복음전도사역을 설명하면서, 그것을 **하나님 나라의 관점에서의 복음전도(Kingdom Evangelism)**라는 개념으로 제시했다.231) "하나님 나라"의 도래를 현재의 교회시대에서는 인정하지 않으려는 세대주의의 관점과는 달리, 개혁신학은 복음서들 속에서 발견되는 하나님 나라 메시지의 현재적 중

---

230) 김광열, "총체적복음사역의 신학적 기초와 방법론", 『총체적복음사역의 신학과 실천』 창간호(총체적복음사역 연구소, 2004) 26-28쪽.

231) Edmund Clowney, "Kingdom Evangelism"" in *The Pastor-Evangelist* ed. Roger Greenway(Phillipsburg, N. J.: Presbyterian & Reformed, 1987) 15쪽 이하. 또한 간하배(Harvie M. Conn)의 『복음전도와 사회정의』(엠마오출판, 1984) 참고. Clowney 교수는 하나님 나라 관점에서 복음전도가 "총체적(holistic)" 성격을 지니고 있음을 지적했으며(21쪽), 간하배 교수도 주되심의 관점에서의 전도 개념을 요약적으로 제시하면서, "총체적 전도(holistic evangelism)"라는 표현을 사용했다(55쪽, 한역).

요성을 인식하고 있음을 지적하면서, 클루니 박사는 보스나 리덜보스 (H. Ridderbos)와 같은 개혁신학자들의 최근 연구들을 통하여 우리가 성경신학적 통찰, 그리고 하나님 나라 관점의 중요성을 다시 새롭게 바라보게 되었음을 상기시킨다. 그리고 그러한 연구들의 기초 위에서, 그는 복음전도란 하나님 나라의 관점에서 이해되는 복음전도로 설명 되어야 한다고 주장하였다.232)

그리스도께서 우리에게 맡기신 복음이란 바로 하나님께서 일찍이 구 약시대로부터 약속하셨던 메시아 왕국의 성취에 관한 복된 소식을 전 하는 메시지임을 말하려한 것이다. 이사야서, 다니엘서와 같은 선지서 들, 그리고 시편 같은 구약의 내용들 속에서 우리는 신약의 복음서들 이 말하는 하나님 나라의 주제를 만나게 된다. 그 나라의 백성들을 통 치하시는 그 나라의 왕은 특히 그의 백성들에 대한 구속적 통치를 이 루어 가시는 분으로 제시된다. 구약의 선지자들은 앞으로 그러한 하나 님의 구속적 통치가 주어질 것을 말하면서, 그것은 인자 곧 예수님 안 에서 주어지게 될 것이라고 예언했다(단 7:13-14). 그리고 때가 차 매, 보냄을 받으신 예수님의 삶, 죽음, 그리고 부활을 통하여-구약 선 지자들의 예언의 성취로서-그의 백성들을 위한 구원역사가 주어졌던 것이다.233)

이러한 관점에서 볼 때 예수님께서 우리에게 허락하신 복음이란 바 로 그 하나님 나라의 복음을 말하는 것이며, 그것은 또한 그 나라의 통치 아래서 주어지는 전포괄적인 회복의 역사에 관한 메시지이다. 즉,

---

232) Clowney, 같은 책, 15-16쪽.

233) 같은 책, 17-18쪽.

구원이란 그 나라의 메시아적 통치로 말미암아 주어지는 축복이다. 요한복음서의 말씀도, 구원이란 곧 하나님 나라로 들어가는 것임을 가르치고 있다(요 3:3, 5).[234] 결국 구원의 축복이란, 구약에서 예언되었던 메시아의 오심 속에서 시작되어진 메시아 왕국의 통치로 말미암아 주어지는 축복이요, 따라서 신자에게 주어진 구원은 곧 메시아적 통치 안에 들어와 총체적인 회복의 역사를 경험하게 되는 사건이라고 설명될 수 있다.

요약하면, 이와 같은 개혁신학의 원리들은 구원의 의미를 신본주의적 접근방식으로 바라본다. 구원이란 단순히 자신의 어떤 인간적인 목표의 성취를 위한 수단일 수 없으며, 어떤 종교적인 행사를 성공적으로 치러내는 가운데 주어지는 것도 아니다. 오히려 그것은 하나님의 통치를 받아들이고 하나님 중심의 존재가 되어서 우리의 전 존재와 삶의 모든 영역 속에서 전포괄적으로 그분의 주권적 통치와 다스리심이 적용되고 성취되어 가는 사건인 것이다. 그렇다면 부흥이란 무엇인가? 그것은 일차적으로 하나님의 구원역사의 풍성한 적용과 성취라고 말할 수 있다. 그리고 위에서 살펴본 개혁신학의 관점을 적용한 부흥이란, 신자의 전 존재가 그리고 우리 삶의 모든 영역과 온 세상이 하나님의 통치 아래 놓이게 되고 그분의 통치를 온전히 받아들이고 적용하는 일이 풍성히 성취되는 가운데 주어지는 것이다. 결국 개혁신학의 원리들은 총체적 복음과 구원에 기초한[235] "총체적 부흥"을 말해주고 있음을

---

234) 마가복음 10장에서도, 예수님은 영생 얻는 구원을 "하나님 나라"에 들어가는 것과 연관시키셨다(막 10:17-26).

235) 총체적 복음(Holistic Gospel)은 바로 이러한 관점들을 강조한다. 그것은 그리스도의 복음을 하나님 나라의 관점과 주되심(Lordship)의 관점에서 바라본다. 같은 책, "총체적 복음사역의 신학적 기초와 방법론" 13-17쪽.

알 수 있다.

2. 총체적 회개로부터 시작되어야 할 부흥

그렇다면 이러한 참된 부흥은 어떻게 주어지는가? 물론, 근본적으로
는 부흥의 역사는 하나님의 주권적인 은혜가 임하므로 시작되는 것이
라고 해야 한다. 그러나 동시에 우리는 그러한 하나님의 주권성에 대
한 강조 때문에 우리가 고민하고 감당해야 할 부분들에 대해 게으름을
피워서도 안 될 것이다. 여기에서 제안되는 여러 가지 내용들은 결코
하나님의 주권적 은혜가 주어지지 않아도 우리 스스로 부흥을 이뤄낼
수 있다는 차원에서 제안하는 것이 아니다. 오히려 그러한 하나님의
주권적인 은총의 시여는 우리 논의의 기본적인 전제이다. 그러한 하나
님의 주권적인 은총으로 말미암아 부흥의 역사가 임하는 것을 전제하
고서, 우리가 어떻게 그것을 더 효과적으로 감당해낼 수 있을 것인가
에 대해서 혹은 우리가 추구해야 할 진정한 부흥의 역사의 방향성이나
목표가 어떠해야하는지에 대해서 성경적으로, 신학적으로 검토하며 제
안하려는 것이라고 보아야 한다.[236]

그러한 차원에서 우리는 "총체적 회개"의 중요성을 지적해야 한다.
우리는 부흥과 관련해서 언급되고 있는 내용들 가운데 결코 간과될 수

---

236) 이러한 지적은 부흥에 관한 여러 가지 논의들이 전개될 때, 흔히 제기될 수 있는 반론
들 중의 하나이다. 모든 부흥과 회복의 역사의 주체는 하나님이다. 그러나 그 주권적인
하나님은 또한 여러 가지 성경적 방법들과 인간들의 노력들을 사용하셔서 그 역사를
이뤄 가신다. 그러나 만일 하나님의 주권적 은혜만이 부흥을 시작하는 것이라는 주장을
가지고 인간 차원에서의 어떠한 노력이나 참여도 배제시키려 한다면, 그것은 또 다른
방향의 극단, 즉 정적주의적(Quietism) 오류에 떨어지는 우(愚)를 범하게 되는 것이다.
김광열, 『그리스도 안에 있는 구원과 성화』(총신대학교출판부, 2004) 99쪽 이하.

없는 부분은 "회개"임을 깨닫게 된다. 전 교단적으로 전개되는 100주년 기념행사들마다 빠지지 않고 나타나는 행사 주제 중 하나가 바로 "회개"이다.[237] 그것은 1907년 평양대부흥운동의 출발점이 평양 부흥 사경회에서 한 장로의 회개로부터 시작되었고, 또한 그보다 4년 앞서 원산에서 하디 선교사가 회개한 사건이 평양대부흥운동의 뿌리가 되었다는 역사적 기록 때문만은 아니다.[238] 물론 철저한 회개와 통회가 이뤄지는 곳에서 성령의 강력한 부흥의 역사가 주어진 것이 사실이지만,[239] 그와 아울러 회개란 근본적으로 하나님의 백성들의 삶을 회복시키시고, 그들의 삶에 구원의 풍성한 축복들로 채워 가시는 하나님의 부흥역사와 더불어 지적되고 있는 교훈들과 가르침의 근본내용으로 성경이 가르치고 있기 때문이다.

그런데 중요한 것은, 우리의 회개가 성경적 의미에서 바르게 이해되거나 추구되지 않는다면 이 땅의 진정한 부흥을 기대할 수 없다는 사실이다. 하나님의 부흥 그리고 참된 회개란 단순히 어떤 일련의 행사 프로그램을 추진했다고 주어질 수 있는 성질의 것이 아니다. 1907년 평양부흥사경회에서의 회개 사건이 한국교회의 부흥을 가져왔다는 현상적 분석만을 근거로 하여, 오늘도 우리가 어떤 장소에 많은 군중들을 끌어 모으고 그와 유사한 "회개"의 프로그램들을 진행시켰다고 해서 성경이 말하는 진정한 부흥이나 회개의 역사가 주어졌다고 말할 수 있는가?

---

237) 지난 2007년 1월 19일 승동교회에서 개최된 평양대부흥 100주년 기념예배는 사실상 "회개" 집회였으며, 그 예배에서 발표된 한국교회 부흥을 위한 "5대 신앙 실천 운동" 선언문에서도 제일 먼저 제시된 주제는 "회개"였다. 기독신문 2007년 1월 10일자 1면.

238) 박용규, 『평양대부흥운동』 39쪽.

239) 같은 책, 16쪽.

오늘 한국교회 속에서 "회개"란 과연 어떤 의미로 이해되고 있는가? 주일날 대예배 때 공식적인 순서를 따라서 대표 기도자가 "지난 주간의 지은 모든 죄를 회개한다"는 기도문을 들으면서 "아멘"으로 응답함으로써 우리의 회개가 완료되는 것으로 생각하고 있지는 않는가? 과연 우리는 그리스도의 생명에 연합되어 경험되어지는 진정한 회개의 의미를 어떻게 이해하고 적용하고 있는가? 성경이 말하는 회개의 의미가 개혁신학의 관점에서 올바르게 이해되고 적용될 때에야 우리는 진정한 부흥의 역사를 말하거나 기대할 수 있을 것이다. 그런데 불행하게도, 오늘날 한국교회가 이해하고 적용하고 있는 회개란 다분히 "입술만의 회개", 그래서 "이원론적" 회개의 성격이 짙다고 볼 수 있다. 앞에서 지적했던 이원론적 "구분 짓기"가 우리의 회개의 모습 속에서도, 그리고 부흥의 관점들 속에서도 여전히 여과되지 못하고 있음을 보게 된다. 그러한 이원론적 회개가 개혁신학의 원리가 말해주는 "총체적 복음"의 관점을 따라서, 참된 회개의 "전포괄성"을 담아내는 "총체적 회개"의 모습으로 회복되어야 이 땅에 진정한 부흥을 일궈낼 수 있다는 것이 본고의 핵심논지이다.

(1) 회개의 "총체적" 성격

우리는 일반적으로 회개 혹은 회심을 생각할 때,[240) 그것을 단지 자신과 하나님과의 수직적인 관계 속에서 주어지는 죄의 용서와 영원한 삶에 대한 확신의 차원에서만 이해하게 될 위험성이 있다. 그러나

---

240) 조직신학적으로 회개란 믿음과 함께 회심의 사건 안에서 설명된다. 그러나 여기에서는 편의상 회개와 회심을 특별한 구별 없이 불신자의 상태에서 하나님의 백성으로의 "돌이킴"의 의미로 사용하려 한다.

성경이 말하는 회심이란 그러한 하나님과의 수직적인 관계에서의 변화가 중심적이긴 하지만, 거기에서 머물지 않고 자신이 속한 가정과 사회 속에서 이뤄지는 모든 삶의 영역 속에서의 "돌이킴"을 의미한다. 그것은 세속적인 관점들, 즉 세속적 가치관이나 삶의 원리 등을 버리고, 하나님 나라의 가치와 정신, 그리고 삶의 원리들을 받아들이는 생활에로의 돌이킴을 요구하는 사건인 것이다.

만일 우리가 회심의 역사를 단지 하나님과의 수직적인 관계에서의 연결됨 정도로만 간주하고, 그 외의 삶의 다른 영역 속에서 하나님 나라의 가치와 정신을 실현하는, 그래서 정치, 경제, 사회 모든 분야 속에서 그분의 주되심을 받아들이는 삶에로의 변화를 간과하게 된다면, 그것은 성경이 말하는 회심을 온전히 받아들이지 못한 것이 되고 만다.[241]

이와 같은 "총체적" 성격의 회개의 의미는 성경이 제시하는 회개의 용례들을 통해서 확인될 수 있다. 회개를 말하기 위해서 신약성경이 사용하는 용어들은 일반적으로 3종류로 나뉜다. 그 중의 하나는 "μετα μελομαι(메타멜로마이)"이다. 그 단어는 가룟 유다의 회개를 말할 때 사용되었는데, 그는 자신의 잘못을 인식하기는 하였으나 예수께 나아와 죄를 고백하고 용서를 받는 "돌이킴"의 회개는 없었다. 즉, 유다의 회개를 표현하는 그 단어는 NIV역의 표현과 같이 단지 "자책에 사로잡혀 있었음"을 가리키는 단어로 이해되어야 한다.[242] 그렇다면 그것

---

241) 물론 단지 사회구조를 변화시키고, 좋은 교육제도를 도입하고, 정치와 경제 환경 등을 개선시키면 새로운 사람들을 창조할 수 있다고 보는 세속적 자유주의의 접근방식이 더 근본적인 문제를 지니고 있는 것은 사실이다. 왜냐하면 그러한 방식을 택하는 이들이 사회 정의와 평화에 대해 관심을 표명하면서 열정적으로 헌신할 수 있으나, 그들은 더 중요한 영적 차원의 변화를 놓치게 되기 때문이다.

은 참된 회개일 수 없다.

그러나 본고의 논의와 관련해서, 성경이 사용하고 있는 참 회개의 내용은 나머지 두 단어들의 의미들 속에서 찾아진다. 그중 첫째는 "με τανoια(메타노이아)"인데, LXX(칠십인역)에서 이 단어는 히브리어 "니함(Nicham)"을 번역할 때 사용되었다. 구약에서 사용된 니함은 "유감스럽게 여기다", "불쌍히 여기다", 그리고 "잘못에 대해 회개하다"와 같은 의미로 사용되었다. 회개란 인간이 자신의 죄악 앞에서 마음을 돌이키는 내적인 변화를 겪게 됨을 말하고 있다. 그러나 여기에서 마음의 내적 변화란 단순한 지적인 변화이거나 죄에 대한 슬픈 심정 정도의 변화만을 의미하지 않는다. 그것은 한 인간의 전인격적인 변화를 가리킨다. 그의 생각과 의지와 감정을 포함한, 회개자의 삶의 인생관과 가치관이 변화됨을 가리키는 것이다.

그러므로 이와 같이 성경적 참된 회개는 그러한 마음의 근본적인 변화를 통해서, 그 마음의 변화가 회개자의 모든 삶의 영역 속에서 구체적으로 표현되는 복종의 삶으로 나아가는 것까지 가리키는 것으로 설명되어야 한다. 그러한 의미를 분명히 드러내주는 단어가 바로 "επιστ ρεφο (에피스트레포)"인데, 이 단어는 LXX(칠십인역)에서 히브리어 "슈브(shubh)"를 번역할 때 사용되었다. 슈브란 "돌이키다" 혹은 "반대 방향으로 가다"라는 의미로 사용된다. 다시 말하면, 잘못된 길에서 올바른 길로 방향을 바꾸어 돌이킴을 의미한다.[243]

---

242) Anthony A.Hoekema, 『개혁주의 구원론』(기독교문서선교회, 1990) 200-201쪽.

243) 이 단어는 메타노이아와 함께 모두 "돌이킴"을 의미하는 회개를 가리키는 단어들이지만, 어느 정도의 구별은 있을 수 있다. 전자가 회개의 과정 중 회개자의 내적인 변화를 강조하고 있다면, 후자는 그 내면적 변화가 외적으로 표출되어 삶 속에서의 변화에까지 나아감의 의미를 충분히 제시해주고 있다는 점에서 그러하다. Hoekema, 204쪽.

요약해보면, 성경이 말하는 참된 회개란―가룟 유다의 경우와 같이 ―자신의 죄악에 대해서 그냥 죄책에 사로잡혀 있는 상태만으로는 제대로 설명될 수 없다. 참 회개란 근본적으로 옛사람의 마음에서 새사람의 마음으로의 전인격적인 변화를 말하는 것이며, 따라서 그러한 마음과 생각의 근본적인 변화가 실제적인 삶 속에서의 "돌이킴"으로 구체화되는 것까지를 가리키는 것이다. 결국 성경적인 참 회개란, 옛사람의 관점과 세속적인 가치관이나 사고방식에서부터 돌이켜 하나님 나라의 가치, 정신, 삶의 원리에로의 나아감까지 포함된다. 만일 그러한 삶 속에서의 돌이킴과 변화가 없다면, 그것은 명목상의 회개가 될 뿐이다. 특히 그러한 "돌이킴"이란 하나님과의 관계 속에서의 새로운 태도뿐만 아니라, 인간들과 이 세상에 대한 태도와 관점에서, 그리고 이웃들과의 관계 속에서의 새로운 변화까지도 회개자의 삶 속에서 기대되어야 하는 것이며, 바로 그러한 점에서 회개는 영적인 차원의 변화를 넘어 총체적 성격을 지니게 된다.

다시 말하면, 참 회개란 소위 "영적인" 영역에서 하나님과의 새로운 관계설정을 하게 되는 것에서부터 시작하지만, 거기에만 머물지 않고 그의 삶의 모든 영역 속에서 새롭게 변화된 가치관과 삶의 원리를 적용하며 살아가는 삶으로 연결되어야 하는 사건이다. 회개자는 먼저 하나님께 대한 죄로 인해 괴로워하며 슬퍼하고 하나님의 용서를 받아들이며 하나님과의 새로운 관계를 세워나간다. 그러나 또한 진정한 회개자는 그가 새로이 들어가게 된 하나님 나라의 백성으로서, 또한 그 나라의 통치 원리를 따라 그 나라의 삶의 가치와 원리를 이웃과의 관계 그리고 사회 속에서도 구현하고 실천하는 새로운 삶의 방식에로의 전

환을 요구받게 된다.[244]

예수님을 영접하여 회심한 자의 "돌이킴" 사건이 지니는 이러한 총체적 성격의 한 측면을 분명하게 제시해주는 성경의 사례 중 하나가, 누가복음 19장에 나오는 삭개오의 회심 사건이다. 삭개오는 당시 로마 통치 아래서 세금제도를 이용하여 백성들의 혈세를 끌어 모으며 부를 축적한 그 시대의 악한 관료였다. 그런데 그가 예수님을 만나고 영접하게 되었을 때, 바로 그의 생애에서 가장 두드러진 죄악의 영역에서부터 변화가 일어났다. 죄의 영향 아래 살아가는 사람들마다 자신이 주로 머물고 있는 죄악 된 생활의 자리가 있기 마련인데, 삭개오의 경우는 그것이 물질에 관한 세속적 관점과 그러한 삶의 방식이었고, 누가는 그 총체적 회심의 대표적인 사례로 주를 만나 회심한 삭개오가 바로 그 영역에서부터 분명한 "돌이킴"이 이뤄졌음을 드러내려 했던 것이다.

삭개오는 주를 만나 회심한 후에, 만일 누구를 속여 세금을 걷었다면 그것의 4배를 갚을 것이며, 그것 말고도 자기 재산의 절반을 가난한 자들에게 나누어주겠다는 결심을 표명했다(눅 19:8). 즉, 이 삭개오의 회심 사건은 예수님을 영접한 사람이 하게 되는 "돌이킴"에는 하나님과의 깨어진 관계에서의 "돌이킴"뿐만 아니라, 이웃들과의 사회경제적 관계에서의 "돌이킴"도 포함되는 것임을 확인시켜준다. 여기에서 누가가 이 삭개오의 회심 사건을 기록한 이유 중 하나는, 바로 죄인이

---

244) Hoekema, 207쪽. Hoekema는 이러한 전인격적인 인생관의 변화를 가져오는 "돌이킴"의 회개를 설명하기 위해서 마태복음 4:7을 인용하면서 그 의미를 분명히 드러내주는 필립스 역을 사용한다: "여러분은 마음과 가슴을 바꾸어야 한다. 하나님의 나라가 이미 도착하고 있기 때문이다." 이처럼 필립스 역은 "회개한다는 것"을 "마음과 가슴을 바꾸는 것"이라고 번역하고 있다.

주님을 만나 경험하게 되는 참된 회개란 얼마나 폭넓게 그의 전인적인 변화를 가져오게 되는지를 말하려 한 것이었다고 사료된다. 그것은 단지 죄에서 돌이켜 하나님과의 수직적인 관계를 회복하는 것에만 국한되지 않고, 이웃들과의 수평적인 관계회복, 즉 사회경제적인 죄악을 포함하는 모든 죄악으로부터의 "돌이킴", 그리고 자기중심적이었던 삶의 방식에서 하나님 나라의 삶의 원리인 "나눔과 섬김의 삶"에로의 돌이킴이어야 함을 말하려했던 것이다.

이처럼, **성경적인 참 회개와 회심은 사회경제적인 죄악을 포함하는 모든 죄악으로부터의 돌이킴을 의미한다.** 물론 회심의 의미를 사회경제적인 영역에서의 변화라고만 주장하는 것은 성경적인 접근이 아니다.[245] 그러나 그 반대편의 치우침도 성경은 허용하고 있지 않다. 결국 회심은 성경에서 그 회심자의 어떤 한 부분의 영역에서만의 변화로 정의될 수 없는 총체적 성격을 지닌 사건이다. 즉, 성경적 참 회개란 영적·사회적·경제적 그리고 그 밖의 회개자의 삶의 모든 영역 속에서 하나님 나라의 가치와 삶의 원리에로의 돌이킴이어야 한다. 이와 같은 회개의 총체적인 성격은, 원래 하나님과의 올바른 관계회복이 이웃과의 올바른 관계회복과 불가분의 관계임을 가르치는 성경 전체의 기본적인 가르침들에 기초한다. 그것은 아담의 타락 이후에 인류에게 미친 죄의 영향력이 하나님과의 수직적인 관계에서뿐만 아니라, 인간들과의 수평적인 관계에서도 깨어진 모습을 만들고 말았기 때문이며, 또한 그러한 모든 죄의 문제들을 해결하러 오신 **우리 주님의 복음은 바로 그**

---

245) Ron. Sider, *One Sided Christianity?: Uniting the Church to Heal a Lost and Broken World*(Zondervan Pub. Co., 1993) 107쪽. 또 다른 편의 치우친 관점은 하나님과의 관계회복의 차원을 간과한 채 사회정의와 평화를 추구하는 삶의 방식에로의 돌이킴만을 주장하려는 입장이다.

"모든" 죄의 영향력과 결과들에 대한 해답이 되는 총체적 복음이기 때문이다.

부흥의 출발이 하나님 앞에서의 참된 회개로부터 시작된다고 본다면, 우리의 회개가 성경이 말하고 있는 "돌이킴"의 삶으로 나아가야 한다. 그런데 그 돌이킴이란 입술만의 돌이킴이 아닌, 우리의 삶의 모든 영역 속에서의 돌이킴인 것이다. 그와 같은 총체적 회개로부터 성경이 말하는 진정한 부흥의 출발이 시작될 수 있을 것이다.

(2) 성경 전체 내용 속에 담긴 원리적 교훈

총체적 회심, 즉 하나님과의 올바른 관계회복이 이웃과의 올바른 관계회복과 함께 이루어져야 한다는 가르침은 사실상 성경 전체의 내용들 속에 배어 있는 기본적이고 원리적인 교훈인데, 그 가르침은 다음과 같이 몇 가지 항목들로 정리될 수 있다.[246]

첫째, 성경에서 우리는 하나님의 용서와 사람들 간의 용서가 긴밀히 연관되어 있다는 가르침들을 지속적으로 만나게 된다. 마태복음 6:14-15에서 주님은 우리가 서로 간에 용서하는 삶이 하나님께서 우리들의 삶을 용서하신 사실과 밀접히 연관되어 있음을 가르치셨다.[247] 그러한 가르침은 또한 "주께서 가르치신 기도문"에서도 명시되고 있다: "우리가 우리에게 죄지은 자를 사하여 준 것 같이, 우리 죄를 사하여 주옵시고"(마 6:12).

---

246) 같은 책, 105-106쪽.

247) 너희가 사람의 잘못을 용서하면 너희 하늘 아버지께서도 너희 잘못을 용서하시려니와, 너희가 사람의 잘못을 용서하지 아니하면, 너희 아버지께서도 너희 잘못을 용서하지 아니하시리라.

물론 여기에서 주님은 죄 용서함 받는 것이 우리의 행위에 기초한 것이라고 말하려 하신 것은 아닐 것이다.[248] 그것은 오직 하나님의 은혜로 말미암는 믿음에 의한 것이지만, 하나님 아버지께 용서함을 받은 회개자는 그 은혜에 감격해서 자신에게 잘못한 형제를 용서하는 것이 마땅하다는 가르침인 것이다. 그러한 가르침은 마태복음 18장에 나오는, 1만 달란트 탕감 받은 자가 자기에게 1백 데나리온 빚진 자를 용서하지 않았다는 내용의 비유에서 재확인된다. 주님은 그 비유에서 1만 달란트를 탕감해준 왕이 분노하여 그 종을 감옥에 넣어 버렸다고 하셨다. 주님은 그 비유가 주는 교훈의 결론으로서, 진정으로 회개하여 하나님의 사랑으로 말미암은 용서의 은총을 받은 사람이 "중심으로 형제를 용서하지 아니하면, 내 천부께서도" 그에게 그같이 하실 것이라고 정리해주셨다(마 18:35). 즉, 본고의 주제와 관련하여 이러한 모든 구절이 말해주는 요점은, 결국 회개자의 "돌이킴"은 하나님과의 관계에서만이 아니라, 사람들과의 관계 속에서도 적용되는 "돌이킴"이어야 한다는 사실이다.

성경은 또한 **하나님을 아는 참된 지식은 이웃, 특히 가난한 사람들이나 소외된 사람들에 대해 관심을 가지고 도와주는 삶과 밀접히 연관되어 있음을 가르친다.** 예레미야 선지자는 북 이스라엘이 멸망한 후에 유다의 멸망을 바라보며 사역한 선지자인데, 당시에 요시아 왕의 개혁에도 불구하고 유다에는 우상제단과 우상숭배의 문제가 극에 달했다.

---

248) M. J .Erickson, 『구원론』(CLC) 294-298쪽. 여기에서의 구절은 마 25:31-46, 눅 7:36-50, 약 2:18-26 등과 같이, 칭의 혹은 구원을 얻기 위해서는 인간의 행위가 필요하다고 주장하는 것처럼 보이는 구절들 중의 하나이다. 그러나 위의 다른 구절들과 마찬가지로 이 구절도 우리의 용서나 어떤 다른 행위들이 하나님의 용서를 받게 하는 수단이 된다는 의미로 이해될 수 없다. 단지 참 믿음의 소유자 혹은 참 회개자는 그와 같은 행동의 열매 맺게 된다는 성경전체의 가르침의 빛 아래서 이해해야 할 것이다.

우상숭배와 함께 저질러지는 여러 가지 패역한 행위로 말미암아 남쪽 유다도 하나님의 심판 아래 놓이게 될 것임을 예레미야 선지자는 외쳤던 것이다. 그런데 그가 지적한 패역한 행위들 가운데에는(렘 5:26-29) **고아의 권리를 무시하고 가난한 자들을 억압하는 죄**가 포함되어 있다. 그것은 하나님을 언약의 주로 모신 언약백성들은 구약성경이 강조하는 "고아와 과부의 아버지"(시68:5-6) 되신 하나님 아버지의 뜻을 따르는 삶을 사는 것이 참 언약백성의 삶을 사는 것이기 때문이었다.[249]

또한 예레미야 22:13 이하에서 예레미야 선지자는 요아스 왕 이후에 세움을 입은 그의 둘째아들 여호야김 왕의 죄악에 대해 지적하며 하나님의 심판을 선언한다. 그는 이기적이고 타락한 통치자로서 자신의 궁전을 짓기 위하여 강제로 시민을 동원시키고 그 품삯도 제대로 지급하지 않았던 것이다. 그러면서 예레미야 선지자는 15-16절에서 그를 그의 아비 요시아 왕과 대비시킨다. 요시아 왕은 "공평과 의리를 행"했고 "가난한 자와 궁핍한 자를 신원하고 형통하였나니, 이것이 나를 앎이 아니냐." 예레미야 선지자는 요시아 왕이 하나님을 아는 참된 지식을 가졌으므로 공평을 행하고 가난한 자와 궁핍한 자를 돌아보았으나, 그의 아들 여호야김 왕은 가난한 자들을 위해 정의를 행하지 못하였으므로 그는 하나님을 아는 참된 지식이 없는 것이라고 말하고 있는 것이다.[250]

회개하고 믿음으로 하나님의 자녀로 새롭게 태어난 신자는 하나님을

---

249) 『이웃을 품에 안고 거듭나는 한국교회』 88-89쪽.

250) 같은 책, 105-106쪽.

아는 참된 지식을 갖게 되고, 따라서 가난한 이웃과 소외된 사람들을 돌보며 도와주는 삶을 살게 된다는 진리가 제시되고 있는 것이다. 신약성경의 뒷부분의 요한 서신 속에서도 같은 주제가 메아리치고 있다: "누가 이 세상의 재물을 가지고 형제의 궁핍함을 보고도 도와줄 마음을 막으면, 하나님의 사랑이 어찌 그 속에 거할까 보냐?"(요일 3:17)

하나님과의 관계회복과 이웃과의 올바른 관계회복이 함께 연결되어 있음을 가르쳐주는 성경의 또 다른 근본적인 가르침은, **회개한 참 신자의 예배나 기도, 혹은 금식과 같은 종교행위들도, 그것이 이웃과 가난한 자들의 희생이나 그들에 대한 무시 속에서 이뤄질 때 하나님이 기뻐 받으시지 않는다는 원칙**이다. 이러한 부분에 대한 가르침은 또한 참된 부흥의 의미에 대해 진지한 반성을 하게 해주는 성경의 교훈이 되고 있는데, 특히 이사야 선지자의 외침 속에서 분명히 제시된다. 이사야 선지자는 이사야서 첫 장에서부터 하나님의 백성들이 드렸던 무수한 제물들, 즉 수양, 수송아지, 숫염소의 제물들은 다 헛된 제물이라고 외치고 있다(사 1:10-17). 하나님께서는 그들이 아무리 큰 소리로 하나님께 기도드린다고 하더라도 전혀 듣지 않겠다고 선언하신다. 왜 그런가? 일상생활 속에서 그들이 행하는 악행 때문이라고 설명한다. 뿐만 아니라, 17절에서는 그들이 선행을 하지 않고, 학대받는 자를 도와주지 않고, 고아와 과부를 위해 행동하지 않았기 때문이라고 지적했다. 즉, 참 회개자의 모습은 기도나 예배, 그리고 헌금과 같은 어떤 종교행위들로서만 판단되지 않고, 이웃과 가난한 자들에 대한 배려와 관심, 그리고 나눔의 삶으로 결정된다는 점을 지적하려 한 것이다.

즉, 진정한 부흥은 단순히 교회 안에서 혹은 영적 영역 속에서의 어떤 습관적인 종교행위들로서만이 아니라, 일상의 삶 속에서의 "돌이킴"의 회개로부터 주어지는 것임을 깨달을 수 있다. 시끌시끌한 대형집회, 큰 소리의 기도, 그리고 깜짝 놀랄 만한 헌금이나 금식의 시간들이 있었다고 하더라도, 가난한 이웃, 고아와 과부에 대한 관심과 그들을 위한 나눔의 삶이 부족하다면 우리는 아직 하나님이 기뻐하시는 부흥을 기대할 수 없다.

이사야 선지자의 그러한 관점은 58장에서도 또다시 되풀이되고 있다. 이스라엘 백성들은 그들이 금식하면서 기도하는데도 왜 하나님은 그들을 돌아보지 않으시는가? 하고 질문한다. 그들이 금식의 행위는 했지만, 그와 아울러 서로 다투며 악한 주먹으로 치는 삶을 살았기 때문이라고 답변하면서, 이사야 선지자는 하나님의 기뻐하시는 금식이 어떤 것인지를 제시해준다: "나의 기뻐하는 금식은 흉악의 결박을 풀어주며 멍에의 줄을 끌러주며 압제당하는 자를 자유하게 하며 모든 멍에를 꺾는 것이 아니겠느냐. 또 주린 자에게 네 식물을 나눠 주며 유리하는 빈민을 네 집에 들이며 벗은 자를 보면 입히며 또 네 골육을 피하여 스스로 숨지 아니하는 것이 아니겠느냐"(사 58:6-7). 회개자의 금식행위는 그것이 이웃과 가난한 자들의 희생이나 그들에 대한 무시 속에서 이뤄질 때, 하나님께서 기뻐 받으시지 않는다는 원칙을 말하고 있는 것이다.[251]

우리는 아모스 5:21-24의 말씀도 같은 관점에서 이해할 수 있다.

---

[251] 사실 당시의 유대인들은 대속죄일의 금식 외에도 여러 종류의 금식들을 만들어서 열심히 수행해 왔다. 예루살렘 포위의 시작을 기념하는 금식(Tebeth), 그 함락을 기념하는 Tammuz, 성전파괴에 대한 금식(Abib), 그리고 그달랴의 살해를 기념하는 금식(Tizri) 등이 있었다. 그런데 문제는 그들의 그 모든 금식행위를 하나님은 기뻐하지 않으셨다는 것이다. 같은 책, 125쪽.

정의를 굽게 하면서 성회에서 드려지는 번제와 소제, 그리고 살진 희생의 화목제들은 하나님께 합당치 못함을 가르친다. 마태복음 25:31의 결론도 그와 같은 관점에서 접근해야 한다. 마지막 날의 예수님의 심판의 기준이 가난한 자들을 먹이고, 헐벗은 자들을 입히며, 감옥에 갇힌 자들을 돌보는 일에서 찾아질 것이라고 말하셨지만, 여기에서도 그러한 행위들이 그들 자신들의 구원의 기초가 된다는 의미로 이해되어서는 안 된다. 단지 주님은 가난한 자들과 헐벗은 자들을 돌보는 삶이 참 신자의 신앙생활에 매우 중요한 부분임을, 아니 반드시 있어야 하는 부분임을 가르치려 하셨던 것이다. 그러한 삶을 살지 못하는 이들은 참 믿음의 소유자가 아니며 참 회개자일 수 없다.

출애굽 사건은 하나님께서 그의 백성들을 애굽 왕 바로의 통치로부터 불러내어 하나님의 언약백성으로 세우신 사건이다. 그들은 애굽에서 살았던 불신세계에서의 삶의 방식에서 돌이켜 하나님의 언약백성으로서의 삶의 방식으로 새로운 출발을 했어야 했다. 그래서 하나님께서는 시내 산에서 그러한 새로운 삶의 출발을 위한 지침서로서 율법과 규례들을 모세를 통해 주셨다. 그런데 하나님께서 그의 언약백성들의 새로운 삶의 출발을 위해 주신 율법내용들을 보면, 하나님과의 어떤 영적인 혹은 종교의식적인 규례들만 담겨져 있는 것이 아니다. 그 안에는 일상의 삶의 영역 속에서 어떻게 살아야 할 것인가에 대한 지침들이 포함되어 있다. 가족관계의 문제, 성적 도덕적 생활에 관한 규례, 공공위생과 건강의 대한 내용 등을 발견하게 된다. 즉, 여기에서 우리는 하나님의 구원역사는 하나님과의 영적인 관계에서의 새로운 출발뿐만 아니라, 이웃과 사회 속에 사는 다른 이들을 어떻게 대해야 할 것인가에 대한 부분도 새로운 삶의 자세와 방식으로 전환할 것을 요구하고 있음을 알 수 있다.

특히 하나님의 언약백성인 이스라엘에게 주신 규례들을 통하여, 하나님께서는 새롭게 세움을 입은 그의 백성들이 사회 속에서 연약하고 힘없는 이들에게 얼마나 관심하고 배려해야 하는가에 대하여 가르치고 계심을 확인하게 된다. 십일조 제도나 추수자 규례, 그리고 다른 많은 법적 제도와 경제활동들 속에서 고아와 과부 같은 사회적 약자들을 돌아보는 규례들을 언약백성들의 새 삶을 위한 지침으로서 율법 속에 포함시키신 것이다.[252] 즉, 하나님께서 죄인을 부르셔서 중생하고 회개하게 하실 때, 회개자의 "돌이킴"의 문제는 하나님과의 영적 관계 속에서의 돌이킴뿐만 아니라, 그의 이웃과 사회생활 속에서 하나님의 백성다운 삶의 방식에로의 돌이킴까지 포함되어야 함을 가르치셨던 것이다. 달리 표현하면, 사탄의 권세와 죄의 통치에서 벗어나 의의 통치 아래로 들어오게 되는 하나님의 구원역사는 그들이 다른 이들, 특히 사회 속에 연약하고 힘이 없는 이들에게 어떻게 대해야 하는가의 문제와도 연결되어 있다는 말이다.

그러므로 구약의 선지서들을 보면, 하나님께서는 가난한 자를 변호하시며 압제자들을 심판하시는 분으로 묘사된다. 대표적인 구절로는 예레미야 5:26-29이나 에스겔 22:23-31을 들 수 있다. 예레미야서의

---

252) 십일조제도에 대한 규례들 속에서(신 14:22-29; 26:12-13), 안식년 제도 속에서(레 25:1-7; 신 15:1-15) 안식일 제도 속에서(출 23:12; 신 5:12-15) 희년제도 속에서 (레25:8-17; 23-28; 35-55) 그리고 추수자 규례나 이자 제도 속에서(신 24:19-22; 출22:25-27) 하나님은 고아와 과부와 객들을 위한 배려를 율법으로 제도화 시키셨다. 그 밖에 야곱의 두령들과 이스라엘의 치리자들에 대한 경고의 말씀이나, 법적제도와 경제활동 속에서 추구해야 할 공의로운 삶의 자세를 가르치는 구절들에 대해서는 같은 책, 102-113쪽을 보라.

앞부분에는 6개의 긴 설교들이 기록되어 있는데, 5장은 그 두 번째의 설교로서 유다가 패역한 행위들 때문에 멸망당할 것을 선포한다. 그런데 그러한 패역한 행위들 가운데 예레미야는 "가난한 자들을 억압한 부자들"의 죄악을 지적했다. 그리고 결국 이스라엘은 그러한 경고를 무시하고 주전 587년에는 멸망하여 바벨론에 포로로 잡혀가게 된다.253)

결국 성경적 회개의 모습이 그 둘 모두를 포함해야 한다는 이 모든 성경의 가르침은 예수님을 영접하고 회개한 신자라 할지라도, 그의 "영적" 생활을 이분법적 틀 속에서 이해하여 하나님과의 관계 속에서의 변화나 영적 영역에서의 "돌이킴"에만 머물고, 이웃과의 수평적 관계 속에서의 "돌이킴"에까지 나아가지 못할 때, 그것은 한쪽으로 치우친 회개 혹은 반쪽의 신앙이 될 뿐임을 말해주고 있는 것이다. 결국, 우리는 우리의 회개가 이와 같은 "이웃과의 관계 속에서의 돌이킴"에까지 이르게 될 때에야 진정한 부흥을 이야기할 수 있을 것이며, 개혁신학이 제시하는 총체적 부흥을 기대할 수 있을 것이다.

---

253) 그런데 여기에서 한 가지 주의해야 할 점이 있는데, 성경적인 관점은 해방신학자들의 관점과는 다르다는 점이다. 이스라엘이 가난한 자들을 억압한 것이 하나님께서 그들을 멸하신 유일한 이유는 아니라는 점이다. 부자들의 속임과 탈취에 대해서 심판하시는 하나님의 모습을 말해주는 겔 22:23-31의 말씀도, 그 하나님의 심판의 이유 중 다른 많은 영적 범죄들이 포함되어 있다. 선지자들이 사람의 영혼을 삼켰고, 제사장들은 하나님의 율법을 범하였으며, 거룩함과 속된 것을 분변치 못하였고 안식일을 범한 사실들이 지적되고 있다. 즉 우리는 하나님께서 이스라엘을 심판하시는 이유들 중에 "가난한 자들을 돌아보지 못하고 그들을 압제하는 행위"가 포함되는 것은 사실이지만, 하나님께서는 그러한 죄 이외의 다른 영적 범죄들은 중요하게 여기지 않으셨다거나 혹은 심판의 이유로 삼지 않으셨다고 해석해서는 안 되는 것이다. 하나님께서 그의 백성들에게 요구하시는 것은 그 둘 모두를 포함해야 하는 것이다. 해방신학의 관점에 대한 개혁주의적 비판을 위해서는 Stanley N. Gundry와 Alan F. Johnson이 편집한 *Tensions in Contemporary Theology*(Chicago: Moody Press, 1976)에 수록된 간하배(Harvie Conn) 교수의 논문들을 참고하라.

(3) 개혁신학의 강조로서의 주되심(Lordship)의 관점

이러한 점에서 우리는 부흥이라는 주제와 관련해서, 앞에서 지적했던 개혁신학의 강조점인 "주되심(Lordship)" 혹은 "하나님의 주권적 통치"의 중요성을 다시 한 번 확인하게 된다. 참된 부흥이란 우리의 교회가 성장하고, 1년 예산이 증가되고, 우리 교단의 교세가 확장되고, 많은 행사들을 치르는 방식의 "성장" 혹은 "종교적 성공"을 추구하기 전에, 먼저 우리가 하나님의 통치를 받아들이고 하나님 중심의 존재가 되어서 우리의 전 존재와 삶의 모든 영역 속에서 그분의 "주되심"을 드러내며 또 확인해줄 수 있어야 한다.

우리의 회개가 "총체적" 회개이어야 하는 것은 바로 우리의 주님은 우리의 "전 존재와 삶의 모든 부분" 속에서 주님이 되시기 때문이다. 예수님은 성경에서 그의 자녀들을 구원해주신 구세주(Saviour)이실 뿐만 아니라, 부활하신 후에 하늘과 땅의 모든 권세를 받으시고 하늘 보좌에 앉으심으로, 만왕의 왕, 만주의 주로서 온 세상을 통치하시는 주님(Lord)으로 제시되고 있다.[254] 따라서 그분의 주되심(Lordship)은 교회 안에만 국한되지 않고, 교회 밖의 모든 세상에서의 삶의 영역에까지 그 통치 영역이 인정되어야 한다.

그러한 의미에서, 회개자가 그리스도를 주로 영접하고 그의 나라 백성이 되었다면 그는 자신의 삶의 모든 영역에서 그분의 나라의 삶의 원리와 가치들을 실현해야 할 당위성을 지니게 되는 것이다. 그러므로 참 회개와 회심을 경험한 자는 하나님과의 관계 속에서의 돌이킴과 변

---

254) 신약에서 예수님은 "구원자"로서는 16회 언급되지만, 주님으로서는 420번 언급된다. Hathaway, Brian, *Beyond Renewal: The Kingdom of God*(Milton Keynes, England: Word(UK, 1990) 102쪽.

화와 아울러, 이웃이나 사업관계 혹은 고용인과 고용주 사이의 관계 등과 같은 자신이 관계하고 있는 모든 사람과의 관계 속에서 과거와는 다른, 그리스도의 통치원리에 입각한 새로운 가치관과 삶의 원리들을 구현하는 삶에로의 돌이킴과 변화까지 이루어내야 하는 것이다. 물론 여기에서도 우리는 개인적인 회심을 통한 하나님과의 관계변화의 중요성을 간과하고 단지 사회정의나 인류평화만을 추구하는 "사회적 회심론"의 오류에 떨어지는 것은 주의해야 할 부분이다.[255] 그러나 그와 동시에 회개란 하나님의 뜻을 거스르는 모든 죄를 다 의미해야 하고, 따라서 회개내용의 중심요소는 반드시 하나님과의 용서와 화해 속에서 찾아져야 하지만, 거기에서만 머무를 수 없다. 오히려 "주되심"의 총체적 성격의 빛 아래서 우리는—우리의 회개 모습 안에서—이 세상에서도 그 통치의 끈을 놓지 않고 계시는 주님의 뜻을 아직도 따르지 못하고 있는 여러 영역들 속에서의 불의나 죄악들로부터의 돌이킴까지 이루어내야 하는 것이다.

그러한 점에서 우리는 소위 "값싼 복음"의 문제 혹은 제자도의 중요성을 지적해볼 수 있다. 주님을 만나기는 쉬우나, 주님을 진정으로 따르는 참된 제자의 삶을 사는 일에는 많은 희생이 요구된다. 주님을 만나서 그분을 "주님(Lord)"으로 받아들이고 그 주님을 따르는 삶을 사는 진정한 회심자가 되기 위해서는 비싼 대가를 지불해야 한다. 회개

---

255) Boff Leonardo & Clodovis의 Salvation and Liberation(trans. Robert R. Barr. Maryknoll: Orbis, 1984)이라는 책은 그러한 경향을 띠고 있는 사례들 중의 하나이다. 그러나 성경적으로 볼 때, 사회는 인격체가 아니므로, 회심의 주체가 될 수 없다. 그러나—사회가 회심할 수는 없지만—회심한 사람들이 하나님의 나라의 삶의 가치와 원리대로 살아가게 될 때, 그가 속한 사회에 변화를 가져오게 되는 것이다. Ronald J. Sider, Philip N. Olson, Heidi R. Unruh, *Church That Make a Difference: Reaching Your Community with Good News and Good Works*(Baker Book House, 2002) 52쪽.

에서의 참된 "돌이킴"이란 입술에서만이 아니라, 삶 속에서의 새로운 결단과 실천으로 나타나야 하기 때문이다. 마가복음 10장에 나오는 재물이 많은 한 부자의 이야기는 그러한 **회심의 총체적 성격**을 잘 드러내주고 있다. 영생의 문제를 가지고 주님께 나아온 그 부자는, 예수님으로부터 회개하고 영생을 얻기 위해서는 하나님께서 모세를 통해서 주셨던 십계명을 지키는 것뿐 아니라, 참으로 주님을 따르는 자가 되어야 한다는 말씀을 듣게 되었다. 그러고 나서 예수님은 그 사람의 삶의 영역 중에서 가장 먼저 예수님의 "주되심"을 인정해야 하는 영역이 바로 물질 영역임을 지적하셨던 것이며, 바로 그 물질 숭배의 죄로부터 돌이키는 삶까지 이르러야 참된 회개자가 되는 것임을 주께서는 지적해주셨던 것이다.

이러한 참 회개의 총체적 성격은 또한 요한복음에 나오는 주님과 사마리아 여인과의 대화 속에서도 확인된다(요 4:15-18). 그 여인에게 영생하는 물이 되신 예수님과의 만남은 놀라운 축복이었고, 새로운 인생의 출발점이 되었다. 그러나 예수님은 그에게로 나아오는 자에게 무엇이 요구되는지를 정확히 지적하셨다. 그것은 모든 죄로부터의 돌이킴, 특히 이 여인에게 있어서 그것은 남편과의 관계, 결혼생활 속에서의 "돌이킴"의 문제였다. 성경적 회심의 참 모습 안에는 비싼 대가가 요구되고 있음을 주께서는 가르치고 계셨던 것이다.

만일 자신들이 회개했다고 하면서, 또 주께로 돌아와 하나님의 자녀들이 되었다고 하면서 자신들의 구체적인 삶 속에서의 "돌이킴"이 없을 때, 하나님께서는 선지자들을 통해 그들을 책망하셨다. 누가복음 3장에서 요단강에서 외쳤던 세례 요한의 메시지는 바로 그러한 성격의 메시지였다. 세례 요한은 구약의 마지막 선지자로서, 앞에서 지적했던 이사야나 예레미야의 외침을 일관성 있게 반복했다 요단강에 세례 받으러 나오는 유대인들, 특히 바리새인과 사두개인들에게 자신들이 아브라함의 자손이라고 함부로 생각하지 말라고 경고했다. 그들은 자신들이 당시의 어떤 신앙인들보다도 더 종교적이고 열심 있는 신앙생활을 했으므로 자신들이야말로 참된 언약의 백성들이라고 생각했을 것이다. 그러나 세례요한은 그것을 오해라고 했다. 11절 이하의 말씀에 의하면, 그들에게 종교적 행위는 있었는지 모르나, 이웃과의 관계 속에서 혹은 직장에서의 삶 속에서 나눔과 정직한 생활에로의 "돌이킴"이 없었기 때문에, 그들의 회개는 문제가 있다고 세례 요한은 지적하고 있었던 것이다.256)

3. 결어

사실 1907년 평양대부흥운동은 이와 같은 총체적 회개의 돌이킴의 역사와 함께 전개된 총체적 부흥운동이었다. 평양대부흥운동의 모체라고 할 수 있는 원산 대부흥운동의 출발은 한 기도회를 준비하던 하디 선교사의 전인적인 돌이킴의 회개에서 시작되었다. 그의 회개를 바라본 주변의 가까운 이들은 그 회개가 단순한 입술만의 회개가 아니라, 전인격적인 변화의 회개였다고 증언했다.257) 그리고 하디 선교사의 진

---

256) "그러면 우리가 무엇을 하리이까?"라고 묻는 무리들에게, 세례 요한은 "옷 두 벌 있는 자는 옷 없는 자에게 나눠 줄 것이요 먹을 것이 있는 자도 그렇게 할 것이니라"라고 말했다. 그리고 그 이하의 말씀에 의하면 세리와 군인들에게는 그들의 일터에서 정직하고 성실한 임무를 수행해야 참 회개자, 참 아브라함의 자손이라고 말할 수 있음을 가르치셨던 것이다.

정한 회개의 모습은 많은 주변의 선교사들과 한국 사람들에게도 영향을 주었고, 그들도 하디의 회개의 변화와 같은 참된 영적 변화를 경험하는 결과를 가져왔고, 바로 그 변화된 이들을 통해서 한국교회의 놀라운 교회성장과 세계선교사역의 발판이 놓이게 되었다.

그러나 중요한 것은 평양대부흥의 역사는 그와 같은 개인적인 영적 각성과 직접선교의 차원에만 머문 것이 아니라, 그 변화된 신자들이 살고 있는 이웃과 지역사회 속에서 새롭게 복음의 정신을 적용시킴으로 사회적 변화의 차원까지 연결되었다는 점이다.[258] 부흥의 역사는 무지와 질병 속에 고통하는 한국인들의 삶을 회복시키기 위해 미션스쿨의 설립을 가속화시켰고, 또한 병원설립과 함께 의료사역도 활발히 전개하는 결과를 가져왔다. 부흥운동은 "도덕수준의 향상, 정상적인 부부관계의 향상, 근면성, 죄의식의 강화, 여권 신장, 그리고 서양 의학의 도입 등 헤아릴 수 없을 정도로 한국 사회개혁의 중요한 원동력이"[259] 될 수 있었다.

즉, 영적 영역에서만 아니라, 이웃과 사회 속에서의 삶 가운데서 "돌이킴"의 회개운동과 함께 전개된 부흥이었다. 개혁신학이 강조하는 "주

---

257) 하디의 동료였던 제임스 게일은 하디의 회개 경험을 다음과 같이 묘사했다: "1903년 8월 그의 생명을 그늘에서 끌어낸 하나의 경험이 그에게 찾아왔다." "그의 삶의 변화는 갈릴리에서의 베드로의 마지막 고기 잡는 여정과 그가 너무도 놀라운 부드러움으로 베드로서신을 기록하던 그 사이에 일어난 변화만큼이나 차이가 있었다." 박용규, 45-46쪽.

258) 물론, 평양대부흥운동을 영국의 웨슬리운동이나 미국의 대각성운동과 비교해볼 때, 상대적으로 그 사회적 영향력이 미흡했던 부분이 있다고 평가될 수도 있다. 그러나 나름대로 복음의 대사회적 의의를 드러내주었던 것은 사실이다. 같은 책, 제11장 "대부흥운동과 사회개혁" 참고; 심창섭, "1907년 평양대부흥 운동의 기원과 신학적 의의" *신학지남* 2006년 여름호, 신학지남사 132쪽.

259) 박용규, 501쪽.

되심"의 원리에 기초한, 아니 성경이 제시하는 모든 삶의 영역 속에서의 돌이킴에까지 나아가는 "총체적" 회개운동으로 전개된 부흥이었다. 그것은 우리의 구세주(Saviour) 되신 주님은 또한 우리의 삶의 모든 영역을 통치하시고, 그 영역 속에서의 모든 죄악을 멸하시는 왕이심(Lordship)을 강조하는 개혁신학적 부흥운동이었던 것이다.

이제 1907년 평양대부흥 100주년을 맞이하여, 지난날의 부흥이 다시 한 번 한국교회에서 이뤄지기를 바란다면, 우리는 우리들의 삶의 구체적인 영역들 속에서 참된 "돌이킴"의 "고통"을 시작해야 한다. 그럴 때에야 우리는 성경이 제시하는 "총체적 회개"와 함께 이뤄갈 수 있는 부흥, 그래서 이웃과 한국 사회 속에 복음의 빛을 밝게 비추는 "총체적 회복"의 부흥을 이뤄낼 수 있게 될 것이다.

제 9 장   성숙과 섬김을 지향하는 교회

1. "성장"에서 "성숙과 섬김"으로!

20세기에 한국교회의 화두가 "교회성장"이였다면, 21세기에는 "교회의 성숙"으로 초점이 모아지고 있다. 지난해 개신교 교단별 성장률이 소수점 두 자리 이하 성장이었음을 우리 모두는 가슴 아파 했다.[260] 금년에는 다행이도 미미한 회복세를 보이고 있지만,[261] 여전히 지난 세기 7-80년대에 경험했던 교회성장과는 전혀 비교될 수 없는 21세기 한국교회의 현주소를 확인할 수 있는 통계수치임에 틀림없다.

요즈음 청소년들이 체격은 커졌지만, 체력이 저하되었으므로 체력강화의 훈련을 통해 건강한 청소년으로 회복될 것이 요구되듯이, 21세기

---

260) 장로교의 대표적인 두 개의 교단만을 언급하면, 예장통합측은 0.0025퍼센트의 성장률을, 예장합동측은 0.0029퍼센트의 성장률을 기록한 것으로 발표됐다.

261) 교인성장률이 본 교단은 2.1퍼센트, 통합측은 2.85퍼센트, 그리고 세례교인의 경우는 본 교단 1.0퍼센트, 통합측은 3.46퍼센트로 변화가 일어나고 있기는 하다.

한국교회는 그동안 비대해진 체격을 알찬 체력으로 채우기 위한 노력이 요구되고 있는 것이다. 그런데 중요한 사실은 교회의 성숙은 또한 섬김과 함수관계를 지닌다는 점이다. 성경적 가르침을 따라 성숙한 교회는 교회와 이웃을 섬기는 모습으로 나타나게 될 것이다. 따라서 '얼마나 풍성한 섬김이 있느냐'하는 문제는 '얼마나 성숙한 교회가 되었느냐'를 가늠하는 척도일 수 있는 것이다. 그리고 성숙과 섬김으로 체력이 강화된 교회는 성장의 열매도 거두게 된다는 것이, 오늘 한국 안의 여러 교회들의 모습들 속에서 확인될 수 있는 진리이다.

교회가 수행해야 할 사명 혹은 임무들은 일반적으로 3중적 성격을 지니는 것으로 이해된다. 우선적으로 교회는 하나님께 대해서는 예배하는 공동체로서의 사명을, 다음으로 주의 성도들에 대해서는 말씀의 진리대로 양육해야 할 건덕(edification)의 사명을, 그리고 마지막으로 교회는 세상에 대해서 "증거"의 사명을 지니는데, 그 증거의 사명에는 일반적으로 복음전도와 함께 자비의 사역을 포함한 사회적 책임이 포함된다.[262]

오늘 모인 총회교육주제 심포지움은 이러한 교회의 3중적 사명들을 수행함에 있어서, 교회가 좀 더 성숙한 교회로 변화됨으로 교회 안에서와 이웃들 속에서 섬김의 사명을 충실히 감당하는 교회들이 되도록 돕기 위하여 준비된 것이라고 본다. 그런데 교회의 교육적 사명에 대해서는 다음 강의에서 논의될 것이므로, 본 강의에서는 예배의 부분과, 증거의 사명 부분에 대해서 논의하려 한다. 그러는 가운데, 어떻게 교

---

262) 박형룡 『교의신학』 IV [교회/론] 198; E. Clowney, 『교회』(I. V. P., 1998) 133, 175, 182쪽. "자비사역"은 좀 더 포괄적인 관점에서 "사회적 책임"으로 이해될 수 있다. 죽산 박형룡은 "교회의 사회적 임무"라는 표현을 사용했다.

회가 성숙한 모습으로 나아갈 수 있으며, 또 그래서 섬김의 교회로 거듭날 수 있을지에 대해서 함께 숙고해보고자 한다.

2. 하나님께 대한 사명, 예배의 성숙

21세기를 준비하면서, 한국교회가 관심을 가지고 논의해 온 주제들 중 하나는 예배를 새롭게 하는 문제에 관한 것이었다. 교회성장 정체의 극복이라는 시대적 과제를 안고, 내일의 한국교회를 염려하는 모든 그리스도인들은 그러한 예배의 회복이라는 문제와 씨름하면서 어떤 새로운 전기를 마련키 위한 노력들을 경주해 왔다.[263]

그런데 우리가 성숙한 예배의 모습을 회복하기 위해서는, 먼저 성경적 예배를 가로막는 장애물들에 대한 냉철한 분석과 이해가 선행되어야 한다. 성경적 관점에서 이루어져야 할 성숙한 예배를 방해하는 장애물들은 여러 가지로 지적될 수 있으나,[264] 지면관계상 몇 가지 중요한 내용들만 지적해보려 한다.

첫째, 기복신앙적인 예배의 극복이 요청된다. 한국교회의 신앙의 문제점 중 하나가 기복신앙적인 요소라고 할 때, 우리는 또한 기존 예배 모습 속에서도 그러한 신앙형태를 권장하는 요소들이 뒤엉켜 있다는 점을 지적할 수 있다. 무조건적으로 복을 받기 위한 신앙생활, 육신의 질병이 다 낫고, 자녀교육이 성공적으로 이루어져 대학입시에 합격하

---

263) 성숙한 예배회복을 위한 교회와 학회와 유관기관들의 연구노력들은 제1장에서 언급한 바 있다. (제1장의 "I. 한국교회의 부흥과 회복을 소망하며" 항목을 참고하라.)

264) 한국교회 예배갱신에 관한 논의를 위해서는 본서 제2부 4장 "개혁신학의 예배원리 연구"를 참고하라. 그 내용은 필자가 신학지남에 기고했던 논문이다. "개혁신학적 예배원리에 기초한 한국교회의 예배갱신" *신학지남*(2000년 봄호).

며, 회사에서 진급하는 것만이 신앙의 축복받은 자의 모습이라는 방식의 설교 메시지, 그리고 그와 함께 이루어지는 신자의 예배 태도와 접근방식은 신자의 신앙생활을 왜곡시키는 원인이 된다.

예배의 중요한 요소 중 하나인 '기도'의 모습 속에서 그러한 문제점은 더욱 분명히 드러난다. 자녀의 입시를 위한 기도, 사업 성공을 위한 기도, 질병 치유 위한 기도는 우리의 예배 가운데서 가득 채워지고 있으나, 진정 하나님의 영광을 위한 기도, 그의 나라와 의를 구하는 기도는 비교적 적은 부분을 차지한다. 과연 우리의 예배는 우리의 삶의 여정 속에서 우리의 사업을 성취하기 위한 수단에 불과한 것인가? 복 받기 위한 하나의 방편밖에 되지 못하는가? 이와 같은 물음들 앞에서 우리는 자신을 점검해볼 수 있어야 한다.

오히려 신자의 예배란 고통과 환난 속에서도 자신에게 베푸신 하나님의 은혜와 구원의 은총에 감사하며, 그분의 위엄과 영광 앞에 엎드리고 경배 드리는 행위가 되어야 한다는 성숙한 예배관의 회복이 요청되는 것이다.

둘째, 개인주의적이고 개교회주의적인 예배관의 극복이 요청되고 있다. 오늘날 현대인들의 삶 속에서 수술되어야 할 최대의 암적 요소가 있다면, 그것은 이기주의적인 생활 태도일 것이다. 개인적으로나 집단적으로 우리 한국사회도 이기주의적인 정책 결정 및 생활태도 때문에 몸살을 앓고 있는 것이 사실이다. 그러나 문제는 그러한 자기중심적인 사고방식은 신자의 삶 속에까지도 영향을 미치게 되어, 교회 안에서도 자기중심적인 영성을 추구하는 모습들이 발견되고 있다.

중세의 성자 십자가의 요한이 "세속적 이기주의는 이제 중생자에게도 영적 형태의 가면을 쓰고 침투해 들어오고 있다. 그리고는 영적 형태의 교만, 질투, 탐욕 등을 발생시키는 것이다"라고 말했듯이,[265] 세속적 이기주의는 교회 안으로까지 침투해 들어와서 종교적 이기주의 혹은 자기중심적 영성을 낳게 된 것이라고 볼 수 있다. 한국교회의 성장이 정체된 이유 중 하나로 '잘못된 개교회 중심주의' 목회를 지적하고 있으나, 그와 함께 우리는 개교회 중심적인 예배관도 지적할 수 있다. 우리의 예배는 어느 한 지역교회에서만 드려지는, 그들만이 독점하는 하늘과의 비밀한 통로가 아니라, 하늘의 천만 성도와 "하늘에 기록한 장자들의 총회와 교회와 만민의 심판자이신 하나님과 및 온전하게 된 의인의 영들과" 함께 하늘의 예루살렘 성전에서 드려지는(히 12:22-24) 예배라는 '예배의 공동성과 연합성'의 관점이 회복될 때, 우리는 좀 더 성숙한 예배를 드릴 수 있을 것이다.

마지막으로는, 좁은 의미에서의 예배관이 극복되고 좀 더 폭넓은 관점으로 이해되는 광의의 예배관이 정립될 필요가 있다는 점이다.

여기에서 좁은 의미에서의 예배관이란, 주일 공예배에서 드리는 예배만을 예배라고 간주하려는 태도를 의미한다. 그러한 협의의 예배관이 지니는 한계성이란, 신자들로 하여금 종교개혁자 칼빈이 외쳤던 코람데오(Coram Deo) 정신을 제한적으로 이해하게 하며 주일의 예배자만으로 살아가도록 만들어, 소위 '(성속)이원론'적 신앙생활로 떨어지게 만들기 때문이다. 만일 우리의 예배가 교회에서 행해지는 단순한 의식적 행위들만을 의미하는 것이 아니라, 근본적으로 성경이 말하는 일상생활 속에서 드려지는 예배까지 포함하는 것으로 이해한다면, 코

---

265) 김광열, "21세기 총신의 신학과 교육방향"『21세기 총신』(총신대학교 출판부, 1998)

람데오 정신 아래서 신자는 그들의 일상 속에서의 모든 삶을 예배로 하나님께 드려지는 삶을 살아가게 될 것이다.

로마서 12:1에서 바울이 말하는 바와 같이, 신약의 성도들이 드려야 할 예배는 자신의 몸으로 드려지는 산제사이다. 그것은 더 이상 구약에서 죄사함의 문제를 위하여 드려지는 제물의 의미는 아니다. 신자의 구원을 위한 죄사함의 제사는 이미 예수 그리스도의 '한 영원한 제사'를 통하여 완료되었기 때문이다. 이제는 구원받은 성도들이 주께서 베푸신 은혜에 감사하며, 시간과 마음과 전 생애를 그 구원을 베푸신 하나님께 드리는 삶의 제사라는 의미인 것이다. 그러한 점에서, 오늘날 한국 사회 속에서 발생되는 정치, 경제, 사회, 문화 속에서의 수많은 비윤리적인 부정과 부패의 사건들 배후에서 발견되는 그리스도인들의 모습들은, 우리가 시급히 우리의 협의의 예배관을 바로 '삶으로의 드려져야 할 광의의 예배'에 대한 이해로 전환해야 함을, 그래서 협의의 예배와 함께 광의의 예배관이 바르게 정립되어야 함을 강변해주고 있다.

예배의 행위 가운데서, 우리는 하나님을 경배하는 것과 그의 백성들을 사랑하는 것을 서로 상충되는 개념으로 이해할 필요는 없다. 물론, 예배란 일차적으로 삼위일체적 구조 속에서 그분을 기쁘게 해드리기 위한 "수직적인" 성격을 지니므로, 예배 가운데서 우리의 초점은 그분에게로 맞추어지도록 해야 한다. 그러나 그러한 "수직적인" 성격에 대한 강조가 인간적인 필요를 무시해도 된다는 방향으로 나아갈 필요는 없다.[266]

왜냐하면, 성경의 하나님은 인간의 희생제물을 요구하는 이방의 몰

---

266) 김광열, "개혁신학적 예배원리에 기초한 한국교회의 예배갱신" *신학지남* 2000년 봄호 58쪽.

록(Moloch)과 같은 신이 아니라, 그의 백성들을 축복하기를 원하시는 하나님이시기 때문이다. 하나님을 예배하는 것과 그의 백성들을 사랑하는 것 사이에는 아무런 갈등도 존재하지 않는다. 물론, 우리의 예배가 인간 중심의 예배로 전락되지 않도록 해야 하지만, 성경의 가르침 속에서 하나님을 사랑하는 것과 우리의 이웃을 사랑하는 것은 서로 연관되어 있기 때문이다(마 22:37-40; 막 7:9-13; 요일 4:20-21).267)

그런 점에서 우리는 성경이 요구하는 성숙한 예배란 예배자들을 섬김의 삶으로 나아가게 한다고 말할 수 있다. 성경은 주의 백성들이 "성숙한 예배, 성숙한 종교, 성숙한 신앙"으로 나아가야 할 것을 명하는데, 성경이 가르치는 진정한 예배의 삶 혹은 진정한 금식과 기도와 같은 종교생활(사 1:10-17; 58:1-10), 그리고 진정한 회개(눅 3:7-11)나 참 경건(약 1:27)의 의미들은 우리의 예배가 일상 속에서 가난한 자들을 돌보며, 공의를 행하는 삶과의 일치를 이루어져야 할 것으로 교훈하고 있기 때문이다. 성경은 행함 없는 믿음을 경고하며(약 2:14-17) 그러한 거짓 종교행위에 빠져 있는 종교지도자들의 오류에 대해서도 경고하고 있다(눅 20:45-47).

3. 세상에 대한 사명, 복음전도와 자비사역(사회적 책임)

(1) 지난세기의 교훈: 총체적 복음사역

이제 우리가 살펴보려 하는 주제는 교회의 3번째 사명인, 증거의 사

---

267) 이러한 의미에서 우리의 예배에는 가난한 자들에 대한 배려가 포함되어야 함을 성경은 가르치고 있다(사 1:10-17; 고전 11:17-34; 약 2:1-7). J. Frame, *Worship in Spirit and Truth*(Presbyterian & Reformed, 1996) 6-8쪽.

역에 관한 내용이다. 그런데 복음전도와 자비 혹은 섬김(봉사)의 사역으로 설명되는, 세상에 대한 교회의 증거적 사역은 지난 세기 동안에 전개되어온 세계선교운동 내지는 교회연합운동의 역사 속에서 논의의 초점이 되어 왔던 주제라 할 수 있다. 20세기 초에 현대 교회연합운동이 시작된 이후로, 지난 한 세기 동안 전개되어 온 세계선교대회와 교회연합운동의 역사는 어떤 점에서 세상에 대한 교회의 사명인, 교회의 증거 사역에 관한 논의의 연속이었던 것이다.

그런데 1910년 이후에 교회연합운동의 주된 흐름이었던 W.C.C.를 중심으로 한 에큐메니컬 운동은 "사도적 복음의 순수성이 간과된 운동"으로서, 혼합주의적, 세속적, 그리고 심지어 정치적 성향을 띤 운동으로 전락된 것으로 평가된다.268) 그리고 그러한 세계선교 내지는 교회연합운동이 지니는 세속적 경향성에 대한 복음주의자들의 반응과 비판이 지난 세기 중반에서부터 계속해서 일어나게 되었고, 그러한 과정을 통하여 세상에 대한 교회의 증거사역에 대한 성경적 균형을 되찾을 수 있는 전기가 마련될 수 있었다. 따라서 우리는 먼저 지난 세기 동안에 전개되었던 세계선교운동 내지는 교회연합운동의 역사 속에서 드러난 에큐메니칼 운동의 성향들을 분석하면서 얻을 수 있는 몇 가지의 역사적 교훈들을 살펴보려 한다. 그리고 그 역사적 교훈들의 빛 아래서, 오늘날 복음주의 교회가 취할 수 있는 세상에 대한 교회의 증거사역의 방향성이 무엇인지를 가늠해보려 한다. 즉, 복음전도와 사회적 책임(특히 자비사역에 초점을 맞추어서)의 사역들을 어떻게 균형 있게 이해하고 또 실천할 수 있을 것인지 살피고자 한다.

---

268) 김광열, 『이웃을 품에 안고 거듭나는 한국교회』(총회출판부, 2002) 36쪽 이하 참고.

우리가 지난 세기 동안 전개되었던 세계선교운동의 역사를 개관하면서[269] 배울 수 있는 교훈이 있다면, 그것은 바로 교회가 감당해야 할 세 번째 사역으로 이해되는 "증거"의 사역에 있어서 성경적인 관점을 회복하는 일이었다. 두 가지 내용으로 요약할 수 있는데, 첫째는 주님의 교회는 변화되는 세상 속에서도 주님이 가르쳐주신 사도적 복음의 순수성을 변질시키지 말고 온전히 지켜나가야 한다는 사실이다. 우리가 세상에 대한 교회의 사명 중 자비와 섬김의 사역을 감당함에 있어서, 우리는 "사도적 복음의 순수성이 간과된 운동들"이[270] 취했던 방식이나 관점과는 달라야 한다. 기독교의 복음은 지상의 유토피아를 건설하려는 운동이 아니요, 오히려 그것은 초월적인 하나님 나라를 지향하는 사역이기 때문이다. 하나님의 나라란 근본적으로 인간의 제도나 사상의 발전으로 획득할 수 있는 것이 아니요, 하나님의 초월적인 은혜의 역사로 말미암는 것이기 때문이다.[271]

그런데 두 번째로 배울 수 있는 교훈이 있었다면, 그럼에도 불구하

---

269) 어떤 의미에서 이것은 세계교회 연합운동과 맞물려서 전개되었다. 일반적으로 1910년 에딘버러에서 개최되었던 세계선교대회(World Missionary Conference)를 현대교회연합운동의 출발점으로 보는데, 그 이유는 그 모임에서 "선교현장에서의 불필요한 교파적 경쟁"의 문제가 제기되면서, 세계적인 연합운동의 동기가 제공되었기 때문이다. 에릭슨. 『교회론』(기독교문서선교회, 1992) 210쪽.

270) "사도적 복음의 순수성이 간과된 운동"이란 W.C.C.를 중심으로 전개되어 온 에큐메니컬운동의 혼합주의적, 정치적 경향을 염두에 두고 명명한 것이다. 전자는 기독교와 타종교의 차이를 단지 우등과 차등의 차이 정도로만 보고, 진리와 거짓의 차이가 아니라는 방식의 접근방식을 취하는 태도를, 후자는 공산주의 혁명까지도 구원역사 혹은 선교사역의 방식으로 간주하려했던 태도를 가리킨다. 『이웃을 품에 안고 거듭나는 한국교회』 29-47쪽.

271) Clowney 교수는 그리스도인의 정치적 책임에 대해서 언급하면서, 그것은 그리스도인다운 방식으로 전개되어야 함을 강조한다. 그리스도인도 사회-정치적 참여를 추구해야 하지만, 하나님의 자녀들이 추구하는 은혜의 나라는 은혜에 의해서 전진해야 하므로, 정치권력의 힘이나 칼로 휘둘러서 쟁취하는 것이 아니고 영적인 방식으로 접근해야 한다고 지적했다. 212-213, 215, 218쪽 이하.

고 복음주의자들은 그 주님이 가르쳐주신 복음이 사회적 함축성을 지닌다는 사실을 간과해온 사실을 확인한 점이라고 사료된다. 복음전도의 사명은 사회적 책임의 과제와 무관한 성질의 것이 아니라, 그 둘은 서로 밀접한 연관성을 지닌다는 점을 보수진영에서 재확인하기 시작한 것이다.[272] 사회적 책임의 부분을 복음전도의 사명과 배치되는 것으로만 간주하여, 후자에 대한 강조 때문에 전자를 배제시키는 어리석음에 빠지지 말아야 한다는 사실을 복음주의자들은 확인하게 되었다. 한마디로, 그리스도인들의 복음사역은 "총체적(holistic)" 복음사역이 되어야 한다는 점이다.[273] 그것은 바로 역사적 기독교회의 신앙을 견지하는 복음주의자들에게 지난 세기의 선교운동의 역사가 가르쳐준 두 번째의 교훈이라고 볼 수 있다. 이제 한국의 복음주의 진영 혹은 보수교단이라고 불리는 총회의 모임들 속에서도 이러한 방향에서의 성경적 관점 회복을 위한 시도들이 전개되고 있는 것은 매우 바람직한 현상이라고 여겨진다.[274] 이러한 관점은 먼저 예수님의 교훈과 복음사역들

---

272) 사실 죽산 박형룡도 그의 『교회론』에서 교회의 임무를 예배, 건덕, 증거로 설명하는데, 그중 "증거"의 사명을 수행함에 있어서 균형을 이룰 것을 지적한다. 즉, 개인구원의 복음만을 강조하고 복음의 "사회적 함의"들을 드러내지 못하는 보수주의자들의 위험성에 대해서 지적해준다. 『교의신학』 Ⅵ 교회론 198쪽.

273) John Stott는 "총체적(Holistic)"이라는 단어를 사용하면서, 그 용어가 전체론이라는 철학적 개념에 기원하지만, 그것은 진정한 선교가 복음전도와 사회적 책임을 포함하는 포괄적인 행위라는 점을 강조하고, 또 그 둘을 분리시키는 것을 거부하기 위해 제시된 표현이라고 설명한다. J. Stott, 『현대를 사는 그리스도인』(I.V.P., 1993) 429쪽. 간하배 교수가 말하는 "Lordship Evangelism"도 같은 맥락에서 이해될 수 있을 것이다. 간하배, 『복음전도와 사회정의』(도서출판 엠마오, 1984) 55쪽[50(원문)].

274) 지난 2002년 10월 25일과 26일 양일간 총신대학교에서 개최되었던 한국 복음주의 신학회에서 "복음과 사회적 책임"이라는 주제로 논문발표회를 전개한 것, 그리고 합동 측 교단 안에서도 지난 2001년 가을 총회에서 "총회사회복지 위원회"가 상설기구로 조직된 일, 그리고 2003년 가을에 총신대학교에서 출범된 "총체적복음 사역 연구소"에서 추진하는 여러 가지 연구작업과 실천적인 시도들을 지적해볼 수 있다. 자세한 내용들은 연구소 홈페이지(www.hgospelm.com)를 참고하라. 이하의 내용도 총체적 복음사역 연구소

속에서 확인될 수 있으며, 근본적으로는 성경이 말하는 죄와 구원의 총체적 성격을 고려해볼 때 그것이 바로 우리의 복음사역이 취해야 할 기본적인 방향성임을 깨닫게 될 것이다.

(2) 예수님의 교훈과 사역을 따르는 총체적 복음사역

우리는 이와 같은 총체적 복음증거사역의 관점을 지상에서의 예수님의 삶과 사역, 그리고 교훈들 속에서 확인해볼 수 있다. 먼저 그분의 복음사역은 죄인들의 영혼 구원을 위한 복음선포에만 머무른 사역이 아니었다. 말로만 복음을 외치셨던 것이 아니라, 복음을 전하시면서 동시에 병자를 고치시고 소외된 자들의 삶 가까이 다가가서 친구가 되시는 사역으로까지 나아가셨던 것이다. 이와 같은 그리스도의 성육신적 복음사역[275]의 모범은 오늘 우리의 복음사역이 사회적 책임과 불가분의 관계 속에 놓여 있음을 말해준다. 우리가 그분의 복음사역의 모델을 따르려 한다면, 그분이 그냥 하늘의 영광 보좌에 앉으셔서 복음선

제1차 세미나에서 발표한 논문에 근거한 것이다.

275) J. Stott 『현대를 사는 그리스도인』 (I.V.P., 1992) 455-457쪽. Stott 교수는 이러한 성육신적 복음사역을 그리스도께서 우리와 동일화되신 것처럼, 피전도자들과 동일화하면서 복음을 전하는 사역이라고 설명한다. Zinzendorf 백작에 의해서 서인도의 사탕농장에 보냄을 받았던 두 명의 선교사는, 그 농장에서 일하는 아프리카의 노예들에게 접근하기 위하여 그들과 같이 사슬에 묶이고 또 그들과 같이 오두막에 함께 사는 성육신적 선교를 염두에 두고 그곳으로 갔으며, 인도에서 구세군을 시작했던 Tucker 소령도 그들과 같은 삶을 살기 위하여 노란색 윗옷을 입고, 인도 이름을 택했으며, 맨발로 걷고 숯으로 이를 닦는 삶을 살았던 것이다. 카톨릭 사제 마리오도 나폴리의 아이들의 어려운 삶 속으로 들어가서 사역하려는 성육신적 복음사역을 추진하였다. 여기에서 한 가지 주의할 점은, 교회의 거룩성을 강조한 나머지, 교회를 세상에서 분리시키면서 "세상에" 빛이 되어야 할 사명을 소홀히 하는 것도 문제이나, 동시에 '성육신적 선교'를 강조해서 하나님의 선택된 백성으로서의 영적 정체성까지 포기하는 태도는 더욱 큰 문제를 야기한다. 오히려 우리에게는 하나님의 백성으로서의 영적 정체성을 포기하지 않으면서도, 그리고 주께서 전해주신 사도적 복음의 정체성을 변질시키거나 타협하지 않으면서, 성육신적 선교를 추진할 수 있는 자세가 요구되는 것이다. 같은 책, 313-314, 455쪽.

포를 하신 것이 아니라 이 땅의 낮고 천한 구유에 피조물 된 인간의 몸을 입으시고 오셨으며, 소외되고 병든 자들에게로 찾아가셔서 그들의 육적·물질적 고통을 끌어안으시면서 천국복음을 전하셨던 모범을 따라서 우리도 사회적 책임과의 동반자적 관계 속에서 이해된 복음증거사역, 즉 총체적 복음사역을 수행해야 할 것이다.[276]

다음으로 인간에 대한 예수님의 총체적인 관심은, 무엇보다도 그리스도의 가르치신 교훈들 속에서 확인된다. 예수님의 가르침의 핵심주제는 "하나님 나라"였다. 그리고 그의 사역도 바로 같은 주제에 초점이 맞추어졌다. 따라서 예수님의 최초의 선포도 바로 그것에 관한 것이었는데,[277] 그가 공생애를 시작하면서 회당에서 읽으신 이사야 말씀은 바로 그러한 자신의 하나님 나라 사역이 어떠해야 하는지 잘 드러내주고 있다.[278]

물론 누가복음 4장에서 인용한 이사야 61:1에 대한 해석에 있어서 복음주의자들 사이에 의견 차이가 있는 것이 사실이지만, 그 본문을 주로 물질적·육체적 문제 해결에 대한 말씀으로 해석하기를 꺼려하는 자들도 부분적으로는 예수님의 복음사역이 육신적 고통이나 가난 혹은 질병의 문제들에 대한 해결도 가져왔던 사실을 인정하고 있음을 알 수

---

276) John Stott 책임편집, 『복음전도와 사회적 책임』(그랜드 래피즈 보고서) 도서출판 두란노 1986. 31-34쪽. 이 보고서는 복음전도와 사회적 책임 간의 관계를 3가지 차원에서 설명한다: 1) 사회활동은 복음전도의 결과이다. 2) 사회활동은 복음전도의 다리가 된다. 3) 사회활동은 복음전도와 동반자 관계이다.

277) 마 4:17 "회개하라 천국이 가까웠느니라."

278) 주의 성령이 내게 임하셨으니 이는 가난한 자에게 복음을 전하게 하시려고 내게 기름을 부으시고 나를 보내사 포로 된 자에게 자유를, 눈먼 자에게 다시 보게 함을 전파하며 눌린 자를 자유하게 하고 주의 은혜의 해를 전파하게 하려 하심이라.

있다.279) 앞에서 지적하였듯이, 이 땅에서 진행되었던, 하나님 나라를 위한 예수님의 사역들 속에는 그러한 사회적 책임의 부분들이 포함되고 있었음을 우리는 성경의 여러 구절들을 통하여 확인해볼 수 있다. 이 땅 위에 계셨을 때, 팔레스틴의 여러 지역들을 다니면서 행하셨던 주님의 사역을 간략하게 요약한 마가복음 6:6과 사도행전 10:38은 그러한 예수님의 총체적 복음증거사역의 성격에 대해 각각 보도해주고 있다.280)

이와 같이, 예수님의 사역들 속에서 표현된 사회적 책임에 대한 우리 주님의 관심은 그의 가르침들 중에서 여러 곳에서 표현되고 있다. 하나의 대표적인 예로서, 성경에서 예수님은 "이웃사랑"이라는 새 계명을 주신 분으로 나타난다. 마태복음 22:34-40에서 예수님은 온 율법과 선지자들의 가르침을 두 가지로 요약하여, 하나님 사랑의 계명과 이웃사랑의 계명으로 요약해주셨다. 구약에서 두드러지게 제시되는 전자의 계명과 아울러,281) 예수님은 후자의 계명을 "새 계명"으로 강조하셨다. 특히 예수님께서는 마태복음 25:31-46에서 참 믿음의 모습을 설명하실 때 그의 "새 계명"을 더욱 분명히 제시하셨다. 그 본문 속에

---

279) 눅 4:18-19의 말씀에 대한 복음주의자들의 해석들은, 그 본문에 대해서 문자 그대로 물질적·육체적 문제를 해결하신다는 의미를 중점적으로 해석하려는 입장과 영적인 의미를 강조하려는 입장으로 나누어진다. 전자에 속하는 이들 중에는 R. Sloan과 R. Sider를 들 수 있고, 후자에는 H. Holloman과 K. Bockmuel이 해당된다. Holloman의 경우, 눅 4장의 본문이 그리스도인의 사회적 책임을 위한 근거성구로서 타당성을 지니는지에 대해 의문을 제기하지만, 기본적으로 그리스도의 사역 속에서 사회적 봉사나 섬김의 사역들이 포함되었음을 부인하지는 않는다. 김광열, 『이웃을 품에 안고』 76-77, 80-82, 114-116쪽 참고.

280) 마가복음의 본문은 "모든 촌에 두루 다니시며 가르치셨"다고 요약해주는 반면에, 사도행전의 본문은 예수님께서 "두루 다니시며 *착한 일을 행하시고…고치셨*"다고 말해준다.

281) 물론 구약에서도 이웃사랑에 대한 말씀들이 여러 곳에서 풍부하게 제시되고 있음을 우리는 간과해서는 안 될 것이다. 『이웃을 품에 안고』 87-113쪽.

서 예수님은 약한 자, 가난한 자, 억눌린 자, 병든 자, 감옥에 갇힌 자들에 대한 사랑의 실천 여부가 참 믿음의 모습임을 지적하셨던 것이다.[282] 이와 같이, 우리는 예수님의 사역과 교훈의 내용 속에서 영혼 구원의 문제와 사회적 책임의 문제를 함께 고려하시는 예수님의 총체적 관심을 확인하게 된다.

(3) 죄와 구원의 총체적 성격

우리는 또한 성경이 말하는 죄와 구원의 총체적 성격을 고려해볼 때, 교회의 복음증거사역도 총체적 방향으로 추진되어야 함을 깨달을 수 있다. 성경은 인간에게 죄가 들어온 것은 한 사람 아담의 타락 사건으로 말미암았다고 설명한다(롬 5:12 이하). 그런데 아담의 타락으로 말미암아 인류에게 들어온 죄는 단지 하나님과의 영적인 차원의 문제뿐만 아니라, 그 밖의 여러 영역들 속에서 인간의 삶에 굴곡들을 가져왔다고 할 수 있다.

---

282) Stott 교수는 예수님의 가르침들 중에서 잘 알려진 두 개의 비유들을 비교 분석하면서, 그러한 "새 계명의 실천"에 대한 예수님의 관심을 잘 설명해주었다. 하나는 탕자의 비유(눅 15:11-32)이고 다른 하나는 선한 사마리아인의 비유(눅 10:30-37)이다. 그 두 개의 비유를 기록한 누가는 그 비유들을 통하여 회심과 사회적 책임에 대한 예수님의 관심을 각각 드러내주었다는 것이다. 하나님의 마음을 아프게 하는 것 중에는 제 멋대로 살아가는 아들들, 즉 영적으로 잃어버린 자녀들의 모습만 포함되는 것이 아니라, 괴한들에게 희생당하여 사회적으로 버려진 이들에 대한 모습도 포함된다는 것을 누가가 말하고 있다는 것이다. 두 비유는 모두 절망적인 상태에 있는 이들을 말해주는데, 전자는 자신의 죄로 인해 절망에 처한 사람이고, 후자는 다른 사람들의 죄로 인해 절망에 처한 사람이다. 전자가 개인의 죄에 지적하고 있다면, 후자는 사회적인 죄 혹은 공공의 악을 지적해주는데, 이 모두는 그리스도인들의 관심의 대상이 되어야 함을 누가가 말한다는 것이다. 그리고 이 두 비유들이 제시하는 그러한 문제들에 대한 답변으로, 전자는 회개하고 믿음으로 구원받는 일을, 그리고 후자는 자비와 선행에 의한 구제에 의해 구원받게 됨을 말해주고 있다. 전자에서는 회개하고 돌아오는 일을 통하여 하나님의 사랑을, 후자에서는 상처를 싸매주는 일을 통하여 이웃에 대한 사랑을 말해주고 있는 것이며, 결국 이 두 비유를 통해서, Stott 교수는 예수님의 총체적 관심이 어떠했음을 우리에게 말해주었다고 볼 수 있다. 『현대를 사는 그리스도인』 같은 책, 440-442쪽.

물론 일차적으로 죄는 하나님과의 왜곡된 관계를 야기했다. 아담의 타락 이후로 인하여 인간은 하나님과의 깨어진 관계 속에서 영적으로 문제를 지닌 채로 살아가게 되었다. 하나님의 음성을 듣고 두려워하여 그분의 낯을 피하고 숨을 수밖에 없는 상황에 처하게 된 것이다. 아담 이후의 구약의 백성들도 거룩하신 하나님께로 나아갈 수 없었다(출 19:20-22; 33:18, 20). 그러나 죄의 영향은 거기에서 머물지 않는다. 범죄한 최초의 인류는 그 죄로 말미암아 수치심, 죄의식, 두려움, 자존 감의 상실 등과 같은 왜곡된 자아상을 가지고 온갖 심리적인 고통 속에서 살아가게 된 것이다. 즉, 하나님과의 왜곡된 관계는 또한 자아와의 왜곡된 관계까지도 야기하게 된 것이다. 근심, 불안, 의기소침 등의 고통을 겪는 인생으로 전락된 것이다.

　더 나아가 하나님과의 왜곡된 관계는 다른 사람들과의 관계까지도 왜곡시킨다. 창세기 3:7에서 하나님께 범죄했던 최초의 부부는 서로 간에도 껄끄러운 관계 속으로 떨어지게 된다. 서로의 관계 속에서 아무 불편이 없었던 그들은 범죄 후에 서로 자신들의 부끄러운 부분들을 무화과 나뭇잎으로 가려야 하는 상황으로 떨어졌던 것이다. 서로에게도 감추어야 하는 깨어진 관계로 전락된 것이다. 결국 죄란 하나님과의 수직적인 차원에서의 문제이지만, 동시에 최초 인류의 부부 사이의 갈등과 불화를 가져오는(창 3:12-13) 수평적 차원의 문제도 되었던 것을 보게 된다. 죄의 영향력은 개인적 차원에서만 머물지 않고, 불의, 인종차별, 전쟁과 같은 사회적인 문제들에까지도 미치고 있는 것이다. 온갖 종류의 사회적 문제들도 죄로부터 야기된 문제들인 것이다. 인간의 죄의 문제를 사회적 차원으로만 초점을 맞추려는 이들은 사회의 구조적 문제의 차원에서만 대처하려 하고, 개인적 죄에 초점을 맞추려는 이들은 개인적인 이기심이나 경건의 문제 등만을 지적하려 하지만, 사실상 그 두 가지 모두가 죄로 말미암아 발생된 결과들인 것이다. 그것은 either/or의 문제가 아니라 both의 관점에서 접근되어야 할 사안인 것이다.283)

다음으로 우리는 죄의 성격이 포괄적인 만큼, 우리에게 주어지는 **구원의 역사도 포괄적인 성격을 지니고 있음**을 지적해볼 수 있다. 우리 주님의 십자가 사건은 하나님과의 수직적 차원과 인간 사이의 수평적 차원의 죄의 영향력들 그 모두에 대한 해답이 되기 때문이다. 앞에서 지적했듯이, 구원이란 하나님의 통치(나라)로 말미암는 축복이라는 관점에서 이해될 수 있는데(요 3:3, 5) 그렇다면 구원이란 하나님의 나라만큼이나 광범위한 의미를 지니게 되는 것이다. 왜냐하면 전우주적인 왕권을 지니신 우리 주님께서 그 우주적인 통치 아래서 베풀어주시는 구원도 또한 전포괄적인 성격을 지니게 될 것이기 때문이다. 따라서 구원은 성경에서 우주적인 성격을 지닌 사건으로 제시된다.284) 물론 그것은 개인적으로 하나님과의 관계 속에서 죄사함을 받고 의롭다 하심을 얻는 영적 축복이지만, 그러한 영적 축복의 차원에만 머물지

---

283) Ronald J. Sider, Philip N. Olson, Heidi R. Unruh, *Church That Make a Difference: Reaching Your Community with Good News and Good Works*(Baker Book House, 2002) 50-51쪽.

284) 김광열, 『그리스도 안에 있는 구원과 성화』(총신대학교 출판부, 2000) 48-49쪽. 성경은 하나님의 구원역사의 전우주적 성격을 말해준다. 예를 들어, 중생의 의미는 성경에서 단지 한 개인의 영적 구원의 차원으로만 설명되는 것이 아니라, 전 우주적인 갱신의 역사로 제시된다. 마 19:28이나 고후 5:17의 말씀 속에서 제시되는 중생의 개념을 통하여, 한 개인의 영혼 구원의 문제는 좀 더 폭넓은 차원에서 이해될 수 있다. 즉, 그 구절들 속에서 중생이란 우주적으로 새롭게 하시는 그리스도의 종말론적 구원역사에 동참하는 것으로 간주되고 있다.

않는다. 그것과 함께 신자의 육신도 새로워질 것(롬 8:23), 그리고 더 나아가 온 우주와 사회와 만물이 모두 죄와 고통과 모든 저주로부터 해방되고 새로워지는 것까지도 바라보는 사건인 것이다(롬 8:19-22).

사회가 회개할 수 있는 것은 아니고 민족이 중생할 수 있는 것도 아니지만, 하나님은 개개인의 중생과 회심의 구원역사를 통하여 도시들과 사회들도 회복될 것까지 관심하고 계신다(욘 4:11). 하나님의 복음의 변화시키는 능력은 개인적인 차원에만 머물지 않고, 그 개인들이 속한 사회적 구조에까지도 그 영향력을 미치게 되는 것이다.[285]

출애굽 사건은 하나의 좋은 사례가 된다. 이스라엘 백성들이 이적적으로 애굽에서 나오게 된 사건은 시내광야에서 하나님과의 새로운 언약적 관계의 출발을 이루게 했다. 그런데 하나님께서 그들에게 주셨던 그 시내언약의 율법 내용들 안에서 그분은 종교의식적인 내용뿐 아니라, 모든 삶의 영역들―가족관계의 문제, 성적 도덕성의 문제, 공공위생과 건강문제 등―속에서 어떻게 살아야 하는지 지시하셨음을 보게 된다. 여기에서 우리는 하나님의 구원역사와 그들이 다른 이들, 특히 사회 속에 연약하고 힘없는 이들에게 어떻게 대해야 할 것에 대한 문제는 직결되어 있음을 보게 된다. 신약에서의 또 다른 사례는 삭개오의 회심 사건이다. 예수님 안에서 주어진 구원은 그가 다른 주변의 사람들과의 관계 속에서 어떤 변화가 동반되어야 했는지 잘 말해주기 때문이다. 예수님을 만나면서 삭개오는 곧 자기가 잘못 취한 것은 그대로 돌려주고, 또 더 나아가 가난한 이들에게 구제할 것을 약속했다. 이는 주님을 영접한 이에게서 기대되는 구원역사 속에는 사회적·경제적

---

285) Sider, 52쪽.

관계 속에서의 변화가 포함되고 있음을 말해준다.[286]

이러한 점들을 고려해볼 때, 우리의 복음증거사역의 목표와 비전은 죄인의 영혼을 구원하는 사역의 우선성과 중요성을 잃어서는 안 되지만, 거기에서만 머물지 말고 그 영혼구원의 사명과 더불어 하나님의 관심과 사랑의 대상이 되는 인간의 육신과 사회적 차원에서의 변화와 회복, 그리고 온 우주만물들까지도 회복하며 새롭게 하는 사명에까지 확장되어야 한다.

4. 참 아브라함의 자손은 누구인가?

이제까지 우리는 교회의 사명들 중에서 예배와 증거의 사명에 대해 논의해보았다. 성숙한 예배를 방해하는 장애물들이 무엇인지 살피면서, 그 장애물들이 극복될 때 우리의 예배가 한 단계 성숙한 모습으로 발전될 수 있음을 확인하였고, 교회의 증거적 사역에 대해서도 그것이 왜 총체적 복음증거 사역이 되어야 하는지 살펴보았다.

두 가지의 교회의 사명들에 대한 지금까지의 논의들 속에서 내릴 수 있는 결론은, 그 두 가지의 사역들이 성숙한 예배와 성숙한 증거사역이 될 때 그것들은 이웃들에 대한 섬김과 헌신의 모습으로 표현될 수밖에 없다는 점이다. 예배에 관한 논의에서 지적된 바와 같이, 광의의 예배관이 정립될 때 그것은 삶 속에서의 헌신과 섬김, 그리고 자비의 사역으로 연결될 수밖에 없으며, 세상에 대한 복음증거 사역도 그것이 예수님께서 행하신 바와 같은 총체적 복음사역이 될 때, 성육신적인

---

286) Ibid., 53.

복음사역의 삶으로 나아가게 될 것이다. 삭개오의 회심 사건에서도 확인할 수 있듯이, 진정한 복음전도의 결과는 가난한 자를 돌아보는 자비사역과 사회적 책임의 사역으로 표현될 수밖에 없다는 사실이다.

이와 같이 교회와 그리스도인에게 주어진 이웃 섬김의 사역은 바로 하나님께서 성경 안에서 요구하고 있는 그리스도인의 기본적인 삶의 자세와 목표를 말해준다. 그것은 구약의 가르침들과 제도들 속에서 제시되고 있는 하나님의 교훈일 뿐 아니라, 예수님의 삶과 사역과 말씀들 속에서도 재확인되는 진리이며, 또 초대교회 사도들과 성도들의 삶 속에서도 구체적으로 실천되어 온 진리인 것이다.287) 영육이원론이나 성속이원론과 같은 비성경적인 사고방식 때문에 우리가 과거에 소홀히 했거나 혹은 잃어버렸던 부분들을 회복함으로써 성숙한 교회 그리고 섬기는 교회로 거듭나야 한다. 우리의 복음 이해가 반쪽 복음에서 온전한 복음으로, 그리고 우리의 복음사역이 부분적인 복음사역에서 총체적 복음사역으로 옮겨가야 한다.

요단강으로 세례 받으러 나온 유대인들에게 외쳤던 세례 요한의 가르침은 오늘날 현대의 그리스도인들에게도 적절한 지적이 될 수 있다. "독사의 자식들아…아브라함이 우리 조상이라 말하지 말라"라는 세례 요한의 지적을 듣고 "그들이 그러면 어떻게 할까요?"라고 물었을 때, 세례 요한은 "옷 두 벌 있는 자는 옷 없는 자에게 나눠줄 것이요 먹을 것이 있는 자도 그렇게 할 것이니라"라고 답하였다(눅 3:7-11). 세례 요한은 아브라함의 자손 됨의 자격을 교회 안에서의 어떤 "영적" 활동으로만 정의하려 하지 않았다. 오히려 가난한 자들을 돌아보고 그들에

---

287) 『이웃을 품에 안고』 제2부 참고.

게 하나님의 사랑을 전하는 일로 정의하고 있음을 주목해야 한다.[288)] 그리고 그러한 지적은 야고보서 1:27에서 설명되는 "경건"의 참 모습과도 일맥상통하는 지적이다.[289)]

이러한 복음사역의 총체적 관점이 활발히 적용되었던 18-19세기 영국의 대부흥운동과 미국의 대각성운동(Great Awakening)이 그 결과 사회 속에서 여러 가지 방향으로 지대한 영향력을 미쳤던 사실들을 고려해볼 때, 우리는 오늘의 한국교회는 도전을 받게된 다. 1,200만의 성도를 자랑하는 한국교회는 과연 이 사회를 얼마나 정화시키고 회복시킬 수 있는 복음의 능력을 갖추고 있는가? 얼마나 사회를 새롭게할 수 있는 영향력 있는 복음증거 사역을 수행하고 있는가? 사회의 범죄는 더욱 극성을 부리며, 그 가운데 오히려 그리스도인들이 포함되고있는 현실을 우리는 안타깝게 바라볼 뿐이다. 그러나 이제 우리는 다함께 이 사회 속에 희망을 심어주는 교회와 성도들로서 다시 새롭게 거듭나야 한다. 우리의 예배가 삶의 예배로 성숙해지고, 우리의 복음증거사역이 사회적 섬김과 자비와 희생의 사역과 더불어 추진되는 총체적 복음사역의 모습으로 성숙해질 때, 우리는 또다시 한국교회의 영광을 회복할 수 있으리라 본다. 그럴 때에 우리는 또한 세례 요한의 지적에도 당황하지 않고 "참 아브라함의 자손들"이라고 말할 수 있게 될

---

288) 물론 세례 요한의 이러한 지적이 성도의 다른 영적 활동들이나 사역들이 무의미함을 말하려한 것이라고 해석할 수 없다. 단지 취약지점을 강조하기 위한 말씀이라고 봐야 할 것이다. 이사야 선지자가 예배와 관련해서(이사야 1장), 혹은 금식과 관련해서 교훈한 내용들(58장)도 같은 맥락에서 이해되어야 할 것이다. 하나님께 드려지는 예배나 금식과 같은 "영적 행위"들이 무의미하다는 것만을 말하려는 것이 아니라, 그것들이 왜 무의미하게 되었는지를 지적하고 "하나님이 기뻐하시는" 모습으로 회복되기 위한 제언들을 말씀하고 있는 것이라고 봐야 한다.

289) 하나님 아버지 앞에서 정결하고 더러움이 없는 경건은 곧 고아와 과부를 그 환난 중에 돌보고 또 자기를 지켜 세속에 물들지 아니하는 그것이니라.

것이다.